U0438274

繪圖三教源流搜神大全

（外二種）

上海古籍出版社

圖書在版編目(CIP)數據

繪圖三教源流搜神大全：外二種/佚名撰．—上海：上海古籍出版社，2012.11（2025.4重印）
ISBN 978-7-5325-6494-1

Ⅰ.①繪…　Ⅱ.①佚…　Ⅲ.①神—信仰—研究—中國　Ⅳ.①B932

中國版本圖書館CIP數據核字(2012)第107005號

繪圖三教源流搜神大全(外二種)

佚　名　撰

上海世紀出版股份有限公司
上　海　古　籍　出　版　社　出版

（上海市閔行區號景路159弄1-5號A座5F　郵政編碼201101）

(1)網址：www.guji.com.cn
(2)E-mail：gujil@guji.com.cn
(3)易文網網址：www.ewen.co

上海世紀出版股份有限公司發行中心發行經銷
上海展强印刷有限公司印刷
開本 850×1168　1/32　印張 20.25　插頁 4
2012 年 11月第 1 版　2025 年 4 月第 7 次印刷
印數：5,401-6,000
ISBN 978-7-5325-6494-1

G · 557　定價：118.00 元

如發生質量問題，請與承印公司聯繫
電話：021-66366565

出版説明

自有史以來，就有關於神仙的傳説。史書記載，民間流傳，日積月累，蔚爲大觀。中國的神仙傳記，以題名漢劉向撰的《列仙傳》爲最早，此後，晉葛洪的《神仙傳》、南唐沈汾的《續仙傳》等等相繼出現，種類滋多，有關神仙的事跡和傳説，愈益繁富。

本書滙集郎園刻本《繪圖三教源流搜神大全》、道藏本《搜神記》和元刻本《新編連相搜神廣記》三種：

《繪圖三教源流搜神大全》，闕名撰，清郎園刻本。郎園主人葉德輝稱，此書據明刻繪圖本影寫刊刻。經查考，此書底本今北京圖書館上海圖書館均有藏，但紙張發黄，並有漫漶。郎園刻本則圖文清晰，完整如新，故據以重印。此書收集各種各樣神的姓名、字號、爵里及封謚等，並附有精緻的木刻圖像。

《搜神記》，原爲晉干寶撰。道藏本（據干寶本重新編撰）。記叙神異之事，對後世影響較大。

《新編連相搜神廣記》，元秦子晉撰，元刻本，建安版。此書以孔子、老子、釋迦牟尼列爲三尊，將大大小小的神揉合其間，加上生動而精美的木刻，組成一部圖文並茂的神仙傳記。

以上三書，可稱中國古代神仙的綜合類書，是研究和了解中國神仙的有用資料。

上海古籍出版社　一九九〇年一月

繪圖三教源流搜神大全（外二種）目次

出版說明……一
繪圖三教源流搜神大全
重刊繪圖三教源流搜神大全序……三
儒氏源流……六
釋氏源流……一〇
道教源流……一四
玉皇上帝……一八
聖祖尊號……二一
聖母尊號……二三
東華帝君……二五
西靈王母……二九
后土皇地祇……三一
玄天上帝……三三
梓潼帝君……三八
三元大帝……四三
東嶽……四六
至聖炳靈王……四九
佑聖真君……五一
南嶽……五三
西嶽……五五
北嶽……五七
中嶽……五九
四瀆……六一
泗州大聖……六三
五聖始末……六五
萬迴虢國公……七一
許真君……七三
寶誌禪師……七七
盧六祖……八一
三茅真君……八三

天妃娘娘……一八六
混炁龐元帥……一八九
李元帥……一九二
劉天君……一九五
王高二元帥……一九七
田華畢元帥……二〇〇
田呂元帥……二〇二
黨元帥……二〇五
石元帥……二〇七
副應元帥……二〇九
槃瓠……二一一
楊元帥……二一四
高元帥……二一七
靈官馬元帥……二二〇
孚祐溫元帥……二二三
朱元帥……二二六
張元帥……二二八
辛興苟元帥……二三〇
鐵元帥……二三三
太歲殷元帥……二三五
斬鬼張真君……二三八
康元帥……二四〇
風火院田元帥……二四二
孟元帥……二四五
慧遠禪師……二四八
鳩摩羅什禪師……二五一
佛陀耶舍禪師……二五六
曇無竭禪師……二五九
佛馱跋陀羅禪師……二六一
杯渡禪師……二六五
寶公禪師……二七一
智璪禪師……二七四
大志禪師……二七六
玄奘禪師……二七八
元珪禪師……二八一
通玄禪師……二八五

一行禪師……二八八
無畏禪師……二九三
金剛智禪師……二九六
鑑源禪師……二九九
懶殘禪師……三〇一
西域僧禪師……三〇四
本淨禪師……三〇六
地藏王菩薩……三〇八
嵩岳伏僧禪師……三一〇
知玄禪師……三一二
青衣神……三一六
九鯉湖仙……三一八
張天師……三二〇
王侍宸……三二二
盧山匡阜先生……三二四
黃仙師……三二六
北極驅邪院……三二八
那吒太子……三三〇
五雷神……三三四
電母神……三三六
風伯神……三三六
雨師神……三三六
海神……三三八
潮神……三三八
水神……三三八
波神……三三八
洋子江三水府……三四〇
蕭公爺爺……三四二
晏公爺爺……三四四
開路神君……三四六
法術呼律令……三四六
門神二將軍……三四八
天王……三五〇
後序……三五一

引搜神記首……三五七
卷一目錄……三五八
儒氏源流……三五八
釋氏源流……三六〇
道教源流 聖母尊號附……三六一
玉皇上帝 聖祖尊號附 聖母尊號附……三六三
后土皇地祇……三六五
東華帝君……三六五
西王母……三六七
上元一品大帝……三六八
中元二品大帝……三六八
下元三品大帝……三六九
東嶽……三六九
南嶽……三七〇
西嶽……三七〇
北嶽……三七一
中嶽……三七一
四瀆神……三七一
五方之神……三七二
太乙……三七二
肩吾……三七二
燭陰……三七二
雷神……三七三
電神 風伯 雨師附……三七三
卷二目錄……三七四
玄天上帝……三七四
北極驅邪院左判官……三七六
梓橦帝君……三七六
吳客三真君……三七八
許真君……三七九
張天師……三八一
三茅真君……三八二
祠山張大帝……三八三
五聖始末……三八五
至聖炳靈王……三八七
佑聖真君……三八七

王侍宸……三八八
袁千里……三八八
張果老……三八八
西嶽真人……三八八
太素真人……三八九
薩真人……三八九
壽春真人……三九〇
負局先生……三九一
律呂神……三九一
劉師……三九一
卷三目錄……三九二
南無觀世音菩薩……三九二
天王……三九二
地藏王菩薩……三九三
金剛……三九三
十大明王……三九三
十地閻君……三九四
十八尊阿羅漢……三九四
寶誌禪師……三九四
盧六祖……三九六
達磨……三九七
普庵禪師……三九七
泗州大聖……三九八
傅大士……三九九
灌口二郎神……四〇〇
蕭公……四〇〇
晏公……四〇〇
洋子江三水府……四〇一
淞江遊奕神……四〇一
洞庭君……四〇二
湘君……四〇二
巢湖太姥……四〇二
宮亭湖神……四〇三
九鯉湖仙……四〇三
海神 潮神 水神 波神俱附……四〇三
廬山匡阜先生……四〇四

蘇嶺山神……四〇四
新羅山神……四〇四
射木山神……四〇五
卷四目錄……四〇六
蔣莊武帝……四〇六
常州武烈帝……四〇七
揚州五司徒……四〇八
西楚霸王……四〇九
義勇武安王……四〇九
零陵王……四一〇
惠應王……四一〇
威惠顯聖王……四一〇
金山大王……四一一
萬迴虢國公……四一一
趙元帥……四一二
彭元帥……四一三
潤濟侯……四一三
威濟侯……四一三
靈泒侯……四一四
崔府君……四一四
陸大夫……四一六
杭州蔣相公……四一六
萬里相公……四一七
祖將軍……四一七
花卿……四一七
華山之神……四一七
聶家香火……四一七
卷五目錄……四一九
廣平呂神翁……四一九
黃陵神……四一九
黃仙師……四二〇
江東靈籤……四二〇
協濟公……四二〇
靈義侯……四二一
張昭烈……四二一
張七相公……四二一

耿七公……四二二
孫將軍……四二二
張將軍……四二二
順濟王……四二三
橫浦龍君……四二三
道州五龍神……四二三
昭靈侯……四二四
仰山龍神……四二五
黃石公……四二五
石神……四二五
楚雄神石……四二六
石龜……四二六
鍾神……四二六
馬神……四二六
青蛇神……四二七
金馬碧雞……四二七
金精……四二七
火精……四二八
陳寶……四二八
黑水將軍……四二八
木居士……四二九
磨嵯神……四二九
黃魔神……四二九
向王……四三〇
竹王……四三〇
槃瓠……四三〇
卷六目錄……四三二
天妃……四三二
蠶女……四三二
青衣神……四三三
白水素女……四三三
馬大仙……四三四
聖母……四三四
温孝通……四三四
孝烈將軍……四三五
靈澤夫人……四三五

順懿夫人……四三五
塞將夫人……四三六
誠敬夫人……四三六
姚娘……四三六
曹娥……四三七
二孝女……四三七
五瘟使者……四三八
五盜將軍……四三八
掠刷使……四三八
增福相公……四三九
福祿財門……四四〇
門神……四四〇
神荼鬱壘……四四〇
鍾馗……四四一
司命竈神……四四一
厠神……四四一
開路神 律令附……四四二
翁仲二神……四四二

新編連相搜神廣記

目錄……四四五
前集
儒氏源流……四四八
釋氏源流……四五二
道教源流……四五六
聖母尊號……四五八
玉皇上帝……四六〇
聖祖尊號……四六二
聖母尊號……四六二
東華帝君……四六四
西王母……四六六
后土皇地祇……四六八
玄天上帝……四七〇
梓潼帝君……四七五
三元大帝……四八〇
東嶽……四八二

至聖炳靈王……四八四
佑聖真君……四八四
南嶽……四八六
西嶽……四八六
北嶽……四八八
中嶽……四八八
四瀆……四九〇
泗州大聖……四九二
五聖始末……四九四
萬迴虢國公……五〇〇
許真君……五〇二
寶誌禪師……五〇六

後集

盧六祖……五一〇
三茅真君……五一二
薩真人……五一六
袁千里……五一八
傅大士……五二〇
崔府君……五二二
普庵禪師……五二六
吴客三真君……五三〇
昭靈侯……五三一
義勇武安王……五三四
清源妙道真君……五三八
威惠顯聖王……五四〇
祠山張大帝……五四二
掠剧使……五四六
淞江遊奕神……五四八
常州武烈帝……五五〇
揚州五司徒……五五四
蔣莊武帝……五五六
蠶女……五五八
威濟李侯……五六〇
趙元帥……五六二
杭州蔣相公……五六四
增福相公……五六六

萬里相公……五六六
靈泒侯……五六六
鍾馗……五六八
神荼鬱壘……五六九
五瘟使者……五七〇
司命竈神……五七二
福神……五七三
五盜將軍……五七四
紫姑神……五七四

繪圖三教源流搜神大全

三教源流搜神大全

徐崇立署

己酉春仲

郎園校刊

重刊繪圖三教源流搜神大全序

曩閱毛晋汲古閣宋元祕本書目子部類載有元板畫像搜神廣記前後集二本云凡三教聖賢及世奉衆神皆有畫像各考其姓名字號爵里及封贈謚號甚詳亦奇書也但毛書售之潘稼堂太史後展轉散佚近三百年其書有無傳本不可得而知也己丑過夏都門忽從廠肆見之圖極精神字體塙為元時舊刻以議值未就越日遂不可踪跡悵恨久之然當時雖匆匆一閱其全書體式固至今在胸臆也乙巳與秀水金闇伯太守容鏡訂交長沙文酒過從縱談古今可喜可愕不傳之書以此屈一指太守為余言昔官京曹時亦曾見之于廠肆後知為上海姚子梁觀察文棟購去子梁之弟名文枏與余同鄉舉丙申余與子梁同居京師宣武城南北半截胡同比隣相近子梁尚無此書迄今十餘年久不通音問雖欲取證徒付夢想已耳丁未七月作客武昌時江陰繆太夫子小珊先生共事存古講席因論異書祕籍湮沒無傳者閒及是書先生言藏有明刻繪圖本三教源流搜神大全七卷即元板畫像搜神廣記之異名書中圖像與元本

無甚差異因約他日相借影寫刊行别後余歸長沙先生返金陵冬間郵寄來湘亟取展讀如逢故人如還失物憶往時所見元本誠如先生所云惟明刻增入洪武以下封號及附刻神廟楹聯知為坊估所襍竄然于聖宋皇元字擡寫多仍其舊蓋雖明人重刻猶可推見元本真面也余因督工寫刊於字之顯然訛繆者悉依文義校改圖像則一再細勘無累黍之失是書之復顯於世眞大幸矣至諸神履貫事蹟大都雜取小説及二氏之書其文不見於史乘亦不可據為典要特六七百年民間風俗相沿之故古昔聖王神道設教牖民為善之心是固考古者所當知也後有採風之君子其將以斯載之輶軒也夫宣統元年春王正月人日葉德輝序

三教搜神大全
卷一
一

儒氏源流

至聖文宣王魯曲阜昌平鄉闕里其先宋人也大聖曾大父曰孔防叔避宋華督之難徙居于魯生伯夏伯夏生叔梁紇長子曰孟皮字伯尼有疾不任繼嗣次子則先聖是也魯襄公二十一年冬十一月庚子日乃先聖誕生之日有二龍繞室五老降庭五老者五星之精也毋顔氏之房聞奏鈞天之樂空中有聲云感生聖子故降以和樂笙鏞之音故先聖之生大非凡同而質甚異而首秀圩頂故因名丘字仲尼史記孔子生而叔梁紇沒乃葬於防山孔子為兒之時嬉戲常以師陳俎豆設禮先聖身長九尺腰濶十圍凡四十九表胸有文曰制作定世之符反首洼面月角日準坐如龍蹲立如鳳跱望之如仆就之如昇耳垂珠庭龜脊龍形虎掌胼脇參膺河目海口山臍林背翼臂斗唇注頭龍鼻阜脥堤眉地足谷竅雷聲澤腹昌顔均頤輔喉駢齒眉有一十二彩目有六十四理其頭似堯其顙似舜其項類皐陶其肩類子產自腰以下不及禹三寸有大聖之德學極天

人道窮秘奧龜龍銜負之書七政五緯之事抱犧黃帝之能堯舜周公之美魯定公以先聖為中都宰一年四方諸侯皆則焉九年始為邑宰十年為司空十一年為司徒攝行相事十四年誅魯大夫亂政者少正卯與聞國政三月粥豚羔者弗飾賈男女行者別於道塗不拾遺四方之客至乎邑者不求有司皆予之以歸而大聖雖道高德廣生而知之亦學琴于師襄學禮于老聃時去魯四十年魯哀公十一年先聖自衛反魯刪詩書定禮樂成六藝晚而喜易讀之韋編三絕為之彖象文言繫辭以發其秘告弟子於洙泗北門匕徒三千傳徒六萬賢有七十二人昔者先聖未生時有麟吐玉書於闕里其文名曰水精子繼周衰而素王顏氏異之以繡綾繫麟角信宿而麟去至哀公十四年西狩太野叔孫氏車子鉏商獲獸以為不祥先聖視之曰麟也胡為来哉反袂拭面泣涕沾衿叔孫聞之然后取之而繫角之綾尚存先聖曰吾道窮矣乃因魯史而作春秋文加褒貶而修中興之告麟見而天告先聖之亡徵也先聖病夢坐兩楹之間子貢請見曰子方負杖逍遥於門曰賜汝何来晚也先聖因嘆曰太山頹乎梁

木壞乎哲人萎乎因以涕下子貢曰天下無道久矣莫能宗予后七日不起年七十三以魯哀公十六年夏四月己丑葬於魯城北哀公十七年立廟於舊宅守陵廟百户弟子皆服心喪三年畢相訣而去則哭各盡哀或復留唯子貢廬於塚者六年然后去弟子於廟藏先聖衣冠琴瑟車書弟子及魯人往從塚而家百有餘室因命曰孔里魯世世相傳歲時奉祠於塚子孫世襲不絶後

高皇過魯以太牢祀孔子有詩贊曰

穆穆廟庭　聖德斯尊　肅肅衣冠　聖澤斯存
漢祖崇儒　躬拜闕里　太牢之祀　百代伊始

聖朝崇奉追封尊號

大成至聖文宣王　聖室鄆國夫人

聖父封齊國公　聖母封魯國太夫人

釋氏源流

釋迦牟尼佛姓刹利父淨飯天母清淨妙位登補處生兠率天上名曰勝善天人亦名護明大士度諸天衆説補處行亦於十方界中現身説法普耀經云佛初生刹利王家放大智光明照十方世界地湧金蓮華自然捧雙足東西及南北各行於七歩分手指天地作獅子吼聲上下及四維無能尊我者即周昭王二十四年甲寅歲四月八日也至四十二年二月八日年十九欲求出家而自念言當復何遇即於四門遊觀見四等事心有悲喜而作思惟此老病死終可厭離於是夜子時有一天人名曰淨居於窻牖中叉手白太子言出家時至可去矣太子聞已心生歡喜即逾城而去於檀特山中脩道始於阿藍迦藍處三年學不用處定知非便捨復至欝頭藍佛處三年李非非想定知非亦捨又至象頭山同諸外道日食麻麥經於十六年故經云以無心意無受行而悉摧伏諸外道先歷試邪法示諸方便發諸異見令至菩提故普集經云菩薩於二月八日明星出時

成佛號天人師時年三十矣即穆王三年癸未歲也旣而於鹿野苑中為憍陳如等五人轉四諦法輪而論道果說法住世四十九年後告弟子摩訶迦葉吾以清淨法服涅槃妙心實相無相微妙正法將付於汝汝當護持幷勑阿難副貳傳化無令斷絶而說偈言

法本法無法　無法法亦法

今付無法時　法法何曾法

爾時世尊說此偈已復告摩訶迦葉吾將金縷贈伽棃衣傳付於汝轉授補處至慈世佛出世勿令朽壞摩訶迦葉聞偈頭面禮足曰善哉善哉我當依勑恭順佛故爾時世尊至拘尸那城告諸大衆吾今背痛欲入涅槃即往熈連河側娑羅双樹下右脇累足泊然圓寂復從棺起為母說法持示双足化婆耆幷說無常偈曰

諸行無常　是生滅法

生滅滅已　寂滅為樂

時諸弟子即以香薪競荼毗之燼後金棺如故爾時大衆即於佛前以偈

讃曰

凡俗諸猛熾　何能致火爇

請尊三昧火　闍羅金色身

爾時金棺從坐而夅高七娑羅樹往反空中化火三昧須臾灰生得舍利八斛四斗即穆王五十二年壬辰歳二月十五日也自世尊滅後一千一十七年教至中夏即後漢明帝夜夢金人身長大項有日月光以問群臣或曰西方有神其名曰佛陛下所夢得無是乎於是遣使往天竺問其道得其書及沙門以來沙門云佛長一丈六尺黄金色項中佩日月光変化無窮無所不故能通萬物而大濟群生云

道教源流

金闕玄元太上老君聖紀按洞玄靈寶元始上帝真教元符經道君告皇帝曰昔天地未分陰陽未判濛洪杳冥溟涬大梵寥廓無光結空自然中有百千萬重正氣而化生妙無聖君歷尊號曰妙無上帝自然元始天尊一號天寶丈人經九億九萬九千九百九十億萬劫次結百千萬重正氣而化生妙有聖君自称妙有大帝虛皇玉晨大道君一號靈寶丈人經八億八千八百八十億劫次結百千萬重道氣化生混沌聖君紀號至真大帝萬變混沌玄元老君一號神寶丈人老君雖累世化身而未誕生之也迨商第十八王陽甲時分神化氣寄胎於玄妙玉女八十一年暨第二十二王武丁庚辰歲二月十五日卯時誕於楚之苦縣瀨鄉曲仁里姓李名耳字伯陽謚曰聃著道德二經旨又按老君聖紀經太上老君居太清境乃元氣之祖宗天地之根本於至寂至虛之内大初太始之先惟数御運布氣融精開化天地所歷成壞一仪不可量計其化身周遍塵沙世界亦

非筭數紀極開闢之後觀世代之澆淳隨時立教代爲帝師建立法度或流九天或傳四海自三王而下歷代帝王咸宗奉焉是知天上天下道氣之内皆老君之化也垂億萬之法無不濟度蓋百姓日用而不知也老子曰吾乃生乎無形之先起於太初之前行乎太素之元立於太渺之端浮游幽壓之中出入杳冥之門故葛玄序道德經云老子體自然而然生乎太無之先起乎無因之初經歷天地始終不可稱載又云世人謂老子降於殷代老子之號始於無數刧甚杳杳冥冥渺邈久遠矣開闢已前復下爲帝師代代不絶人莫能知之按老子傳記自開闢之前下至殷湯代代爲王者師皆化身降世當殷湯甲午十七年庚申始示誕生之跡自太清當道境乘太陽日精化五色玄黄大如彈丸時玉女晝寢流入口中吞之有孕懷八十一歲至武丁九年庚辰剖玉女左腋而生生而白首號曰老子生於李樹之下指樹曰此吾姓也自殷武丁九年庚辰下至秦昭王九年西昇崑崙計九百九十六年矣

按李石續博物志云唐高祖武德三年晉州人吉善行於羊角山見白衣

父老呼善行曰為吾語唐天子吾為老君即汝祖也高祖因立廟高宗追尊玄元皇帝明皇註道德真經令斈者習之兩京及諸州各置玄元皇帝廟京師號玄元宮諸州號紫極宮尋改西京為太清宮東京為太微宮皆置斈生尊號曰大聖祖高上大道金闕玄元天皇大帝

宋國朝會要曰宋真宗大中祥符六年八月十一日制謹奉上尊號曰

太上老君混元上德皇帝

宋仁宗御讚

大哉至道　無為自然　劫終劫始　先地先天
今光點點　永劫綿綿　東訓尼父　西化金僊
百王取則　累聖攸傳　衆教之祖　玄之又玄

玉皇上帝

按聖紀所載云往昔上世有國名號光嚴妙樂其國王者名曰淨德時王有后名寶月光王乃無嗣嘗因一日作是思惟我今將老而無太子身或崩滅社稷九廟委付何人作是念巳即便勅下詔諸道衆於諸宮殿依諸科教懸諸旛蓋清淨嚴潔廣陳供養六時行道徧禱真聖巳經半載不退初心忽夜寶月光皇后夢太上道君與諸至真金姿玉質清淨之儔駕五色龍輿擁大景旌蔭明霞蓋是時太上道君安坐龍輿抱一嬰兒遍身毛孔放百億光照諸宮殿作百寶色幢節前道浮空而來是時皇后心生歡喜恭敬接礼長跪道前曰道君言今王無嗣願乞此子為社稷主伏願慈悲哀愍聽許爾時道君荅皇后曰願特賜汝是時皇后礼謝道君而乃收之皇后收巳便從夢歸覺而有孕怀一年于丙午歲正月九日午時誕于王宮當生之時身寶光秋充滿王國色相妙好觀者無厭幼而敏慧而慈善于其國中所有庫藏一切財寶盡皆散施窮極困苦鰥寡孤独無所依

告飢饉癃殘一切衆生仁愛和遜歌謡有道化及遐方天下仰從歸仁太子父王加慶賞爾之後王忽告崩太子治政俯念浮生告勑大臣嗣位有道遂捨其國於普明秀岩山中脩道功成超度過是劫已歷八百劫身常捨其國爲群生故割愛捨道於此後經八百劫行藥治病亟救衆生令其安樂此劫盡已又歷八百劫廣行方便啓諸道藏演説灵章恢宣正化敷揚神功助國救人自幽及顯過此已後再歷八百劫亡身殞命行忍辱故捨己血肉如是脩行三千二百劫始證金僊號曰清淨自然覺王如來

宋真宗實録曰大中祥符七年九月上對侍臣曰自元符之降朕欲與天下臣庶同上玉皇聖號至天禧元年正月辛丑朔帝詣太初殿恭上玉皇大天帝聖號曰

太上開天執符御曆含真体道昊天至尊玉皇大天帝

楹聯

符握昊天釐覆載咸沾化育

帝臨玉闕統神人悉在鈞陶

聖祖尊號

御製靈遇記曰景德初王中正遇司命真君傳藥金法上之四年十一月降劉承規之真舍五年始奉上徽號曰九天司命天尊宋真宗實録曰大中祥符五年十月十七日上夢景德四年先降神人傳玉皇命云今汝祖趙有名此月二十四日降如唐貞元事至日天尊降延恩殿閏十月己巳加號聖祖上靈高道九天司命保生天尊

聖母尊號

唐武后光宅二年九月甲寅追尊

聖母曰先天太后　祖殿在亳州太清宮是也

國朝會要曰天禧元年三月六日冊上聖祖母尊號曰

元天大聖后

先是大中祥符五年制加上聖祖母號俟兗州太極觀成擇日奉上至是

詔王旦等行冊禮

東華帝君

東華帝君純習在道氣凝寂湛体無為將欲啓廸玄功生化萬物先以東華至真之氣化而生木公於碧海之上蒼靈之墟以主陽和之氣理於東方亦號王公焉與金母皆挺質太元毓神玄奥於東方溟漠之中分大道醇精之氣而成形與王母共理二氣而育養天地陶鈞萬物凡天上天下三界十方男子之登仙得道者悉所掌焉居諸方之上按塵外記方諸山在東海之内其諸司命三十五所以録天上人間罪福帝君為大司命總統之山有東華臺帝君常以丁卯日登其臺四望學道之者凡仙有九品一曰九天真皇二曰三天真皇三曰太上真人四曰飛天真人五曰靈仙六曰真人七曰靈人八曰飛仙九曰仙人凡此品次昇天之時先拜木公后謁金母受事既訖方得昇九天入三清拜太上而覲元始故漢初有四五小兒戲於路中一兒詩曰着青裙入天門揖金母拜木公時人皆莫知之唯子房往拜焉曰此東王公之玉童也昔元始告十方天人曰吾自造言

混沌化生二儀役御陰陽始封皇上元君自東華扶桑大帝等校量水火定平劫数中皇元年太上於玉清瓊房金闕上宮授帝寶經花圖玉訣使傳後學王名合真之人故玄綱云東華不秘於真訣是也紫府者帝君校功行之所夫海内有三島而十州列其中上島三洲謂蓬萊方丈瀛州也中島三洲謂芙蓉閬苑瑶池也下島三洲謂赤城玄関桃源也三島九洲鼎峙洪濛之中又有洲曰紫府踞三島之間乃帝君之別理統轉靈官職位較量群仙功行自地仙而至神仙神仙而至天仙天仙而轉真聖入虚無洞天凡三遷也皆帝君主之釋之名也東華者以帝君東華至真之氣化而生也分治東極居東華之上也紫府者職居紫府統三十五司命遷轉洞虚宫較品真仙也陽者主東方少陽九氣生化萬彙也帝君者位東方諸天之尊君牧衆聖為生物之主易曰帝出乎震是也故曰東華紫府少陽帝君又真教元符經云昔二儀未分溟涬濛洪如鷄子玄黄之中生自然有盤古真人移古就今是曰盤古乃是天地之精自號元始天王游行虚空之中又有太元聖母化生天脊朧中經百劫天王行施聖母遂生天

皇號上皇元年始世三萬六千歲受元始上帝符命為東宮大帝扶桑大君東皇公號曰元陽又考之仙經或號東王公或號青童君或號東方諸或號青提帝君名號雖殊即一東華也

君聖朝至元六年正月日上尊號曰

東華紫府少陽帝君

西靈王母

西王毋者乃九靈大妙龜山金毋也號太虛九光龜臺金毋曰吾乃西華之至妙洞陰之極尊在昔道氣凝寂湛体無為將欲啓迪玄功化生萬物先以東華至真之氣化而生木公焉木公生於碧海之上蒼靈之墟以主陽和之氣理於東方亦號曰東王公焉又以西華至妙之氣化而生金毋焉金毋生神於伊川厥姓緱氏生而飛翔以主元毓玄奥於眑莽之中分大道醇精之氣結而成形與東王公共理二氣而養育天地陶鈞萬物矣柔順之本為極陰之元位配西方毋養群生盖主天下三界十方女子之登仙得道咸所隸焉所居崑崙之圃扶風之苑其山之下弱水九重洪涛萬丈飛飈車羽輪不可到也周穆王三十五年命八駿使西巡狩至崑崙賓謁祠見之待白璧重錦以為主壽事時王毋以瑶池珎饗紫府瓊漿九天仙樂與穆王讌於瑶池穆王國政不治宗廟荒廢歸至人間國已危矣

王毋云

声色不止神不清　心不寧兮神不灵

思慮不止心不寧　神不灵兮道不成

后土皇地祇

天地未分混而爲一二儀初判陰陽定位故清氣騰而爲陽天濁氣降而爲陰地爲陽天者五太相傳五天定位上施日月參差玄象爲陰地者五黃相乘五氣凝結負載江海山林屋宇故曰天陽地陰天公地母也世略所謂土者乃天地初判黄土也故謂土母焉廟在汾陰宋真宗朝大中祥符五年七月二十三日誥封后土皇地祇其年駕幸華陰親祀之今揚州玄妙觀后土祠也殿前瓊花一株香色柯葉絶異非世之常品也

真宗皇帝封曰

承天効法厚德光大后土皇地祇

玄天上帝

按混洞赤文所載文帝乃元始化身太極別体上三皇時下降為太始真人中三皇時下降為太元真人下三皇時下降為太乙真人至黃帝時下降為玄天上帝開皇初刧下世紫雲元年歲建甲午三月初三甲寅庚午時符太陽之精托胎化生淨樂國王善勝夫人之腹孕秀一十四月則太上八十二化也淨樂国者乃奎婁之下海外国上應龍变梵度天玄帝產母左脇當生之時瑞雲覆国異香芬然地土变金玉瑞應之祥茲不備載生而神靈槩措隱顯年及十歲經典一覽悉皆默会仰觀俯察靡所不通潛心念道志氣太虛願輔上帝普福兆民父王不能抑志年十五辭父母欵尋幽谷內煉元真遂感玉清聖祖紫虛元君傳授無極上道元君告玄帝曰子可越海東遊歷於翼軫之下有山自乾兌起跡盤旋五萬里水出震宮自有太極便生是山應顯定極風天太安皇崖二天子可入是山擇衆峯之中冲高紫霄者居之當契太和昇舉之後五百歲當龍漢二刧中披髮跣

足攝離坎真精歸根復位上為三境輔臣下作十方大聖方得顯名億劫
與天地日月齊并是其果滿也告畢元君昇雲而去玄帝乃如師語越海
東遊歩至翼軫之下果見師告之山山水藏沒皆應師言乃入觀覽果有
七十二峯之中有一峯聳翠上凌紫霄下有一嵓當陽虛寂於是玄帝採
師之誠目山曰太和山峯曰紫雲峯嵓曰紫霄嵓遂即居焉潛虛玄一默
會萬真四十二年大得上道於黃帝紫雲五十七年歲次甲子九月初九
日丙寅清晨忽有祥雲天花自空而下迷漫山谷繞山四方各三百里林
巒震響自作歩虛仙樂之音是時玄帝身長九尺面如滿月龍眉鳳目紺
髮美髯顏如氷清頂帶玉冠身披松羅之服跣足拱手立于紫霄峯上須
臾雲散有五真群仙降于玄帝之前道從甚盛非凡見聞玄帝稽首祇奉
奉迎拜五真曰予奉玉清玉帝詔以子功滿道備昇舉今聞子之聖父聖
毋已在紫霄矣玄帝俯伏恭諾五真乃宣詔畢可特拜太玄元帥領元和
遷校府公事賜九德偃月金晨玉冠瓔華玉簪碧理寶圭素銷飛雲金霞
之帔紫銷龍衮丹裳羽屬絳絲之裙七寶銖衣九光朱履飛紅雲舃佩太

玄元帥玉冊乾元宝印南北二斗三台龍劔飛雲玉輅冊鑾緑韠羽蓋瓊輪九色之節十絶靈旛前嘯九鳳後吹八鸞天下玉女億乘萬騎上赴九清詔至奉行玄帝再拜受詔易服訖飛昇金闕按元洞玉曆記云至五帝世來當上天龍漢二刼下世洪水方息人民始耕殷紂主淫心失道矯侮上天生靈方足衣食心叛正道日造罪孽悪毒自横遂感六天魔王引諸神鬼傷害衆生毒氣盤結上衝太空是時元始天尊說法於玉清圣境天門震開下見悪氣彌塞天充於是妙行真人叩誠求請願救群黎元始乃命玉皇上帝降詔紫微陽則以周武伐紂平治社稷陰則以玄帝收魔間分人鬼當斯時也上賜玄帝披髪跣足金甲玄袍皂纛玄旗統領丁甲下降凡世與六天魔王戰於洞陰之野是時魔王以坎離二炁化蒼龜巨蛇变現方成玄帝神力攝於足下鎖鬼衆於酆都大洞人民治安宇宙清肅玄帝凱還清都面朝金闕元始教命以玄帝功齊五十萬刼德並三十三天九霄上賴於真威十亟仰依於神化有大利施於下民積圣德遍之于玉曆按遵簡籙當亞帝真不有褒崇何以昭德特賜尊號拜玉虛師相玄

天上帝領九天採訪使圣父曰淨樂天君明真大帝圣母曰善勝太后瓊真上仙下簽天関曰太玄火精含陰将軍赤靈尊神地軸曰太玄水精育陽将軍黑靈尊神並居天一真慶之

格聯

紫極騰輝瑞映八方世界
玄天著德恩覃十部閻羅

又

殿向橋東開潢漾水声登貝帝
地逕坊左逢巽鬱蒼山色映蒲團

三教搜神大全

梓潼帝君

按清河内傳余本吳會間人生於周初后七十三代今改為化字帝君曰吾一十七世為士大夫身未常虐民酷吏遇人之急濟人之乏容人之過憫人之孤性烈而行察同秋霜青天于白日之不可犯后西晋末降生於越之西嶲之南兩郡之間是時丁未年二月初三日誕生祥光罩户黄雲迷野居處地府近海里人請清河叟曰君今六十而獲貴嗣童稚时不喜嬉戲每慕山澤往往語言若有隱显晝誦群書夜避衆子自笑自樂身体光射居民祈禱則余嗤訕長嘯曰土木而能衣人之衣食人之食享之而有應謗之而有禍我為人而爲無靈乎自后夜夢或為龍或為王者天符或為水府漕自恠而不甚信為吉兆三農懲旱嘉禾無甦舞雩祝神恬然無驗余思曰寐中夢治水府今夕当驗夜往水際以夢中官函牒河伯而驚竟尤恐忸怩不能忽爾之間阴雲四合風飛雷震一吏稽首余前曰運判徙居余曰非我也我乃張户老之子名亞緣水府得達故字霈夫吏曰奉命促子余

曰家人如何吏曰先到治所余惶懼未决吏揖上一白驢而去俛首里聞風雨聲中頓失鄉地到一山連劒嶺而撐叅宫是也若鳳凰之偃下有古湫引余入一巨穴門有一石筍吏曰民之禱雨祝此石而有應名曰雷柱吾方褰衣入穴吏又曰君記周室爲人七十三化陰德傳家而迄今否余方大悟若夢覺也吏曰君在天譜得神之品於人世界有知之者晉不日有中興之兆君可尋方而顯化余曰謝天使嚮報也入穴則若墮千仞之壑近地而足不沾若騰身虛空有王者之宫中有禁衛余入遂見家人悉都其間改曰作儒士往咸陽講姚萇之故事倩河内傳焚香者切記廟在劍州梓潼縣唐玄宗幸蜀神迎於萬里橋追封左丞相僖宗播迁亦有陰助之功加封順濟王宋太祖初得蜀也以仁取之以仁守之亦爾神陰隲昰相有以輔吾仁也

靈應廟神加封聖號

忠文仁武孝德聖烈王　聖后協應德惠妃

聖父顯慶慈祐仁裕王　聖母昭德積慶慈淑妃

聖子嗣德王　聖婦善助顯懿夫人

聖子昌德王　聖婦順助惠懿夫人

聖孫紹應昭靈侯　聖孫婦淑應夫人

聖孫承應宣靈侯　聖孫婦惠應夫人

佐神英惠忠烈翼濟福安王即報喜太尉也

左右桂祿二籍仙官

聖朝延祐三年七月七日加封聖號

輔元開化文昌司祿宏仁帝君

帝君殿在九曲之處蓋九曲水來朝九折而去經行山腹路成七曲其殿有降筆亭亭中以金索懸一五色飛鸞鸞口啣筆用金花牋數百畨常畨筆下筆畢皆具亭門本府差官封鎖甚嚴以防欺偽之弊降筆訖其亭內有銅鐘自鳴廟吏聞於本府本府差官啓鑰取書以覩報應其降筆多勸人以忠孝為本詐逆犧僭偽蜀王之日具犧牲設俎豆潔粢盛親詣 帝君廟設祭甫歆行礼黑風驟起滅燭撤香逆犧震懼俯伏殿下須臾開明

視祝板已碎作兩片矣　帝君奉
玉帝旨佐南斗注生由是求嗣者多禱焉
上天聖號
金闕昊天檢校洞照通真先生九天開化主宰靈應大天帝上僊無皇君
統僊班證佛果聖號
混天內輔三清內宰大都督府都統三界陰兵便行宜事管天地水三界
獄事收五嶽四瀆真形虎符龍券總諸天星耀判桂祿二籍上僊元皇真
人司祿職貢舉真君須編脩飛僊列籍掌混天造化輪迴救苦天尊九天
定元保生扶教開化生宰長樂永祐靈應大帝定慧證果伽釋梵鎮如來
佛
饒一着添子孫之福壽　退一步免隙駒之易過
忍一言免駟馬之難追　息一怒養身心之精神
神霄小吏吞雷讚曰
妙哉斯編　誠哉是言　遵守行之　福祐自天

三元大帝

三元大帝乃是元受真仙之骨受化更生再甦爲人父姓陳名子檮又曰陳郎爲人聰俊美貌於是龍王三女自結爲室三女生於三子俱是神通廣大法力无邊天尊見有神通廣法顯現无窮即封爲

上元一品九氣天官紫微大帝即誕生之符始陽之氣結成至真處玄都元陽七寶紫微上宫總主上宫諸天帝王上聖高真三羅萬象星君

中元二品七氣地官清虚大帝九土无極世界洞空清虚之宫總主五岳帝君并二十四治山九地土皇四維八極神君

下元三品五氣水官洞陰大帝洞元風澤之炁晨浩之精金靈長樂之宫總主九江水帝四瀆神君十二溪真三河四海神君每至三元日三官考籍大千世界之内十方国土之中上至諸天神仙升臨之籍星宿照臨国土分野之簿中至人品考限之期下至魚龍变化飛走万類蠢動生化之期並俟三官集聖之日録奏分别隨業改形隨福受報隨刧轉輪隨業生

死善惡隨緣無復差别宜悉知之

上元一品天官賜福紫微帝君正月十五日誕生

中元二品地官赦罪青靈帝君七月十五日誕生

下元三品水官解厄暘谷帝君十月十五日誕生

東嶽

泰山者乃群山之祖五嶽之宗天帝之孫神靈之府也在兖州奉符縣今泰安州是也以梁父山為儲副東方朔神異經曰昔盤古氏五世之苗裔曰赫天氏赫天氏曰胥勃氏胥勃氏曰玄英氏玄英氏子曰金輪王金輪王弟曰少海氏少海氏妻曰彌輪仙女也彌輪仙女夜夢吞二日覺而有娠生二子長曰金蟬氏次曰金虹氏金虹氏者即東岳帝君也金蟬氏即東華帝君也金虹氏有功在長白山中至伏羲氏封為太歲為太華真人掌天仙六籍遂以歲為姓諱崇其太歲者乃五代之前充上天尊所都之地今之泰高是也其后乃水一天尊之女也至神農朝賜天符都官號名府君至漢明帝封泰山元帥掌人世居民貴賤高下之分祿科長短之事十八地獄六案簿籍七十五司生死之期聖帝自堯舜禹湯周秦漢魏之世只有天都府君之位按唐會要曰武后垂拱二年七月初一日封東岳為神岳天中王武后萬歲通天元年四月初一日尊為天齊君玄宗開元

十三年加封天齐王宋真宗大中祥符元年十月十五日詔封東嶽天齊

仁聖王

至祥符四年五月日尊為帝號

東嶽天齊仁聖帝

淑明皇后

聖朝加封大生二字餘封如故

帝五子

宣靈侯　　和惠夫人

惠靈侯　　永泰夫人

至聖炳靈王　　淑惠夫人

居仁盡鑒尊師

佑靈侯

帝一女

玉女大仙即岱岳太平頂玉仙娘娘是也

至聖炳靈王

炳靈者聖帝第三子也唐太宗加威雄將軍至宋太宗封上吳炳靈公大中祥符元年二月二十五日封

至聖炳靈王

佑聖真君

佑聖真君者真君姓茅諱盈本長安咸陽人也自幼出家叅訪名山洞府遇王君賜長生之術得道稱爲天仙至漢明帝朝儀朔三年天書忽降皆玉篆龍文云大帝保命真君與聖帝同簽生死共管陰府之事宋太宗封佑聖真君至真宗加封九天司命上部賜福佑聖真君

南嶽

南嶽衡山衡州衡山縣是也以霍山爲儲副東方朔神異經云神姓崇諱

嶽南嶽主於世界星辰分野之地兼鱗甲水族龍魚之事大中祥符四年

五月二十五日追尊帝號

司天昭聖帝　景明皇后

聖朝加封大化二字餘封如故

西嶽

西嶽華山在華州華陰縣是也以太白山為儲副東方朔神異經云神姓善諱蛍西岳者主管世界金銀銅鐵五金之屬鎔鑄坑冶兼羽毛飛鳥之事大中祥符四年五月五日追尊帝號

金天順聖帝　　肅明皇后

聖朝加封太利二字餘封如故

北嶽

北嶽恒山在定州曲陽縣是也以崆峒山為儲副東方朔神異經云神姓晨諱咢北嶽者主於世界溢河淮濟兼虎豹走獸之類蛇虺昆虫等屬大中祥符四年五月五日追尊帝號

安天玄聖帝　　靜明皇后

聖朝加封大真二字餘封如故

中嶽

中嶽嵩山在西京河南府登封縣是也以少室山爲儲副東方朔神異經云神姓惲諱善中嶽者主於世界地澤川谷溝渠山林樹木之屬大中祥符四年五月五日追尊帝號

中天崇聖帝　　正明皇后

聖朝加封大寧二字餘封如故

四瀆

江

江瀆楚屈原大夫也唐始封二字公宋加四字公

聖朝加封四字王號

廣源順濟王

河

河瀆漢陳平也唐始封二字公宋加四字公

聖朝加封四字王號

靈源弘濟王

淮

淮瀆唐裴説也唐始封二字公宋加四字公

聖朝加封四字王號

長源廣濟王

濟

濟瀆楚伍大夫也唐始封二字公宋加四字公

聖朝加封四字王號

清源漢濟王

泗州大聖

泗州僧伽大師者世謂觀音大士應化也推本則過去阿僧祇弥伽沙劫值觀世音如來從三惠門而入道以音聲爲佛事作以此有緣之衆乃謂太師自西國來唐高宗時至長安洛陽行化歷吳楚間手執楊枝混于緇流或問師何姓即荅曰我姓何又問師是何國人師曰我何國人尋於泗上欲構伽藍因宿州民賀跋氏舍所居師曰此本爲佛宇令掘地果得古碑香積寺即齊李龍建所創又獲金像衆謂然燈如來師曰普光王佛也因以爲寺額景龍二年中宗遣使迎大師至輦轂深加礼異命住定薦福寺帝及百官咸稱弟子與度惠儼惠岸木乂三人御書寺額普光王寺三月三日大師示滅敕令就薦福寺漆身起塔忽臭氣滿城帝祝送師歸臨淮言訖異香騰馥帝問萬迴曰僧伽大師是何人邪曰觀音化身耳乾符中謚證聖大師

五聖始末

按祖殿靈應集云五顯公之神在天地間相與為本始至唐光啓中乃降于兹邑啚籍莫有登載故后来者無所考據惟邑悼耄口以相傳言邑民王喻有園在城北偏一夕園中紅光燭天邑人麇至觀之見神五人自天而下導從威儀如王侯狀黄衣皂絛坐胡床呼喻而言曰吾授天命當食此方福祐斯人訪勝尋幽而来至止我廟食此則祐汝亦無憂喻拜首曰惟命言訖禪雲四方神昇天矣明日邑人来相宅方山在其東佩山在其西左環杏廠右繞蛇城南北兩潭而前坐石大溪出來縈紆西下兩峰特秀巉然水口良然佳處也乃相與手来斬竹薙草作為華屋立像肖貌揭虔安靈四遠聞之鱗集輻湊自是神降格有功於國福祐斯民無時不顯先是廟號上名五通大觀中始賜廟額曰靈順宣和年間封兩字侯紹興中加四字侯乾道年加八字侯淳熙初封兩字公甲辰間封四字公十一年加六字公慶元一年加八字王嘉泰二年封兩字王景定元年封四字

王累有陰助于江左封六字王六年十一月告下封八字王

理宗改封八字王號

第一位顯聰昭應靈格廣濟王　顯慶協惠昭助夫人

第二位顯明昭烈靈護廣祐王　顯惠協慶善助夫人

第三位顯正昭順靈衛廣惠王　顯濟協佑正助夫人

第四位顯直昭佑靈貺廣澤王　顯佑協濟喜助夫人

第五位顯德昭利靈助廣成王　顯福協愛靜助夫人

王祖父啓佑喜應敷澤侯　祖母衍慶助順慈貺夫人

王父廣惠慈濟方義侯　母崇福慈濟慶善夫人

長妹喜應贊惠淑顯夫人　次妹懿順福淑靖顯夫人

至有吏下二神者盖五公既貴不欲以禍福驚動人之耳目而委是二神司之歟

黄衣道士　紫衣員覺太師

輔靈翊善史侯　輔順翊惠卞侯

翊應助順周侯　　令狐寺丞

王念二元帥　　打拱高太保

打拱胡百二撿察　　都打拱胡靖一總管

打拱黄太保　　打拱王太保

金吾二太使　　掌善罰悪判官

大猷嘗覩鍾山所作神傳知安樂公之名本於雲居惜其未詳大猷昨竊廪建昌特往訪問住山遇老具述其事云昔有司馬頭陀至山之南曰瑶田見道瑢禅師謂瑢曰吾尋此山凡十五載自南嶽襲其岡而来若獲勝地願與禅席闡揚佛告是夜夢五神人来曰求珠當入九重之渊欲寳必登萬仞之巔上有優游平地固儻然黎明司馬命樵人開道登山見一白鹿銜花前導自横嶺而上又数百步地平如掌忽見五神人曰此處乃弟子眷屬所居弟子受伏無用今願捨此續佛慧命如有所缺弟子願給備之瑢隨即其地治基建寺后三日復見五神人現前瑢問曰舍此何往神荅曰后山枯木是可居也瑢一日往謝之神人果從枯椢樹中出瑢問曰

安樂否神人曰弟子舉族安樂從此山神及樹皆得安樂之名瑢乃馬祖時人也唐憲宗元和初寺成名曰龍昌僖宗中和三年有洪覺禪師道膺入山開堂演法常有五老人来聽一日洪覺問曰公何人對曰山前檀越言訖而行洪覺令人觀其所往至山側小池遽入其中遂不見至今人呼為五龍池云

癸巳紹定六年三月三日宋承節郎張大猷謹書

按胡升撰星源志所載云升為童時尚見之一小碑載其事因婺源與德興爭祖廟輦之去今不知所存或曰本朝神祠見於會要姓氏皆可考惟此神無姓氏何耶升曰莫之為而為者此所謂鬼神也周禮小宗伯兆五帝於四郊漢儀祠五祀宋朝明堂畨五方帝位于昊天之側從之以五人帝五官神皆五行真氣也盖五行為天地間至今之極必有為之主宰者故曰元冥曰祝融曰勾芒曰神蓐曰后土皆指水火金木土而言之物今五神之降于此豈非默助五行之造化以福生民乎或者又以五聖為五通非正神也吁名實不辨典故不知徒肆為議論亦妄矣盖本朝政和元年

正月詔毀五通及右將軍如已淫祠至宣和五年我五聖適有通貺等侯之封前后十餘年間黜彼之邪崇此之正昭然甚明尚可得而並論之乎亦緣鄉曲前輩偶傅會佛有六通弟子五通之說以啓后人之疑每歲四月八日本縣啓建止善無碍大齋四方并海外来者輻輳齋宿極嚴非有形驅勢迫而使之然本朝褒封勅告並藏縣庫嘉泰二年中屢頒降御書扇五柄並置專局在廟收藏

宋廸公郎國史實録 遍校文字胡升謹書

萬廻虢國公

萬廻公者虢州閿鄉人也姓張氏唐貞觀六年五月五日生生而癡愚至八九歲方能語嘯傲如狂鄉黨莫測一日令家人先埽云有勝客至是日三藏玄奘自西國還訪之公問印度風境了如所見奘作禮圍繞稱是菩薩有兄萬年久征遼左母程氏思其音信公曰此甚易爾乃告母而往至暮而還及持書隣里驚異其童與寺沙門大明少而相狎公來往明師之室屬有正諫大夫明崇儼夜過寺見公左右神兵侍衛崇儼駭之詰但言與明師厚施金繒作禮而去咸亨四年高宗召至內武后賜錦袍玉帶時有扶風僧蒙顛者甚多靈迹先在內每曰廻來廻來及公至又曰替到當去旬日而卒景雲二年十二月八日師卒于長安不祿壽年八十時異香氤氳舉体宋時特贈司徒虢國公喪士官給五年正月十五日窆于京師香積寺

許真君

許遜字敬之南昌人吳赤烏二年正月念八日降生毋先夢金鳳啣珠墜於懷中而有娠父許肅祖父世慕至道真君弱冠師大洞真君吳猛傳三清法愽通經史舉孝廉拜蜀旌陽縣令也以晉亂棄官與吳君同遊江左會王敦作亂二君乃假符呪謁敦欲止敦而存晉也一日同郭璞候敦匕蓄怒而見曰孤昨夢將一木上破其天禪帝位果十全乎請先生圓之許曰此夢非吉矣曰木上破天是寐字明公未可妄動又令璞筮之曰事無成問壽曰若起事禍將不久若住武昌寿不可測敦怒曰卿壽幾何曰予壽盡今日敦令武士執璞赴刑二君同敦飲席間乃隱形去至廬江口召舟過金陵舟師辭以無人力駕舡二君曰但載我我自行舡仍戒舟師曰汝宜堅閉户隱若聞舟行聲慎勿潛窺於是入舟須刻間舟師聞舟揺撼木葉聲遂潛窺見二龍駕舟在紫霄峯頂既知其窺委舟而去二君曰汝不信吾教今至此柰何遂令舟師舟隱此峯頂教服靈草授以神仙術舟

之遺跡今尚存真君後在豫章遇一少年容儀脩整自稱慎郎真君與之話知非人類既去謂門人曰適少年乃蛟蜃精吾念江西累遭洪水為害若不剪除恐致逃遁遂舉道眼一覷見蜃精化一黄牛於洲北真君謂弟子施太玉曰彼黄牛我今化黒牛仍以白巾與鬬汝訊之當以劍截彼俄頃二牛奔逐太玉以劍中黄牛之左股因投入城西井中黒牛亦入井蜃精徑走蜃精先在潭州化一聰明少年人多珍寶娶刺史賈玉女常旅遊江湖必多獲寶貨而歸至是空歸且云被盗所傷須臾典報云有道流許敬之見使君賈出接坐真君曰聞君得佳婿畧請見之慎郎托疾不出真君厲聲曰蛟精老魅焉敢遁形蛟乃化本形至堂下命空中神殺之又令将二兒来真君以水噀之即成小蜃妻賈氏幾爰父母力懇乃止令穿屋下丈餘地皆有水際又令急移俄頃官舍沉没為潭踪跡皆宛然除蜃後於東晉太康二年八月一日於洪州西山舉家白日上昇真君自飛昇之後里人與真君族人就其地立祠以所遺詩一百二十首寫竹簡之上載之巨筒令人探取以決休咎名曰聖籤宋徽宗政和二年五月十七日上

尊號曰　神功妙濟真君改觀為宮賜額曰玉隆萬壽帝因看書于崇政殿恍然似夢見東華門北有一道士戴九華冠披絳章服道從者甚衆至冊墀趄蹌揖帝帝乃問曰卿是何人不詔而至對曰吾為許旌陽權掌九天司職上帝詔往按察西瞿耶國經由故國復問曰朕患安息瘡諸藥不能愈真君有藥否即取小瓠子傾藥一粒如綠豆大呵呪抹於瘡上覺如流酥灌体入骨清涼遂揖而去行數步復回顧曰吾廠舍久已寥落願聖皇舉眼一看為幸帝豁然而覺詔畫像如夢中所見者賜上清儲祥宮崇奉詔真君遺跡去處未有宮觀即取本屬官錢建造如宮觀只因損壞如法脩換無常住即撥近便官田供辦聖朝崇奉加至道玄應四字餘封如故

詩曰　從來世代出神仙　爭似旌陽拔宅登
屈指算來千載後　應當還有鳳珠吞

格聯　三尺龍泉追残凶蟄千年魄
一根鉄柱鎖定西江萬古秋　收孽蛟贈

寶誌禪師

寶誌禪師宋元嘉中見形於東陽鎮古木鷹巢中朱氏聞巢中兒啼遂收育之因以朱為姓施宅為寺焉公自少出家依于鐘山道林寺常持一錫杖懸刀尺及鏡拂之類或掛一兩尺帛數日不食無饑容時或歌吟詞多讖記士庶皆共事之齊建元中武帝謂師惑衆收付建康獄既久人見其入市及檢獄如故建康尹以事聞帝延於宮中之後堂師在華林園忽一日重著三布帽亦不知於何所得之俄豫章王文惠太子相繼薨齊亦以此貴矣由是禁師出入梁高祖即位下詔曰誌公迹拘塵垢神遊冥寂水火不能燋濡蛇虎不能侵懼語其佛理則聲聞以上談其隱淪則遯仙高者豈以俗士常情空相拘只何其鄙陋至於此自今勿得復禁師或一日封帝食鱠帝曰一不知味二十餘年師何為爾師乃吐出小魚鱗尾依然今建康尚有鱠殘魚是也皇后郗氏崩數月帝常追悼之晝則悶悶不樂宵則耿耿不寐居寢殿聞外騷窣聲視之乃見蟒蛇盤躃上殿睒睛呀口

以向於帝帝大驚駭無所逃遁不得已蹶然而起謂蛇曰朕宮殿嚴警非爾蛇類所生之處必其妖孽欲祟朕耶蛇為人語啓帝曰蟒則昔之郗氏也妾以生存嫉妬六宮其性慘毒怒一發則火熾矢射損物害人死以是罪謫為蟒耳無飲食可實口無窟穴可庇身饑窘困迫力不自勝又鱗甲有蟲唼嚙肌肉痛苦其劇若加錐刀焉蟒非常蛇亦復變化而至不以皇居深重為阻耳感帝平昔眷妾之厚故托醜形骸陳露於帝祈一功德以見拯拔也帝聞之嗚呼感激既而求蟒不復見帝明日大集沙門於殿庭宣其由問善之最以贖其言師對曰非禮佛懺滌悃款不可帝乃然其言搜索佛經録其名號兼親抒睿思灑聖翰撰悔文共成十卷皆採摭佛語削去閑詞為其懺禮又一日聞宮室內異香馥郁良久轉美初不知所來帝因仰視乃見一天人容儀端麗謂帝曰此則蟒後身也蒙帝功德已得超昇利天今呈本身以為明驗也慇懃致謝言訖而去此見梁武懺序師于梁天監十三年冬將卒忽告衆僧令移寺金剛神像出置于外乃密謂人曰菩薩將去矣未及旬日無疾而終舉躰香耎在世九十七年帝以錢

三十萬易定林寺前岡獨龍阜以葬師永定公主以湯沐之資造浮圖七級於其上帝命陸倕製銘錫玻黎珠以飾塔表南唐保大七年加號妙覺塔名應世宋太宗太平興國七年舒民柯蕚遇老僧徃萬歲山指古松下掘之得石篆乃寶公記聖祚綿遠之文於是遣使致謝謚曰寶公妙覺治平初更謚道林眞覺大師按建康實録聞善寺有誌公履唐神龍初鄭克俊取之以歸長安今洗鉢池尚在塔西二里法雲寺基方池是也

盧六祖

盧六祖名惠能廣東韶州府人嘗學佚見曹溪水香遂於其地擇一道場求之地主但云只得一袈裟地足矣地主從之遂以袈裟鋪設方圓八十里今南華山六祖道場是也從坐化自唐宣宗時至今六百有餘年肉身俱存香烟薰蒸面如漆光至元丙子年漢軍以利刃鑽其腹見心肝如生人於是不敢犯衣鉢盡載之北今已發回有宣宗御賜袈裟織成淡山水有西天鉢非銅鐵非木石有西天履非革非木竟不知何物有法華經十六七葉有佛齒以小銀合載之元有一孽龍據深潭爲民害六祖曰只怕尔變小其龍果變小遂以鉢盂載之在寺中乾枯帰隨後其龍尚存久矣

三茅眞君

太玄眞人内傳畧曰眞人姓茅咸陽南關人也聖祖諱喜字拱倫仕秦莊襄王爲廣信侯其父乃廣信侯弟六子諱祚字彦英有三子長子諱盈字叔申次子諱固字季偉小子諱衷字思和盈年十八棄家恒山讀老子書及周易傳採取山朮而餌服之積六年夜夢太玄玉女把玉扎而携之曰西城王君得眞道可爲師矣明辰敬到西城斉戒三月卒見王君駕神龍之騑翱翔於綉岩之陰於是越艱難絶阻不覺以前君乃使衛官見攝将遠王君洞臺之中親侍旦夕执巾履之役如是十七日王君見君謹容使主領衣書神籙之章後三年乃命駕造白玉龜山請王母於清琳宫君時從焉西王母曰總眞今乃挟肉人以登靈臺不亦劳乎王君笑而不答因曰君起再拜自陳頣賜長生之術王母曰吾昔先師元始天王及扶桑大帝君時乃閒居於希林之臺積霄之房説玄玄之道見遺以要言所謂玉佩金璫之道太極玄眞之経也君拜受所言王母勅王君一一解釋玄玄

之経又自敕出金瑠之文以口告於君也受命言訖王君将初帰西城桉而行之三年之中色如女子目有流光面生玉澤王君又賜君九轉还丹二剤及神方一首告之曰道已成可以反矣復百年求我於南岳将授汝仙在於吳越也於是辞師乃帰時年四十九君父毋尚在見之大怒曰為子不孝不親供養尋逐妖亡流走四方欲杖罰之君長跪謝曰盈受命應當得道今道已成不可杖撃恐三官考察非小故也父不信於是操杖向君適欲擧杖杖即摧折成数叚数叚皆飛揚如弓矢之發中壁壁穿中柱柱陥父悟不敢打怒乃止父又曰汝言得道能起死人否君曰死人有罪重積悪不可復生有夭寿短折者則可令起也乃召社公問此村中已死者誰可召還促約所関由使發遣之至日入之後社公来白事云某甲已决了便可發出於是掘地振棺擧而出之三日能坐語言了了如此發数人家皆遂生活郷里遠近咸稱君為神明之君後十餘年君父俱死行喪如禮中弟固漢景帝時擧孝廉累遷至武威太守弟衷少以節行顯名從梁國為孝王上賓宣帝地節二年遷雒陽令後拜為五更大夫轉西河太

薩真人

薩真人名守堅蜀西河人也少有濟人利物心嘗學醫誤用藥殺人遂棄醫道聞江南三十代天師虛靜先生及林王二侍宸道法歩往師之至陝行囊已罄見三道人來問堅何所往堅告以故道人曰天師羽化矣復問王侍宸曰亦化矣再問林靈素曰亦化矣薩方悵恨一道人曰今天師道法亦高吾與之有舊當爲作字可往訪之吾有一法相授日間可以自給遂授以呪棗之術曰呪一棗可取七文一日但呪十棗得七十文則有一日之資矣一道人曰吾亦有一法相授乃雷法也真人受辭用之皆驗一日凡呪百餘棗止授七十文爲日用餘者復以濟貧及到信州見天師投信擧家皆哭乃虛靖天師親筆也信中言吾與王侍宸林天师遇薩君各賜一法授之矣可爲參録奏名真人後法愈大显嘗經潭州人聞神語曰真人提刑来日至次日人伺之只見真人攜甕笠至有提點刑獄之牌人異之継至湘陰縣浮梁見人用童男童女生祀本處廟神真人曰此等醌

神即焚其廟言訖雷火飛空廟立焚矣人莫能救但聞空中有云頭法方常如今日自後廟不復興真人至龍興府江邊濯足見水有神影方面之巾金甲左手拽神右手執鞭真人曰爾何神人也答曰吾乃湘陰廟神天善神真人焚吾廟後今相隨一十二載只候有過則復前讎今真人功行已高戢隸天樞望保奏以為部將真人曰汝凶惡之神坐吾法中必損吾法其神即立誓不敢背盟真人遂奏帝收係為將其應如響後真人至涪州忽一日諸將現形環侍告曰天詔將臨召真人歸天樞領位真人方起身而立即化後舉棺輕如常木衆異而開視則已空棺且知真人得屍解之道也

袁千里

袁勝字千里南豐人王待宸婦氏子也育斬勘雷法髣髴舅氏端平間寓戴顛家一日謂戴顛曰吾逝矣可焚我言畢而卒戴焚之火及屍煙焰中有旗現金字曰雷霆第三判官袁千里也

傅大士

傅大士

傅大士名翕婺州義烏人也自幼聰慧通二教之書自號善慧大士梁普通元年遇天竺僧嵩頭陀語曰尔弥勒化身遂令自鑒於水乃見圓光宝蓋即悟前因因問脩道之地頭陀指松山下雙檮木曰此可矣大士於此剏菴大通三年置寺雙檮間即今雙林寺有法華經梁武帝所賜鐵犂耕鉢水晶数珠七佛銅冠至今存焉大士雖出家者流而不髠或以為有先知能兑德士之冠服云又有餘虎岩在義烏城南二十五里雲黄山頂猛獸縱横大士斉竟每持餘飯飼之自兹伏匿因是立名飯化石青白而紫可作数珠昔有陶氏嘗資給大士大士視之曰他日化石青紫色可琢数珠不意啇自兹授記唯此一家能之相傳他人放效石即裂碎两浙有忠献王往婺州發大士塔取骨殖丕龍山寀之不動即其地建龍華寺以骨殖塑大士像于塔矣

福

崔府君

崔府君者乃祈州鼓城人也父讓世為巨農純良德義鄉里推重年將知命未立繼嗣讓與妻議之曰我平日所為常存濟物之心今何無嗣不若與汝共發虔誠禱於北岳妻從其言同詣北岳祠下禱祝祈嗣畢歸邸中安下是夜夫妻夢一仙童手擎一合崔讓問之童曰帝賜合中之物令君夫妻吞之言訖擧合蓋視之見美玉二枚夫妻各吞其一忽然而覺自後有娠腹懷十月滿足於隋大業三年六月六日降生一子神彩秀美異於常人幼而從學日誦千言不窺群子之戲因名子玉凡事過人鄉人咸為積善之家天賜也時唐太宗貞觀七年詔擧天下賢良赴都朝廷任用府君亦在內焉名賜縣令出身惟府君除潞州長子縣令正直無私洞察秋毫郡人皆言知縣晝理陽間夜斷陰府時五月初間知縣省喻邑人此月望日及望後一日無得殺生及繳射如犯者官中决斷陰府理問時有善射者朱蹇哥等二人潛出郭外射得兎一隻入城門吏捜住執於庭下問

之曰爾等故犯欲以縣庭受刑陰府受罰其人云乞於陰府受罰以為陰理將遠言訖各放还家是夜方就枕俄有一黄衣吏喚二人至于公庭一所聽上却見崔知縣王者冠服檢諸人罪狀或促其寿或隋其子孫或減其食禄汝輩善惡自當裁之令還本家遂驚而覺其人乃異之忽一日門吏報曰鵰黄嶺有猛虎攔路傷人公遣首吏孟完賫符牒至山廟拘虎其虎出自㘅符牒隨吏而至公庭崔公責之曰汝乃異類所食者有分定輙敢違其天意食啖人命罪當如何其虎聞之觸階而死自此邑人立生祠而祀之時潞州太守奏申朝廷貞觀十七年府君遷磁州滏陽縣令整太宗陰府君在之事決楊叟二子負債之冤後遷衛州衛縣令與奕棋人楊叟同赴任所西南五里有河時夏月水汎漂溺民田公于河上設壇以詞奏于上帝少頃間有一頭蛇浮于水面而卒水漸散去郡人亦立生祠祀焉有一日公與楊叟奕棊公忽起楊叟亦起公云爾見否忽有黄衣數輩执符而言曰吾奉上帝命云云次有玉珪玉帶子服冠簪秀衣五岳衛具又有百餘人皆拜畢而立奏簫韶絲竹之音樂復有一神取白馬至府君

曰汝輩必待之遂呼二子曰吾將去世矣無得大慟取紙筆寫百字銘以訓其子二子泣拜而授命言訖而卒在世六十四年矣後玄宗值祿山兵乱帝夜夢神人告之曰願陛下駕不可別此方賊不久而滅矣又何避之於是帝問姓名曰臣乃磁州滏陽縣令崔子玉帝驚而覺焉後果如其言駕歸闕下建廟封靈聖護国侯至唐武宗天下洪水泛溢祷之乃止加封護国威應公宋真宗東封岱岳加封上號

護国西齊王至宋高宗之避狄難自鎮走鉅鹿馬斃冒雨獨行暮宿老嫗家嫗與帝澤衣洗足進粝飯且告曰當借一遊騎早去約五鼓以包一束肩置焉帝請行稍前迈三歧路惑焉忽見白馬帝異之躡其後脫至靈祠下有土撫之汗如雨因宿夢青衣方袍人杖擊地輒其亟行驚起遲明癸眡紙亭祝板題云磁州都土地崔府君俄聞珓环聲乃登殿觀像如夢中所見寂無人唯几上有合內有酒食帝食之將出焉白馬復前導至斜橋谷馬忽不見益異之而從臣耿南仲將民兵數千來迎及南渡駐蹕於杭州帝首為立廟焉賜廟額曰顯衛

普庵禪師

普庵禪師名印肅袁州宜春縣溥化村父余慈母胡氏當宋徽宗政和五年十一月二十七日辰時生年六歲夢一僧點其心曰汝他日當自省既覺以意白母視之當心有一點紅瑩大似世之櫻珠父母因此許從壽隆院賢和尚出家年二十七歲落髮越明年受戒師容貌魁竒智性巧慧賢師器之勉令誦經師曰嘗聞諸佛元旨必貴了悟于心数墨巡行無益于事遂辞賢遊湖湘謁大溈牧庵忠公因問万法帰一一帰何處忠公竪起拂子師遂有省後帰受業院癸酉歲有隣寺慈化者請衆住持寺無常住師布衾紙衣晨粥暮食禪定外唯閲華厳経論一日大悟遍躰汗流喜曰我今親契華厳経遂述頌曰

描不成圓撥不開　何須南岳又天台
六根門首無人會　惹得胡僧特地来

自此之後發為言句動悟幽顯有不期然者一日忽有僧名道存冒雪至

師目擊而喜曰此乃吾不請友矣遂相與寂坐交相問答或咲或謂僧曰師再來人也非久當大興吾教乃指雪書頌而行師乃掩隱南嶺其號曰普庵忘懷于世因四縣巡檢丁君驥與長者刘汝明同請出山頭助營費重為慈化脩建佛殿師辞不獲竟從請至則慕道向風者衆師乃隨宜為說或書頌與之有病患者折草為藥與之即愈或有瘴毒人跡不相往来者師與之頌咸得十全至於祈晴伐怪木毀淫祠靈應非一由是工役大興富者施財貧者施力巧者施藝寺宇因茲鼎新延以数千里之間開路建橋樂為善事皆師之化或問師脩何行而得此師乃當空畫云還會麽其人云不會師云止止不須說其直機無辨多如此而歌頌讚語遍傳人間如證道歌判源録已盛行於時忽一日索筆書頌於方丈西壁云

乍雨乍晴寶象明　東西南北乱雲深

失珠無限人遭刼　幻應權機為汝清

枯木敷度頌畢示衆曰諸佛不出世亦無有涅槃入吾室者必能無契矣善自護持無令退失索浴更衣跏趺而寂時則乾道五年七月二十一日

也享年五十五僧臘二十八年十一月一日全身入塔是時四衆云集悲號之聲振動山盡師之終始大槩如此

普庵寂感妙濟正覺昭貺禪師

圣朝大德四年歳次庚子秋七月加封

大德二字餘封如故

吳客三眞君

昔周厲王有三諫官唐葛周也王好畋獵失政三官諫曰先王以仁義守國以道德化民而天下咸服未聞禽荒也屢諫弗聽三官棄職南遊於吳吳王大悅會楚兵侵吳王甚憂之三官進曰臣等致身以死事大王自有安邦之謀但大王無慮耳三官迎敵各用神策楚国皆降吳王遷賞三官拜辭奏曰臣等客臣也不敢受賜后知厲王薨宣王立復歸周国宣王錫受甚厚仍其爵位后救太子靖王降五方使者及非灾横禍宣王遷三官於東兖撫治安慰民受其賜商請其貨所至無乏其國大治三官既昇加封侯號

唐宏字文明孚靈侯（七月二十一日誕）　葛雍字文度威靈侯（二月十三日誕）

周斌字文剛洓靈侯（十月初二日誕）

宋祥符元年真宗東封岱岳至天門忽見三仙自空而下帝敬問之三仙曰臣奏天命護衛王駕帝封三仙曰

昭靈侯

昭靈侯南陽張公諱路斯隋之初家于潁上縣百社村年十六中明至第唐景龍中為宣城令以才能稱夫人石氏生九子自宣城罷歸常釣于焦氏臺之陰一日顧見釣處有宮室樓殿遂入居之自是夜出旦歸一輒寒而濕夫人令問之公曰我龍也蓼人鄭祥遠者亦龍也與我爭此居明日當占使九子助我頭有絳綃者我也青綃者鄭也明日九子以弓矢射青綃者中之怒而去公亦逐之所過為谿谷以達于淮而青綃者投于合淝之西山以死為龍穴山九子皆化為龍而石氏葬關洲公之兄為馬步使者子孫散居潁上其墓皆存焉事見于唐布衣趙耕之文而傳于淮潁間父老之口載于歐陽文忠公之集古録云自景龍以來潁人世祠之于焦氏臺乾寧中刺史王敬蕘始大其廟有宋乾德中蔡州大旱其刺史司超聞公之靈築祠于禱既雨翰林學士承旨陶穀為記其事盖自淮南至于陳蔡許汝皆奔走奉祠景德中諫議大夫張秉奉詔益新潁上祠宇而

熙寧中司封郎中張徽奏乞爵號詔封公昭靈侯石氏柔應夫人廟有穴蕻往往見変異出雲雨或投器穴中則見于池而近歲有得蛻骨于地者金聲玉質輕重不常今藏廟中元祐六年秋旱甚郡守龙圖閣學士左朝奉郎蘇軾迎致其骨于西湖之行祠與吏民禱焉其應如響乃益治其廟守也

義勇武安王

義勇武安王姓関名羽字雲長蒲州解良人也當漢末與涿郡張飛佐刘先主起義兵后於南陽卧龙崗三謁茅庐聘諸葛孔明宰割山河三分天下国号為蜀先主命関公為荊州牧不幸吕蒙設計公乃不屈節而亡追贈大將軍塟于玉泉山士人感其德義歳時奉祀焉宋真宗祥符五年十月十七日夜有神人自空而降奏曰臣乃上天直符使者玉帝有勑后八日有圣祖軒轅降于宮闕言訖而去帝次日與群臣議之洒掃宮室設祭礼至日圣降于延恩殿帝拜於前圣曰吾往昔人皇氏也其后為軒轅即汝趙宋之始祖也吾以汝善脩国政抚育下民而来言訖圣昇天矣帝大異之帝與群臣議之圣降之跡山存天香未散群臣賀曰陛下圣德所感圣祖降于宮闕帝詔天下梵宮並建圣祖宝殿至祥符七年解州刺史表奏云塩池自古生塩收办宣課自去歳以来塩池減水有虧課程此係災变敢不奏聞帝遣使持詔至解州城隍庙祈禱焉使夜夢一神告曰吾城

隍也塩之患乃蚩尤也往昔蚩尤與軒轅帝爭戰帝殺之于此地塩池之側至今尚有近跡近聞朝廷創立聖祖殿蚩尤大忿攻竭塩池之水颯然而竟得此报庙迴奏于帝々與群臣議之王欽若奏曰地神見报當設祭以祷之帝遣吕夷簡持詔就塩池祷之祭畢是夜夢一神人绒服金甲持劍怒而言曰吾乃蚩尤神也奉上帝命来此塩池於民有功以国有益今朝廷崇以軒轅立庙于天下吾乃一世之讎也此上不平故竭塩池水朝廷若能除毁軒轅之殿吾令塩池如故若不從竭絶塩池五穀不收又使西戎為边境之患言訖而去夷簡颯然而竟其夢中之事回奏於帝々亦夢之王欽若奏曰蚩尤乃邪神也陛下可遣使就信州龙虎山詔張天師可收伏此怪帝從之乃遣使詔天師至闕下帝曰昨因立圣祖軒轅殿致蚩尤怒涸絶塩池之水即今為患召卿斷之天師奏曰臣舉一将最英勇者蜀関将軍也臣當召之可討蚩尤必成其功言訖師召関将軍至矣現形於帝前帝云蚩尤竭絶塩池之水将軍奏曰陛下圣命敢不從之臣乞会五岳四瀆名山大川所有阴兵尽往解州討此妖鬼若臣與蚩尤对戰

必待七日方勦除得伏願陛下先令觧州管内户民三百里内尽閉户不出三百里外尽示告行人勿得往来待七日之期必成其功然后開門如往恐觸犯神鬼多致死亡帝從之関將軍乃授命而退遂下詔觧州居民悉知忽一日大風陰暗白晝如夜陰雲四起雷奔電走似有鐵馬金戈之声聞空中叫噪如此五日方且雲收霧散天晴日朗塩池水如故皆関將軍力也其護国祚民如此帝加其功遣王欽若賚詔往玉泉山祠下致享以謝神功復新其庙賜庙額曰義勇追封四字王号曰武安王宋徽宗加封尊号曰

崇寧至道真君

格聯

正氣雷行天自三国迄今弥久弥光不数孫權曹操
英風泉在地通八閩尽処隨叩隨应何須蜀郡荊州

百戰顱荊州忠義万年心尚赤　正氣不磨想去时还復天地
三分安漢鼎英雄千載胆犹寒　忠魂常在至今日犹壮山河
生前壮氣吞吴魏未許三分　兄弟情親豈忘彼一时盟誓
死後名高壓太華德垂万古　君臣義重不枉了素讀春秋

一片丹心垂竹帛　千年高誼頌桃园
庙貌丹青古　威名歲月深

清源妙道真君

清源妙道真君姓趙名昱從道士李珏隱青城山隋煬帝知其賢起為嘉州太守郡左有冷源二河内有犍為老蛟春夏為害其水泛漲漂渰傷民昱大怒時五月間設舟船七百艘率甲士千餘人民萬餘人夾江鼓譟声振天地昱持刃入水有頃其水赤石崖奔吼如雷昱右手持刃左手持蛟首奮波而出時有佐昱入水者七人即七聖是也公斬蛟時年二十六歲隋末天下大乱棄官隱去不知所終後因嘉州江水漲溢蜀人見青霧中乘白馬引數人鷹犬彈弓獵者波面而過乃昱也民感其德立廟於灌江口奉祀焉俗曰灌口二郎太宗封為神勇大將軍明皇幸蜀加封赤
宋真宗朝益州大乱帝遣張乖崖入蜀治之公詣祠下求助於神果
奏請于朝追尊聖号曰
清源妙道真君

威惠顯聖王

神姓伍名員字子胥楚大夫奢之子也平王聽費無極説殺父奢兄尚子胥奔吳言伐楚之利欲以報仇吳與楚戰吳果勝焉吳遂入郢員掘平王塚出其尸鞭之三百乃雪父仇吳伐越〻王勾踐擊傷闔廬死子夫差立〻二年而報越勾踐棲于會稽使大夫種厚幣遺大宰嚭以請和求委國為臣妾吳王許之子胥諫不聽退而告人曰吳其為沼乎十一年夫差將為魯伐齊勾踐率其衆而朝王及列士皆有賂吳人皆喜子胥獨嘆曰是豢吳也不如早從事焉員屬其子於齊鮑氏大宰嚭因説之曰員恨其計不用將為乱王使賜之利刃以死將死曰樹吾墓以檟〻可材也吳其亡乎三年其始弱矣吳王聞之怒乃取員尸盛以鴟夷革浮之江中吳人憐之為立祠江上命曰胥山吳王既誅員乃伐齊大敗齊人於艾陵十四年會諸侯于黄池越入吳二十三年而越卒滅吳唐元和間封惠廣侯宋封忠武英烈顯聖安福王

聖朝宣賜王號

忠孝威惠顯聖王

祠山張大帝

祠山聖烈真君姓張諱渤字伯奇武陵龍陽人也父曰龍陽君母曰張媪其父龍陽君與媪遊於大湖之陂正晝蕪見風雨晦冥雲蓋其上五祥青雲雷電並起忽失媪處俄頃開霽媪言見大女謂曰吾汝祖也賜以金冊巳而有娠懷胎十四个月當西漢神雀三年二月十一日夜半生長而奇偉寬仁大度喜怒不形於色身長七尺隆準美鬚髮垂委地深知水火之道有神告以地荒僻不足建家命行有神獸前導形如白馬其聲如牛遂與夫人李氏東游吳会稽渡浙江至苕雲三白鶴山山有四水會流其下公止而居馬於白鶴得柳氏於烏程桑坵得趙氏為侍人王九弟五子一女八孫始於吳興郡長興縣順靈鄉發跡役陰兵自長興荊溪疏鑿聖瀆長十五里岸高七丈至十五丈總三十里志欲通津於廣德也復於後村畢宅保小山楓樹之側為掛鼓壇先時與夫人李氏密議為期每餉至鳴鼓三聲王即自至不令夫人至開河之所厥後因夫人遺飱於鼓乃為烏

啄王以鳴鼓而餉至伯王詣鼓壇乃知為烏所誤及夫人至鳴其鼓王反以為前所誤而不至夫人遂詣興功之所見王為大豨役陰兵開鑿瀆河王見夫人变形未及遂不歬夫人相見聖瀆之功息矣遁於廣德縣西五里橫山之頂居民思之立廟於山西南隅夫人李氏亦至縣東二里而化時人亦立其廟聖瀆之河涸為民田即浴兵池為湖灌溉瀕湖之田僅萬頃掛鼓之壇禽不敢棲蟻不敢聚云唐天寶中禱雨感應初贈水部員外郎橫山改為祠山昭宗贈司農少卿賜金紫景宗封廣德侯南唐封為司徒封廣德公後晋封廣德王宋仁宗封靈済王至寍宗朝累加至八字王至理宗淳祐五年改封正佑聖烈眞君至咸淳二年十二月十二日準告加封

正佑聖烈昭德昌福真君二月十一日誕生

封正寍昭助靈惠順聖妃李氏二月初二日誕生

封協應濟惠慈昭廣懿夫人趙氏　封協順承済慈佑廣助夫人

王祖顯慶垂休昭遠靈惠侯　王祖母顯應起家昭靈夫人

王父慈應潛光儲祉衍靈侯　王母慈惠嗣徽聖善夫人

九弟

靈既普濟昭助侯　靈德昭惠嘉懿夫人

善利通既靈助侯　善德助惠正懿夫人

順戒孚應顯助侯　順德衍惠昭懿夫人

康衛昭應廣助侯　康德順惠顯懿夫人

靖鎮豐利宏助侯　靖德淑惠靈懿夫人

休應豐澤孚助侯　休德敷惠靖懿夫人

明濟福謙善助侯　濟德綏惠昌懿夫人

昭祐通濟信助侯　昭德靜惠明懿夫人

嘉惠亨直順助侯　嘉德柔惠光懿夫人

五子

承烈顯濟啓佑王生五月十五日　承祀贊福元穆協應夫人

嗣應昭佑公正月初四日誕生　嗣嬪翊福昭穆夫人

濟美崇祐公三月十五日誕生濟順保福恭穆夫人

紹休廣祐公生十二月十二日誕紹娰崇福交穆夫人

善繼孚祐公正月十一日誕生善行敷福瑞穆夫人

一王女

俶顯柔嘉令儀夫人王婿李夫人本廣无像位醮筵及祠祭呼云

八王孫

第一位宗福侯　第二位衍祚侯

第三位衍祐侯　第四位衍澤侯

第五位衍瑞侯　第六位衍偓侯

第七位衍慶侯　第八位衍惠侯

佐神丁壬二聖者

打拱方使者封協靈侯

掠剩使

按幽怪録云杜陵常元方外兄裴璞任邠州新平縣尉元和五年璞卒于官長慶初元方下第将客于隴右出開遠門数十里抵偏店将憩逢武吏躍馬而来騎從数十而貌似璞見元方若識而急下馬避之入茶邸垂簾于小室中其從御散坐簾外元方疑之亦造其邸及褰簾入見真裴璞也元方驚喜拜之曰兄去人間復效武職何也從吏之糾〻焉裴璞曰吾為陰官職受武士故武飾耳元方曰何官曰隴右三川掠剩使耳曰何所司耶曰吾職司人剩財而掠之元方曰何謂剩財璞曰人之轉貨求丐也命当即叶忽遇物之稍稀或主人深顧所得乃踰数外之財即謂之剩故掠之焉元方曰安知其剩而掠之璞曰生人一飲一酌無非前定況財寶乎陰司所籍其獲有限獲而踰籍陰吏乃剩而掠之也元方曰所謂掠者奪之於囊耶竊之於懷耶璞曰非也当数而得一一有成数外之財為吾所運或令虛耗或索横事或買賣不及常價殊不関身尔始吾之生也常謂

商勤得財農勤得穀士勤得禄只歎其不勤而不得也夫覆舟之商旱歳之農屡空之士豈不勤乎而今乃知勤者德之基學者善之本德之与善乃立身之道耳亦未足以邀財而求禄也子之逢吾亦是前定合得白金二斤過此遺子又当復掠故不厚矣子之是行也故甚厚而分甚薄於經殊无所得諸鎮平ゝ尔人生有命時不參差以道静观死復躁挠怨之哉璞以公事須入城中陰冥限數不可遠越遂以白金二斤授之揖而上馬元方固請曰間别多年忽此集会欵言未幾又隔晦明何遽如此璞曰本司解署置在汧隴間吐番将来處其侵軼当与陰道京尹共議会盟雖非遠圖聊亦紓患亦且安邊之計也我馬已駕來期不遥事非早謀不可為備且去且去上馬數歩遂不復見顧其所遺乃真白金也悵然而西所歴之獲死差其說彼樂天知命者盖知事皆前定矣俄而蕃軍騷動朝廷知之又虞其叛思援臣以為謀宰相渾盟相国崔公不欲臨境遂為城下之盟卒如其說也

淞江遊奕神

翰苑名談云：陳堯咨泊舟三山磯，有老叟曰：「來日午有大風，舟行必覆，宜避之。」來日天晴，萬里無片雲，舟人請解纜。公曰：「更待之。」同行舟一時離岸，公托以事。日午，天色恬然，俄而黑雲四起於天，降大風暴至，折木飛沙，怒濤若山，同行舟多沉溺。公驚嘆，又見前叟，曰：「某實非人，乃江之遊奕將也。以公他日當位宰相，固當奉告。」公曰：「何以報德？」叟曰：「吾不求報。貴人所至，龍神禮當衛護。願得金光明經一部，某乘其力，薄有遷職。」公許之。至京，以金光明經三部遣人詣三山磯投之。夢前叟曰：「本祗祈一，公賜以三，今連陞数秩。」再拜而去矣。

三教搜神大全
三 卷
十二

常州武烈帝

忠佑武烈大帝姓陳諱果仁字世威常州晉陵人也聖祖暠字元皎仕陳為羽林郎洪州建昌縣令父季明字玄渙仕陳為江州司馬領南道採訪使尋拜給事中帝於梁太清三年己巳三月望日午時誕英姿照人有鼎角匿犀之異衆皆奇之八歲能屬文十三徧讀諸史人皆咸為再生東家丘陳大帝天康元年舉進士第對策玉階年甫十有八上曰朕與卿太丘之後家世自兹不墮特授監察御史遷江西道巡察大使帝智勇絶人精深韜畧有經濟天下之志仕陳二十有五載事親以孝事君以忠德惠萬民威名滿天下後主失政遜于隋遂亟上印綬帰隱不仕以田園為終老計隋高祖累詔不起煬帝南遊江都群盗並起帝聞其名詔令討盗俾除民害義不可辭奉命而起大業五年授東義尉平長山以叛寇鞫其真偽各得其情衆悦服仕至朝請大夫九年正月奉詔平江寧樂伯通叛徒十萬授銀青光禄大夫十三年改號義寧恭帝全號奉詔平東陽奕世幹賊

衆二十萬隋王勅之召入拜大司徒大業末沈法興起兵吳興乃帝室之父意欲倚帝為重帝輸忠貫日抗節凌秋確乎不移法興謀據常郡包藏禍心陽為依附實欲加害時賊帥李子通集衆數萬屯江北與法興陰為應援震帝威勇不敢渡至唐高祖武德二年庚辰五月十八日法興詐稱疾亟走告于帝不得已往問疾飲酒中毒馳歸時有高僧禀禪師以醫名世亟召之治療其法當於閴寂無人處水滌腸去毒帝室沈氏宗伉儷之義深切痛心至池上潛窺而觸之帝自知不可為遂囑付禀禪師及軫張二妃俾施所居第并南祭為精舍東第為崇仟觀言訖而薨享年七十有二法興聞之意欲陰謀得志豈知帝英爽如在忠節愈勵一日黑雲蔽空風雨晦冥忽見形威發一神矢射薨法興冠衆四潰其護國威靈有如此者唐天子欲旌其功乃下詔詢訪本郡耆老故陳司徒身備八絶何謂耆老等條奏曰忠孝文武信義謀辨是謂八絶事唐封忠烈公繼封福順武烈王後周加以帝號宋宣和四年賜廟額曰福順一武烈顯靈昭德大帝

武烈沈后　軫后　妃賛幽張夫人　神眷

神父啓靈侯

神母懿德段夫人　神繼母嘉德伊夫人

神長子賛惠濟美侯

次子協應濟順侯　神孫處士

佐神柴大尉名克宏封翊靈將軍

三敎叟神大全
三卷
十四

揚州五司徒

揚州英顯司徒茅許祝蔣吳五姓是邦血食久矣載在南史及梁書王琳列傳云王琳會稽山陰人也本兵家破景有功能輕身下士所得賞物不以入家其麾下萬人多江淮人也累立大功仕至特進将軍會陳将吳明徹來寇境帝遣領軍将擊破胡等出牧秦州令琳共爲經畧琳謂破胡曰軍士嚴整切勿須戰破胡不從遂戰軍大敗琳單騎而獲免還至彭城帝令更赴壽陽進封爲巴陵王陳将吳明徹進兵圍之堰肥水灌城晝夜攻擊城内水氣浸人皆患腫死者甚衆城陷琳被執百姓泣而從之吳明徹恐其爲變殺之哭者聲如雷傳首建康縣之於市琳故将吏朱瑒等致書求以首吳明徹亦夢琳求首並爲啓陳主而許之于是與開府儀同主簿劉韶慧等持其首還于淮南權瘞八公山側義故會瘞者數千人瑒等乃間道北歸別議迎接尋有揚州人茅知勝等五人密送瘞至建業即五神也五神居揚州日結爲兄弟好畋獵其地舊多狼虎人罹其害山溪畔遇

一老婦五神詢問竭然無親餓食溪泉五神請于所居之盧拜呼為母侍
養未久或出獵而歸不見其母五神曰多被虎噉俱奮身逐捕山間有虎
迎前伏地就降由此虎患始息後人思其德義立廟祀之凡所祈禱隨求
隨應廟今在江都縣東興鄉金匱山之東至隋煬帝時曾護駕有功封號
司徒唐加侯號宋至紹定辛卯逆賊李全數来寇境禱于神不吉以神像
劄破之不三日全被戮于新塘肢体散落循全之施于神者乎賊平帥守
趙公范親率僚屬致享祠下以荅神貺撤其廟而增廣之録其陰助之功
奏請于朝賜廟額曰英顯加封至八字侯後平章賈公似道来守是邦有
禱于神者遇旱暵則飛雨憂淋潦則返照救焚則焰烕歆雪則瑞應其護
國祐民無時不顯復為奏請加封王號

第一位靈威忠惠翊順王　第二位靈應忠利輔順王

第三位靈助忠衛佐順王　第四位靈佑忠濟助順王

第五位靈勇忠烈孚順王

蔣武帝

蔣莊武帝

建康府蔣莊武帝諱子文楊州人也漢末為秣陵尉逐賊至鍾山下擊傷額而死焉及吳先主之初其故吏見子文於道乘白馬執白羽扇侍從如平生故吏見而驚走子文追謂之曰我當為土地神以福爾下民為吾立廟不尒使虫入人耳為灾吳王以為妖言後果有虫入人耳死者甚衆醫巫不能治云尒不祀我當有大火是歲数有火灾又云不祀我當有大疫吳主患之封中都侯加印綬立廟于鍾山更名曰蔣山表其靈異晉蘇峻之難帝夢蔣侯曰蘇峻為逆當助共誅之後果斬峻加封相國太元中符堅入寇望見王師部陣齊整又見八公山生草木皆類人形憮然有惧色初會稽王導聞堅入寇以威儀鼓吹求助於蔣山神及堅望之若有助焉杜祐通典云宋高帝永初二年普禁淫祠自蔣子文以下皆絶之加至相国大都督中外諸軍事封蔣王齊永明中崔慧景之難迎神還臺以求福助事平乃進帝號復新廟宇於廟首門為灵光門中門為興善門外殿曰帝

山內殿曰神居梁武帝常祠而不應遣使典焚其廟未及中途忽風雨大振動宮殿帝權祠之乃止南唐諡曰莊武帝更修廟宇徐鉉奉勅撰碑備載其事因宋朝會要曰開宝八年廟火雍熙四年重建景祐二年陳公執中增修請于朝賜廟額曰惠烈

三教搜神大全
三卷
十七

蠶女

高辛時蜀有蚕女不知姓氏父為人所掠惟所乘馬在女思父不食謂母因誓於衆曰有得父還者以此身嫁之馬聞其言驚躍振迅竟至其營不數日父乃乘馬而歸自此馬嘶鳴不肯斷母以女誓衆之言告父父曰誓於人不誓於馬安有人而偶非類乎能脫我之難功亦大矣所誓之言不可行也馬跑父怒欲殺之馬愈跑父射殺之曝其皮於庭皮蹶然而起捲女飛去旬日皮復捿於桑上女化為蚕食桑葉吐絲成繭以衣被於人服一日蚕女乘雲駕此馬謂父母曰上帝以我心不忘義授以九天仙嬪

三教搜神大全

威濟李侯

侯姓李諱禄安吉州長興縣童莊人也於宋徽宗崇寧三年正月十八日甲申生長而異禀性質顓語不妄發鄉社之人遇有休咎禍福之將至輒能前知而告戒之年十八當宣和三年三月忽預告鄰里鄉社云吾將往山東膠西為國家幹事恐須數年方歸遂端坐而逝遠近相傳莫不異之其後數有靈跡見于本鄉如年穀之豐凶蠶麥之得失皆以傳之巫覡殆若印券契鑰不差毫釐於是父老相率為立香火之地而祠祭之至寧宗開禧三年十一月三日通直郎知長興縣趙準狀申濟惠顯應實跡所陳中州備申朝廷賜廟曰顯應至理宗寶慶元年本縣寄居朝散郎賜緋魚袋陳昂等列狀云諸路州縣境內有因雨暘水旱祈禱感應實有利惠及民例須保明聞奏更乞特賜封爵以彰神之功烈以慰一方士民之望奉勅封威濟侯

趙元帥

姓趙諱公明鍾南山人也自秦時避世山中精脩至道功成欽奉玉帝旨召為神霄副帥按元帥乃皓廷霄度天慧覺昏梵炁化生其位在乾金水合炁之象也其服色頭戴鐵冠手執鐵鞭者金遇水炁也面色黑而鬍鬚者北炁也跨虎者金象也故此水中金之義躰則為道用則為法法則非雷霆无以彰其威泰華西臺其府乃元帥之主掌而帥以金輪稱亦西方金象也元帥上奉天門之令策役三界巡察五方提點九州為直殿大將軍為北極侍御史昔漢祖天師脩煉仙丹龍神奏帝請威猛神吏為之守護由是元帥上奉　玉旨授正一玄壇元帥正則萬邪不干一則純一不二之職至重　天師飛昇之後永鎮龍虎名山厥令三元開壇傳度其趋善建功謝过之人及頑冥不化者皆元帥掌之故有龍虎玄壇賞罰之一司部下有八王猛將者以應八卦也有六毒大神者以應天煞地煞年煞月煞日煞時煞也五方雷神五方雷神五方猖兵以應五行二十八將

以應二十八宿天和地合二將所以象天門地户之闔闢水火二營將所以象春生秋煞之往来驅雷役電喚雨呼風除瘟剪瘧保病禳災元帥之功莫大焉至如訟冤伸抑公能使之解釋公平買賣求財公能使之宜利和合但有公平之事可以对神禱無不如意故上天聖號為高上神霄玉府大都督五方之廵察使九州社令都大提點直殿大將軍主領雷霆副元帥北極侍御史三界大都督應元昭烈侯掌士定命設帳使二十八宿都總管上清正一玄壇飛虎金輪執法趙元帥

格聯

入化出神凛〻威光耀日

駕風鞭電英〻殺氣淩霄

杭州蔣相公

神姓蔣世為杭州人生宋建炎間樂賑施每秋成糴穀預儲貴則賤糶如無價歲歉或損以予餓者死之日祝其二弟曰須存仁心力行好事里人相與塑其像以報人心所趍靈應如響祈卜者肩相摩咸淳初賜廟額曰廣福六年安撫潛說友請于

朝封神及二弟皆列侯曰孚順孚應孚祐侯

增福相公

李相公諱詭祖在魏文帝朝治相府事白日晉陽間決斷邦国冤滯不平之事夜判陰府是非枉錯文案兼管隨朝三品以上官人衣飯禄料及在世居民每歲分定合有衣食之禄至後唐明宗朝天天成元年贈為神君增福相公

蒿里相公

蒿里趙相公者乃長安蒿里村人也世本農桑耕鋤為業公習科舉登第為人鯁直无私累陳諫事不聽公乃觸階而死郡人立其祠今在長安西二十里有墳亦在至唐睿宗延和年封公為直列侯俗呼為相公也

靈泒侯

李琚本衛州三用人也周世宗朝為將善騎射於国有功後因病至重有問疾者甚衆公無別語告衆曰我授山東漆河將軍也言訖公卒焉後人立祠于此至唐玄宗開元年封為靈泒將軍至宋真宗大中祥符八年封為靈泒侯

鍾馗

明皇開元講武驪山翠華還宮上不怿因痁疾作晝夢一小鬼衣絳犢鼻跣一足履一足腰懸一履搢一筠扇盜太真繡香囊及上玉笛繞殿奔戲上前上叱問之小鬼奏曰虛者望空虛中盜人物如戲耗即耗人家喜事成憂上怒欲呼武士俄見一大鬼頂破帽衣藍袍繫角帶靸朝靴徑捉小鬼先刳其目然後擘而啖之上問大者爾何人也奏云臣鍾南山進士鍾馗也因武德中應舉不捷羞歸故里觸殿階而死是時奉旨賜綠袍以葬之感恩發祀與我主除天下虛耗妖孽之事言訖夢覺痁疾頓瘳乃詔畫工吳道子曰試與朕如夢圖道子奉旨恍若有覩立筆成圖

神荼鬱壘

東海度朔山有大桃樹蟠屈三千里其卑枝向東北曰鬼門萬鬼出入也有二神一曰神荼一曰鬱壘主閱領衆鬼之出入者執以飼虎於是黄帝法而象之因立桃板於門户上畫神荼鬱壘以禦凶鬼此門桃板之制也蓋其起自黄帝故今世畫神像於板上猶於其下書左神荼右鬱壘以除日置之門户也

五瘟使者

昔隋文帝開皇十一年六月內有五力士現於凌空三五丈於身披五色袍各執一物一人執杓子并罐子一人執皮袋并劍一人執扇一人執鎚一人執火壺帝問太史居仁曰此何神主何災福也張居仁奏曰此是五方力士在天上為五鬼在地為五瘟名曰五瘟春瘟張元伯夏瘟劉元達秋瘟趙公明冬瘟鍾仕貴揔管中瘟史文業如現之者主國民有瘟疫之疾此為天行時病也帝曰何以治之而得免矣張居仁曰此行病者乃天之降疾無法而治之於是其年國人病死者甚衆是時帝乃立祠於六月二十七日詔封五方力士為将軍青袍力士封為顯聖将軍紅袍力士封為顯應将軍白袍力士封為感應将軍黑袍力士封為感成将軍黃袍力士封為感威将軍隋唐皆用五月五日祭之后

匡阜真人遊至此祠即收伏五瘟神為部将也

司命竈神

按酉陽雜俎云竈神姓張名单字子郭狀如美女夫人字卿忌有六女皆名察即六癸女也白人罪狀大者奪紀紀三百日小者奪筭筭一百日故為天地督使下為地精己丑日日出卯時上天禺中下行署此日祭得福其屬神有天地嬌孫天地大夫天地都尉天地長兄硎上童子突上紫官君大和君王池夫人凡治竈於屋中央口向西竈四邊令去釜九寸以墫及細土構之立亦勿令穿析神竈之法也竈神以壬子日死不可用此日治竈當以五月辰日猪頭祭竈令人治生萬倍用犬祭竈凶敗雞毛入竈中至非禍犬骨入灶出狂子正月巳巳日白雞祭竈宜蚕五月巳丑日祭竈吉四月丁巳日祭竈主百事大吉之兆

福神

福神

福神者本道州刺史楊公諱成字昔漢武帝愛道州矮民以為宮奴玩戲其道州民生男選揀侏儒好者每歲不下貢數百人使公孫父母與子生别有刺史楊公守郡以表奏聞天子云臣按五典本土只有矮民無矮奴也武帝感悟省之自後更不復取其郡人立祠繪像供養以為本州福神也後天下士庶黎民皆繪像敬之以為福禄神也

五盗將軍

世畧曰五盗將軍者即宋廢帝永光年間五盗寇也於一方之地作乱為盗后於景和年帝遣大將張洪破而殺之于新封縣之北其五人又作怪盗于此犇之者皆呼為五盗將軍也　杜平　李思　任安　孫立　耿彥正

紫姑神

紫姑神者乃萊陽縣人也姓何名媚字麗卿自幼讀書爲利于唐垂拱三年壽陽刺史李景納爲妾其妻妒之遂陰殺之於厠自此始也紫姑神死於正月十五日故顯靈於正月也

五方之神

武王伐紂都洛邑天大雨雪甲子朔五神車騎止王門之外欲謁武王王曰諸神各有名乎軍師姜尚稱之尚父荅曰南海之神名祝融北海之神名玄冥東海之神名勾芒西海之神名蓐收河伯名馮修使謁者以名召之神皆驚而見武王王曰何以教之神曰天伐殷立周謹來受命各奉其使武王曰予歲時无廢礼焉按傳共工氏子曰尤主社為后土神少昊子曰重主木為勾芒神顓頊子黎主火為祝融神少昊第二子該主金為蓐收神少昊第三子熈主水為玄冥之神也

南華莊生

莊子本姬姓名周因先世宗父名暘楚莊王第三子也封睢州蒙縣為下楚父暘恬退養高雖貴倨而未有也夫人若敖氏生子志羊弱冠力于儒林無冠冕志妻閭氏續因平王伍子胥之难更姓以楚莊之莊為莊姓愿子孫無忘乃祖意也乃隱姓名雜處于蒙縣之陽隨父母雙亡居喪以礼昭王聞其賢而聘之羊乃身負耟妻持筐又遷于蒙成之東生莊周已與妻王氏躬耕鑿妻紡績日覌魚詢友為樂夜討黄廷経卷及南華経卷遺世周以放達為宏規以全真為内事栁盗蹠聞之不犯其門却孫武之金而不受逃郝王之聘而不起前妻野死哭而不哀次妻憂死歌而不哭遊秦関而師老聃受仙冊而點骷髏南遊汨羅而會閭闔大夫于龍王之殿東遊瀛海而覔周太史于弇山之陽秦蹇叔棄令尹而相從于羽化長莊士叩秦関而覔父于仙臺廣成子之為契尹寄生之為遊萬花谷中採藥不徑岩上宪冊指點三男于仕籍點化妻骸以返陽登層岩而感蝴蝶之

梦思人生如梦陷虎豹而嘆覌魚之樂舊事如新既而臨雲海以思故鄉之遊子由子南綦輩分襟永决反故土而聚骨肉之欣莊桼莊覌莊六輩攜予歸仙

滿門雲水為家瀛洲上明月為朋老君以其徒之與有道也述其首末以

聞于

天帝封為協天翊運全真保氣護國庇民慈惠無量大德玄帥

觀音菩薩

觀音乃鷲嶺孤竹國祇樹園施勤長者第三子施善化身來生於北闕國中父妙莊王姓婆名伽母伯牙氏曩者父母以無嗣故祝于西岳香山寺天帝以其父好殺故奪其嗣而與之女長曰妙清次曰妙音三曰妙善惟妙善生時異香滿座霞光遍室幼而聰達便欵了人間事至九歲力阻父命誓不成姻後因長次二女招及二郎俱不當背父乃強妙善畢偶無奈善何始禁于後園中毒守凈彌篤再捨入汝州龍樹縣白雀寺為妮賠命僧頭為優寺化諭弗從乃阨以苦行妙善朝吸水暮聽釋晨焚掃晝槕炊毫無難色誠感天使三千八部天龍持護伽藍掃地東海天王掃厨六丁上香遊奕點燭伽雀進茶飛猿進菜白虎啣柴飛瓔毛孀滋花入洞神仙献菓夜夜中風雷喧嚇鬼神走動衆妮懼而復命于父父遣五城兵馬忽必力驅兵圍寺焚之而妙善口叩靈山世尊齒嚙玉指噴血成紅雨滅火救寺五百僧咸無恙焉必力再火再息三火三息無奈奏聞父怒令必力

細押妙善入法場陰以母背救之盖深愛三女之慈順欲其完聚成婚以攝國政也殊意妙善色不变而志愈堅乃囚以冷宮日夜宮娥父母苦勸妙善不聽反失語激父〻大怒立賜必力斬訖土神忙奏玉帝賜以紅光罩體刀砍刀断鎗刺鎗截乃賜紅羅絞死彼時一虎跳入負屍而去父曰不孝兒當得悪報盖不知天使猛虎負善入於黒松林中正所以完善之果念也第善一時昏夢真靈杳〻不知去處忽一童子手執幢幡請曰閻君有命迓公主耳善曰何曰聞公主大慈悲十王躬候于歩天橋善如命只見鬼門関上牛首跪門夜丫秉燭鉄頭掃途入見一剐割獄刑問之曰以罰不忠不孝者流見一舂磨刑曰以罰賤五穀草菅生物者流見一柱銅鍋刑曰以此待豪強也善曰法網何密曰奚密於是目今獄有刀林以報過口棄者氷床以報慾耳目者有抉目括舌刑以報唆吼者又有抽腸刑以報腹劍舌劍者以至推人於穽者以柰河報以答士女者以鞭鎚報以大壓小者以石壓縉繳禽獸者以虎蛇報以生前過富貴者以餓鬼報以籠絡人者以鎗林報諸獄果報不可勝数殊謂天眼之不昭〻而冥〻

可漏網耶已而諸地王閻長接于金橋之上錦蓋經幢紫雲佈地玉簞相迎歌女侍側善謝之曰妾否德敢辱寵招諸王曰聞大慈悲愿侍經筵少啟萬一善曰阿彌善哉〻〻殊意合手一誦而天花亂墜地擁金蓮鐵獄銅枷盡為齊粉而入千餘部之地獄悉空矣凡諸造業者皆脫離地獄步天堂焉時諸判官奏曰有陽即陰有善即有愿非地獄也何以待兇人則陽間造惡者將何以警耶此補陽化之所不及未可少也爾來大慈悲說法而地獄頹矣似此久留則鐵無堅獄天帝聞之有責至矣忽請邀反陽也諸閻車送于孟婆亭而別命獄卒引至黑松林還魂善醒曰吾已昇天界矣柰何復至此乎況吟芳草不知去向已而釋伽如來駕雲刼南而揖因戲之曰草廬中堪容並你吾與聊生也善曰柰何以披毛之語瀆我耶釋曰戲女心且堅矣愿帶往香山可乎善不荅曰非別吾釋迦是也特示女去處善稽首稱謝曰何處曰越國南海中間普陀岩是女去處吾代呼地龍化一座蓮臺度洋而过于是白虎為之咬木加藍摧開福地八部龍王日夜湧潮四部天王為之柱石善坐普陀岩九載功成割手目以救父

病持壷甘露以生萬民左善才為之普照右龍女為之廣德感一家骨肉

而為之修行普昇天界

玉帝見其福力遍大千神應通三界遂從老君妙樂之奏封為

大慈大悲救苦救难南無靈感观世音菩薩賜宝蓮花座為

南海普陀岩之主賜

父妙莊王為善勝仙官

母伯牙氏為勸善菩薩

大姐妙清為大善文殊菩薩青獅騎座

次姐妙音為大善普賢菩薩白象騎座

王元帥

襄陽洛里姓王名惡字秉誠父諱臣早逝母邵氏遺胎而生帥于貞觀時丙申年七月庚申日申時帥幼孤不讀有膂力性剛暴質直市中有不平者直與分憂鋤硬擬横國人服其公且憚其武第多執性不容人分曲直故含恩者衆而仇之不盡泯焉時扶風内名里虎者與帥同姓遂借其威名強淫人之室女凡殊姿者先摟而後嫁謂之試先紅莫敢誰何後帥聞其冒余醜也怒殺之鄉儔與質於廷帥不跪官枉之而犴焉帥髮倒豎曰污塗留他則甚余一一殲之以除民害閤拔摳衣而上官惧唯匕曰衆隸胥等迸拽力救而釋之得無恙遂至荆襄間有古廟爲江怪所占顯靈本方里遞年六月六日會主備牛羊猪各十牢酒十醲免瘟否則人物流血而疫遞會貧苦者幾至鬻男女以徇之悲声盈耳帥惡而焼之廟像而爐怪風大作適值薩真人托藥救瘟以來遂作法反風而滅妖境籍以安諸土主述事以奏

玉帝敕封谿洛王元帥錫金印如斗內篆赤心忠良四字管天下都社令凡有方士奏入者雷厲風行察有大过者立搥之官民不敢少干以私弟帥多在天門用事不諂人民隱伏燕以性烈一承天命即拘其寃令人骨悚世人勿犯之可也

謝天君

謝天君

天君姓謝諱仕榮字雷行於貞觀初一輪火光如斗直射入山東火焰山界謝恩其父韓其母也師性烈貌惡不屈於豪亦不敗于法為山陰令時察東役督司以催科故嚇師以千金師密拾其賍報督怒之無從也因責以苦辯諸若水銀盔甲師以錫餙者應勸以鼓革牛膠師以敗敵敗甲為膠而皮者為甲鼓奏進督害之不足又申以將才陰陷以把隘師郎夜率數兵以襲砍而塞虜心賊又乘敗以襲我壓師又先種塞以伏弩侍之竟保無虞蓋役愈苦而才愈辯事愈險而功愈竒赤心烈節炳于天曰誠不虛

玉帝之寵於耳目臣也宜受職于火德天君执金鞭架火輪頭頂道冠以司亢陽之令

大奶夫人

昔陳四夫人祖居福州府羅源縣下渡人也父諌議拜戸部郎中母葛氏兄陳二相義兄陳海清嘉興元年蛇母興災吃人占古田縣之靈氣穴洞於臨水村中郷人已立廟祀以安其靈遞年重陽買童男童女二人以賽其私愿耳遂不為害時观音菩薩赴会帰南海忽見福州悪気冲天乃剪一指甲化作金光一道直透陳長者葛氏投胎時生於大暦元年甲寅歳正月十五日寅時誕聖瑞氣祥光罩躰異香繞閤金鼓声若有群仙護送而進者因諱進姑兄二相曾授異人口術瑜珈大教正法神通三界上動天將下驅隂兵威力無邊遍勑良民行至古田臨水村正值輪癸会首黃三居士供享心悪其妖思靖其害不忍以無辜之穉啖命于蛇毒之口敬請二相行法破之奈為海清酒醉填差文券時刻以致天兵隂兵未應悞及二相為毒気所吸適得瑜仙顯靈憑空擲下金鍾罩覆仙風所照邪不能近兄不得脱耳進姑年方十七哭念同気一系誦往閭山李法洞王女

即法師傳度驅雷破廟罡法打破蛇洞取兄軒妖為三殊料蛇稟天宿赤翼之精金鍾生氣之靈與天俱盡豈能殄得第殺其毒不敢肆耳至今八月十三起乃蛇宿管度多興風雨霖雹暴至傷民稼穡蛟妖出沒此其証也後唐王皇后分娩艱难羨至危殆妳乃法到宮以法催下太子宮娥奏知唐王大悅敕封都天鎮国顯應崇福順意大奶夫人建廟于古田以鎮蛇母不得為害也聖母大造于民如此法大行于世專保童男童女催生護幼妖不為災良以蛇不盡殲故自誓曰女能布惡吾能行香普勅今人遂沿其故事而宗行之法多驗焉

圣父威相公　聖母葛氏夫人

圣兄陳二相公　聖姊威靈林九夫人九月初九日生

圣妹海口破廟李三夫人八月十五日生

助娘破廟張蕭刘連四大聖者　銅馬沙王

五猖大將　催生聖母　破産靈童

二帝將軍

天妃娘娘

妃林姓舊在興化路寧海鎮即莆田縣治八十里濱海湄洲地也母陳氏嘗夢南海観音舟以優鉢花呑之已而孕十四月始免身得妃以唐天寶元年三月二十三日誕〻之日異香聞里許経旬不散幼而頴異甫週歳在襁褓中見諸神像叉手作欲拜狀五歲能誦観音經十一歲能婆娑按節樂神如會稽吳望子蔣子文事然以衣冠族不欲得此聲于里閈間即妃亦且韜迹用晦櫛沐自嘸而已兄弟四人業商往來海島間忽一日妃手足若有所失瞑目移時父母以為暴風疾急呼之妃醒而悔曰何不使我保全兄弟无恙乎父母不解其意亦不之問暨兄弟贏勝而歸哭言前三日颶風大作巨浪接天弟兄各異船其長兄船飄没水中耳且各言當風作之時見一女子牽五两（舡篷桅索也）而行渡波濤若平地父母始知妃向之瞑目乃出元神救弟兄也其長兄不得救者以其呼之疾而神不及護也懊恨無已年及笄誓不適人即父母亦不敢強其醮居無何儼然端坐

而逝芳香聞數里亦猶誕之日焉自是往往見神於先後人亦多見其輿從侍女擬西王母云然尤善司孕嗣一邑共奉之邑有某婦醮于人十年不字万方高禖終無有應者卒禱於妃即產男子嗣是凡有不育者隨禱隨應至宋路允廸李富從中貴人使高麗道湄洲颶風作船幾覆溺忽明霞散綺見有人登檣竿旋舞持柁甚力久之獲安濟中貴人詰于衆允廸李富具列对南面謝拜曰夫此金簡玉書所不餘覦腹而能宣雨露於殊方重譯之地保君綸不辱命者聖明力哉亦妃之靈呵護不淺也公等誌之还朝具奏詔封靈惠夫人立廟於湄洲致守香火百家斵樸梓材丹雘張矣我

國初

成祖文皇帝七年中貴人鄭和通西南夷禱妃廟徵應如宋歸命遂勅封護國庇民妙靈昭應弘仁普濟天妃賜祠京師尸祝者遍天下焉夫妃生而稟純靈之精懷神妙之慧死而司徹則人無闕司海則水不揚波其造福於人豈淺鮮哉余嘗考之興化郡詩併採之費龍采碑記因畧為之傳者如此

龐元帥

混炁龐元帥

帥姓龐名喬字長清漢江渡口父龐定母姚氏生於漢獻初癸丑年十一月癸亥日丑時世雖駕篤渡心行菩提待凡往來客无不平等一夕客重陽日夜渡歸急頓遺百金於舡次日泣而訴其情帥出其封帖如也客頭委一不受又除夕前二日幼娟孤行晚告以渡柰一日雪禁無有行者氏無處帥留之而火其衣鬻其食凜然尺寸清冽次日雪愈其人踪絕矣又次日帥忙于應接其父披蓑揭竿而渡娟從之至岸而反江風大作舡撤而渡覆矣帥見而忙跳遊于波隨逝隨沒勢若浮梗直至父處深入而負之至崖而力竭矣無如狂瀾者何則帥沒而父亦墮矣帥失娟在復俱沒負之以出如是者三蓋除夕時鬼夜出沒呌冤取替乃帥固一六之精以坎為府沸濤不能俾之殆而向所渡之氏者非他迺自在觀音化身佛也以故父亦無恙弟帥已出險方鳴々然抱父以泣而數十鬼泣曰余今年當取代無柰為孝子所攘予無輪廻日矣帥聞而鞭之不獲明日又如是泣陰

風颾匕鬼哭慘人呪文以羸弱之質蹈于蒲滂之後其觜死者屢矣師不得巳以香塵貼于掌中以火薰其上祝于天而玉帝聞而怜之敕為混悉元帥手執金刀惟天門之出入是命以降陰魔除陽悪秋毫不爽

海神庙

李元帥

師諱封乃南海上飛航欸也素剛直絕膂力因鄰有不戴天之寃者師不平而殺之逃于海神廟中遇五鬼咀嚼又入曰天神到了也師曰汝何有知曰予等奉神龍命愿為除水恠焉當以金刀贖隨于地窖取刀而化師曰異哉亦奇遇也倏爾顆賊牽羊醞醮神師擒降之跳艬而入啟其中皆美男女珠宝等類師命盡釋之錫金玉遣帰因誓其醜曰女無刼往來商官客無刼民間女而專擊倭與寇之民害者聽衆唯々一日操艇于洋一巨恠翻風捲浪而起師不知為江豕也曰之豈神命者耶跳浪而劌之涉洋如歩沙渚已而黑颮倒旋驚涛騰空飛花濺天中隱逆鱗而刺鬛象嘴而牛鼻身巨如山一尾九火有餘狀如山川之尾蓋鱷也傍子十數尾奇鱗異族交翼如黑雲然師曰前而非也飛而入立其背直刺而出並戮其子與及其餘風浪頓息若平江焉夜神謝曰女功樣客無涯矣余當白之玉帝以酬萬一玉帝乃敕為元帥李先鋒之耿委二將軍為翼師蓋生於

錦江口隋帝壬午年五月五日午時托胎於李芳之妻孫氏云

風
刘天君

劉天君

雜記傳曰師諱後東晋人也生於岷江漁渡中歲次庚子八月十二日酉時母謝氏取水于江而師甪入于波心得浮槎近傍而濟其父刘福公掉而迎之曰何異也而幸不死適貧送于羅真人為侍讀因精于五雷掌訣招風捉雨隨叩響應濟民助国環堵之民議祀之師曰是為名也而逃之民書德因壇其宇而脩焚祈祝于其間一如所祷捷于浮鼓繼而東京大旱上蒿目而耳之嗟咨遍編户焉且曰惟禱于刘君之祠必吞所視上從之果訓靈焉時秋大穏帝悅而敕之為

玄化慈濟真君焉

玉帝而亦以其敕者

敕之以掌王府事

王高二元帥

王高二元帥

野史傳曰王諱鉄高諱銅王生榕城之南高産蓟雍之北二帥各遊仕于中夏而相与遇于羈洛至握手歡焉審其歳皆周历時壬戌季冬月廿八日晡時遂盟以金蘭不同気而親若一乳時二帥皆仕于韓王力諫而不聴也欲去之高曰女行塞吾何樂也竟棄之而偕徃終不祿焉一日高出也王詢之人曰逕南嶺焉王驚曰虎穴也伊何之以丹迎之人止之曰生死以之也直行而若無有狀乃高反而咨王之去住人曰為女过南嶺矣王奔之人亦止之曰為予行也而敢後也乃高不遇虎而王遇之王曰小亟將吾友何之力殺之巳而高返王迎之曰吾以女死于虎口高曰非也余覔女路值梛盗跖以為子受擒于彼手刃虎戰而捉之竟言未有獲女也而返二人欣然携手而歸人曰真銅鐵友也凡事多類此玉帝以為猛獣不能携其心也遂二帥因封為虎丘長以示訓

田華畢元帥

二十三

田華畢元帥

東鄉間姓田名華者乃正東二七神也雷藏地中寄胎於田間千年石乳鍾氣而生誕時白晝憑空霹靂火光照天風雨驟至師膝坐大蛇圍其外群蜂哺英以喘至長遂因田為田指葦為畢脩鍊于漉瀘岩下時女媧氏五色土補天百計不成師助木火之精霹碎玄精之石髓噓噀南之氣爀曙鑄之治聲吼天地乃塞天漏又鍊五色火雹風雷陣上助軒轅擊死蚩尤軒轅氏拜以龍師之職師曰余方以外人豈以祿祿自損拂衣而隱于華胥之境因名華焉厥至有唐氏十日并出赤土千里衆星官喻以代天工司者帝震蛰起滯為天地立心洪爐造命乃奉帝旨駕雷車擊電旆雲路風馳日月秉燭官騎龍尾臣箕翼是時雨暘時焉流及漢末妖魔縱橫奸淫百出

玉帝封以雷門畢元帥之職敕掌十二雷庭輔玄天上帝誅瘟役鬼上管天地潦涸下糾群魅出沒中擊不仁不義等輩

雷令

田呂元帥

呂元帥之父乃蒼龍之精帥其子也昔蒼龍為慈濟真君所逐隱入西蜀黃沙洞暗窺龐氏美艾而妻焉半載有寄真君覔至而无化乃氏亦驚匿於田中真君飛劍指龐氏之腹而胎落固孩身而龍首也爾時雷雨暴至夫謂見龍在田非耶真君既逼其父不忍破其胎以及其子也育撫之因田其姓雨其諱也六歲時送徒于張真人帳下日侍不倦因表而字之曰全靈自張真人歩虛後而帳與天雷令等法不俱焉帥竊覩以心帥之傚錄于紫華山中忽然思身所出之原弗得也老道士誡之曰而翁元金之質而毋則隴右老嫗而叟瞑是也帥泣負而事之服劳不倦不數載啓毋所以別父之故乃毋云云帥日夜思之曰此一行也雖而父不法之過而真君以逼父於何處陷毋仳偶于何歸足恨也自思不報非孝也有恨不洩不武也行而不斷非夫也伊何人斯挾術而刼而父而亦何不磬所斈而雪父耻耶遂突起而裂帳為旗折竿為戚噴水為霧擊令為雷憑虛而

行于太虛中遍詢真君行藏正值十二小妖截路空亡帥怒展旗幔于帳

已而與戰不解

玉帝親召而帥之曰真君為民除害弗可妖仇也十二空亡不可刃也其與帥釋其恨而愿隨鞭鞸於三界行在以降妖幔邪元帥之职因而以左執雷令右執黃旄而上列於負屏之左

黨元帥

帥懷州人澄深精研第貌黑而心不黑內不庇親外不避仇任晉昭察使時留刑無定惟人所入上任見下任奸帥獨平心不照兼以廉明真僞如見肝廷無冤獄下民無怨辭三載中而閭謡之曰黨不黨見五臟案臨籍秉天曰黑判官人鬼泣何家宰相民考妣盡黨其姓黑其貌婦藉者其諱而何其翁之諱也故曰何家宰相母陳氏生帥于元祐丁未年九月丁卯日未時主時人見有二三十兒童旗旛蔽路鼓樂沿堤扛一小兒以來人問之荅曰一路福星也享壽九十七

玉帝封之帥以蒺藜槌掌考校以察天下悪過焉

石帥

石元帥

野録曰帥相溪人氏諱神毓於周宣王七年三月初四日申時〻風雨驟至龍掛宜表鄉人號乃父文甫若母韓氏曰阿兒龍種也夫帥性敏浄長遊閬中受業於関尹子結廬於眉山之陽適當令赤土千里百木黄落鱗不得尺水以鼓其鬣樵叟輩袒肩汗顔相與聚訴于廬曰周于黎民靡有孑遺帥愀然不曰愧不龍耳彼蠢茲若虺若蛇且以伸蟄揚波吐氣成雲為天下作甘霖奈何含溥而且不及一焉則丘稗而牛嚼足恨也抑鬱而思曰昔有桑林之禱何為也哉夫非剪爪髡髮者乎惟誠動天亦弗誠耳遂沐浴更衣明馨于爐薦虔於盂再拜而祝民從之倏雨漓驟至彯地灡三尺殊憶帥之再拜不起而不知其化矣已而行人報曰帥乘馬東行旋儀羽檄旗擁百餘謂從者曰為我謝諸而輩也余奉

玉帝敕莫能留耳幸勿予責

上帝封為五雷之長典威福擊伐事

副應元帥

帥性嚴整目不瞬而心匪石不假人顏色幼科不第而苦志厲行於山僻間夜有九尾狐精托幼婉行狀叩扉以入献百媚以求一聆帥讀而然啓朱唇以求一售帥讀而然次日敲牎低語帥閉户而已妖以色不迷恠可駭遂幻為魑魅鈴眼而螺角龍唇而虎口乾柴身巨人履足踏于几手抬于榱火焰眼鼻如噴帥色不变乃坐而言曰女非夜半之所啓門自献者耶何嚇余耶余豈而嚇者耶遂以所點易之硃以擲之妖歛形作丫環而謝曰君天神也異日天詔為竟察魔帥幸宥婢愆帥曰女洗而行可矣嬙歛衽而退已而

玉帝降旨迎帥授以金鑑糾秊之戢帥盖泰山下人氏副賀公之遺脉母歐陽氏萃中嶽之秀而降凡于乾符九年壬寅年壬寅月壬寅日寅時帥別號泰宇

槃瓠

槃瓠狗神今長沙武陵蛮之祖廟在盧溪縣之武山按高辛氏有犬戎患募能得犬戎呉將軍頭者妻以少女時帝有畜狗名曰槃瓠遂入山啣人首赴闕下果呉將軍頭也帝大喜然槃瓠畜類不可妻欲他報之女聞以爲信不可失請行帝不得已從之槃瓠得女負入南山石室中踰三年生六男六女分爲六姓藍胡侯盤余竹至今廣福近海有之俗名余客槃瓠死男女自相婚配母帰以狀白帝使迎置諸子衣裳爛斑言語侏僑其後滋蔓今武陵蛮是也至今土俗不食犬肉廟有威靈也

三教搜神大全

楊元帥

凡帥也楊帥特以地祇授之何曰寵異也何寵異曰以帥能爲后祇任耳目也曰手執武士何故曰后祇爲方澤承青帝行天道操堅凝以尸其出迎夬逅以尸其入于時爲凉於數爲逆于氣爲藏持肅殺握秋霜惟帥則武力執武士以殺爲威孽人之所不能掣此則上帝所以敕帥之意也曰將安効勤曰下察五方之凶穢幽按十二闔君之横縱陽糾人間囹圄之曲直陰鑑酆嶽之魑魅爲嘖府冥門之長至巨任也然則帥何脩以至此曰守法耳帥時任漢廷尉長案盜主玩器者以賍宄帝欲廷殺之不聽案以妄倖侮官儀者以笞殺帝以賚赦之而不聽案三老中之賍吏者臺臣以勢請之而不顧案故友以撓法罷者賄以千金而不瞬目曰汝汚累欲人共分謗耶凡此其大較也夫帥勇力精進允若慈雖與共楊州事察人鬼断凶頑校牛頭馬首之関剖岩林水國之藏無不可者然帥生時鄰驚喊有飛虎至者已而楊公家婆徐氏毓帥於庚申年十月十六日亥時焉

此則師諱名彪之意而人豪杰如此

高元帥

高元帥

帥受炁於始元太乙之精托胎於蒼州高春公家母梅氏甲子年十一月甲子日子時生下一團火光曜曰父母以為怪投之江藥師天尊抱之為徒貌如冠玉法名貟授仙劑以遊世凡猿劈腦（猿遺彈求醫帥破腦）蛇破胎（帥破出之）鶴完頂（鶴頂蹈帝以蟆彈寺頭以起之）虎硬喉（遺蝉蜍毒帥以蛇骨化之）諸奇症隨手安痊適遇一仙木稱腰而腰口血水瀝瀝不止帥怜而補之仍以瓊花之露及天合之皮而孔如天然不意神虽死其中也乃托于人言曰信而術亦大造中之生生人也汝能去病于肘腋隨甲之下以活世耶曰可即制以灸鬼之法以濟曰東南一古栢女生之乎曰可以覌音凈壺井露滋之而萌生曰西北一腹裂者交合之乎曰可即以去痛之藥調以神水咒易以腹腸蒙以生肌之散而痊曰今士大夫之家多姙女胎之乎曰可即以紫英陽起等石繼以寄生神散密推化生神符神虽思無以窮其报者密以金蚕殺氏謂帥曰今如何去醫一生即殺數草是活一而枯百也况胎孕乃權于天汝欲

以命扭是未必生而傷一死也汝何能全乎托命于抱㮕之中彼非有死機也亦何頼于女而強醫之醫乎以死彼未德而余之何仇女亦得以普濟之仁両無偏耶師語塞而嘆曰信不能兼也女與娟両以醫死諸在匕感德枯謝之遂和以回生之術両甦之遍遊于方内外生之甚衆

玉帝憫其為仁亦苦矣以為足為帝之心為物造命者遂封以

九天降生高元帥之職

靈官馬元帥

詳老師之始終凡三顯聖焉原是至妙吉祥化身如來以其焚焦火鬼墳有傷於慈也而降之凡遂以五團火光投胎于馬氏金母面露三眼因諱三眼靈光生下三日能戰斬東海龍王以除水孽繼以盜紫微大帝金鎗而寄靈于火魔王公主為兒手書左靈右耀復名靈耀而受業於太惠盡慈妙樂天尊訓以天書凡風雷龍蛇馭鬼安民之術靡取不精乃授以金磚三角变化無邊遂奉玉帝勅以服風火之神而風輪火輪之使收百加聖母而五百火鴉為之用降烏龍大王而羽之翼斬楊子江龍而福于民屢歷艱險至忠也帝授以左印右劍掌南天事至顯也錫以瓊花之宴金龍太子為之行酒至寵也殊憶太子傲侮怒帥火燒南天關遍敗天將下走龍宮中戰離婁師曠偕以和合二神仍笞金龍以洩其憤至不得已又化為一包胎而五昆玉二婉蘭共產於鬼子母之遺體又以母故而入地獄走海藏步靈臺過酆都入鬼洞戰哪吒竊僊桃敵齊天大聖釋佛為之

解和至孝也後復入于菩薩座左至慧也玉帝以其功德齊天地而敕元帥于玄帝部下寵以西方領以答下民妻財子禄之祝百叩百應雖至巫家寃枉祈禱之宗悉入其部直奏天門雷勵風行焉

孚佑温元帥

帥姓温名瓊字子玉後漢東歐郡人今浙東温州是也世居白石橋祖宗世隱顯父諱望舉儒登明經中科第廼歎於嗣以為非孝也同妻張氏諱依字道輝禱於后土時夜夢金甲神持巨斧手托一顆明珠以惠張氏云我乃六甲之神玉帝之將欲寄母胎托質為人母還肯麽張氏諾曰女流無識聖賢顯萃何取方命其神委珠于懷而醒張氏因而含靈一十二月祥雲繞室異香馥座巳而誕生於後漢順帝漢安元年辛巳五月五日午時時沐妊姊曰此兒左脇有符文二十四篆右脇有文符十六篆人莫能識巳而隱其朱畫乃以其所夢神惠玉環名之曰瓊字子玉幼而神明七歲孝歩天星十歲通儒經傳子史天文等書靡所不通十九歲科第不中二十六歲明經射策亦不中忽然嘆曰男子漢生不致君澤民死當助帝誅奸滅邪以疇吾志遂畱偈云孝弟為本忠義為先寛仁容恕立身無偏便脩清淨契合真玄若奉吾道何憂不仙吾隨左右呼召立前欝抑間忽

見蒼龍墮珠于前卧拾而含之流于腹其蒼龍直舞障日騰金帥扭為環截尾于手突然幻変面青髮赤藍身猙猛握簡遊衍坐立英毅勇猛因顯金盟玉字曰有能行吾法誦吾偈者慈恵民物以伐妖精治病驅邪吾當顯應斯言不忘泰山府君聞其威猛召為佐嶽之神積力陰功受玉帝勅旨封為亢金大神又封為翼靈昭武將軍兵馬都部署賜以玉環一握瓊花一朶金牌一面内篆無拘霄漢四箇字左手執玉環右手執鐵簡有事出入天門朝奏又奉帝旨令下五嶽為岳府猛將衆神之宗嶽班之首惟帥能拜金闕巡察五嶽累朝封爵血食於温州東嘉之民敬而畏之後王巨宋寧年間有嗣漢三十六代天師飛清真人張君始持符召之法後用嶽神而得位十太保之列首温太保之名召之立廟後翼賛云

南嶽道士婁若虚奉南嶽領秩仙公紫虛元君命書于誌

封

東嶽統兵天下都巡檢五嶽上殿奏事急取罪人案玉皇殿前左亢金翊靈昭武雷王佑侯温元帥

朱元帥

帥姓朱諱彦夫法號為躰元昔胎寄於崑崙山頂毓於癸亥年十月癸亥日時乃六氣之精黒霾四時不散而成形藍青其躰蚕眉巨眼飱霞為乳吸露為漿既長遂以胎元為袋匕人物七日化為鉄水布六氣為六殺神時發陰翳幔空日月無光民無良善並痛其毒天下幾長為混沌世矣爾時玉帝悪其民害也捉殺之帥最袋為雄無不為囊中物者命玄天親譴亦不北坎比躰之故而莫能近盖悪氣逼人也太清助以逍遥扇以扇其妖氛命謝天君以火徳星入其囊以燒其槖帥無能為也帝獲以劍指之曰汝能從我遊无以遍及人也獨於不信道法者以之處囊中爲以警將來吾能受汝元帥之職以察詆侮聖賢帥唯匕受戒乃左金鎚右皂袋而威顯

張元帥

山東寧海縣有張姓名綖帥乃父也母黄氏梦金甲神而生帥因名健誕於則天癸卯歲八月癸卯日酉時帥幼而聰俊長而神清貌似靈官美髭精鑒史由科第官至刺史深諳人間事耳听政口辨究筆僉禁立断而民不究焉且仁直剛豪時上鍾意於年少俊士詔貢以千計選應連花不給之役帥恥之以時多瘟疫無中選者報国人頼以安焉作生祠而祀之玉帝以為不曲不阿忠之屬也且才辦于給健之屬也直以飛捷報應之戢帥之以共天門寄心膂又褒以盡忠錫以瘟槌加以二郎金盔以兼理痲痘役專以保童為司命之官也作福者詳之

三教搜神大全

辛興苟元帥

古雍州界地有神雷山至驚蟄時雷氣發揚于二月為卯於令為震辰雷門布鼓之神威氣閃赫無物不折至夏秋雷藏地中作鷄狀入于谿岩内昔八月雍民新姓名興者字震宇母張氏家貧賣薪以養母至慇苦一日往雷山采薪計值凿岩中成鷄形者五師喜心曰可為進膳資耳竟獲以帰進之母々適餔掇内衣授之納于鷄柵者四随以内衣覆其上而欲烹其一神鷄作人言曰予雷耳不可啖也乞宥一剮之恩嫗弗允則雷霹靂而起母破膽昏跪焉師賣薪携醴以入抱母屍而哭曰予何極也抑至此邪乃拭淚目其背有金痕曰混一之氣青帝之英威令所加莫予敢攖劈惡誅邪惟吾司命乃知雷也盖泣而訴之昊曰毋非惡非邪也胡不以殛邪而殛母耶矧宥天下之為惡者鷄名也遂並柵之雷鷄而撾之乃雷為内衣所掩竟不能震第莫為碎耳英氣冲虚而雹雨風霾交至欲下擊狀哀其為母故而怜之遂變為道士進而揖曰孝子獨不畏雷而反制雷吾雷

神悞以傷而毋而毋以怨也余等愿惟而所命以謝厥罪因奉十二火册

啖之師遂易形妖其頭喙其嘴翼其兩肩左尖右搥脚踏五鼓而昇化毋

屍而去天帝感其至孝也迎而封之為

雷門茍元帥與畢帥共五方事往來行天翦凶明中邪魔鬼惡

鐵元帥

鐵元帥

維殷末世魔王現世負靈者胎生版蕩于中華恣毒者以幻化嶮巇于谿谷出沒盤結妖帳太虛玉帝聞太乙真人奏詔六丁入胎於石城顔氏之豪有母無父因以鐵為姓而頭其名生于商辛丙午年五月七日寅時帥幼而武勇氣排山岳膽落天地力倒九牛殺殺烏兎于水頡之陽降火馬于陰山之北殲魔鬼于野火廟中擒妖狐于紫虛樓下浮江亂河截靈蛇玄龜于溷混之墟玄帝方以坎離二祟故而鬪雲于九天之下正值帥之勇推山海乃踏龜蛇邀帥步虛以同昇封為猛烈元帥分任玄冥之寄矣

太歲

太歲殷元帥

師者紂王之子也母皇后姜氏一日后遊宮園見地巨人足跡后以足践之而孕降生師也肉毬包裸其時生下被王寵愛妃名妲己昌奏王曰正宮産怪王命棄之狹巷牛馬見而不敢践其體王又命抛之于郊烏鴉蔽日白鹿供乳適金鼎化身申真人經過但見祥雲藹藹紫氣騰騰毫光四起真人近而視之乃一肉毬曰此仙胎也将劍剖毬得一嬰児即抱帰水濂洞求乳母賀仙姑哺而育之法名唫叮呶正名唫哪吒又縁其棄郊之故而乳名殷郊年将七歲同乳母後園遊翫母曰汝非吾子乃紂王子因听信偏妃妲己之言将汝為妖汝母墜楼而死師感泣竟見真人具道欲報殺母之仇真人曰吾兒年幼不可去也師堅請去真人曰汝果有此愿力報母亦孝思也但即往天妃八宝洞中取何宝物為使方可前去師往取黄鉞金鐘而見真人曰取此何也荅曰此物好誅妖昏是時真人口中不語臉帶微笑意許如此只恐年幼不能奮力令往取兵書訓汝先乗海

馬下山收二強人為副帥領命即收贙神鴉將帯帰見真人又命再往掃箒山收得十二強人方可征商帥不知強覈乃十二喪門哭鬼骷髅神帥即往盡戮之懸首掛頸胸而回真人曰此骨非他也能助陣一鼓鬼哭神驚人頭昏悶手軟不戰自退於是指帥助武王而伐紂至牧野率雷震等前鋒顯威殺商士前徒倒戈自戮血流標杵當先趕至摘星楼上正值妲已元是妖雉亡國日迷主精夜吃人血後見紂敗欲顯聖化去被帥威嚇歛形擒見周王命戮妲大挺妖容炫目無忍殺者帥抱忠憤孝義不荒於色劈斧誅之妖散光化道黒烟而沒

玉帝聞有孝義之思又有斬妖之勇遂召勅封

地司九天遊奕使至德太歲殺伐威權殷元帥

三教搜神大全
五卷
十七

斬鬼張真君

公姓張名巡妻劉氏妾栁氏唐玄宗時進士出身官拜睢陽令遭安禄之変史思明苛叠天亂四郊版蕩公負孤城臨機應変不依古法前後三百餘戰百戰百克保障軍中器械無一不取之敵者第公性剛烈每象發髮豎齒落則見其始以背城奪旗鼓繼以艾蒿殺思明收萬矢於束草出奇之際整威武于坐食野戰之場明忠義於泣廟之餘識人倫於天道之頃知将令於雷将軍之時堅士志于殺妾烝骸之表洩貞義於厲鬼殺賊之詞至今霽将軍嚙指于鄰以示信諸軍伍羅雀炙鼠木食而不携然不屈于畔逆之逼駡不跪於鋸觧之吁嗟堅貞凜冽曜天射日真古天地一孤忠哉後唐宋歷封為

宝山忠靖景佑福德真君

康元帥

帥負龍馬之精而生於黃河之界父康衢母金氏毓時仁皇炎德九年庚申戊寅月庚辰日戊寅時帥生而慈惠不傷胎不折夭不虐孤寡不履生氣雖蜸頑蠢動而蝡蝝者不輕殺焉食以殘紅飲以醇漿時有鸛雛爲隼所得折翼而下卧收而哺之後鸛含長生草而報公之鄰里蒼生之士處以病者四方謂之能仁聲聞于天々帝亦以民之所稱者封之曰仁聖元帥以掌四方都社令焉帥乃左執金斧右執瓜鎚與玉璽相周旋

風火院田元帥

帥兄弟三人孟田苟留仲田洪義季田智彪父諱鐫母姓刁諱春喜乃太平国人氏唐玄宗善音律開元時帥承詔樂師典音律猶善于歌舞鼓一擊而桃李甲笛一奏而响遏流雲韻一唱而紅梅破綻[illegible]一調而庶明風起以教玉奴花奴盡善歌舞後侍御宴以酣帝墨塗其面令其歌舞大悅帝顏而去不知所出復緣帝母感恙瞑目間則帥三人翩然歌舞鞾笳交競琵絃索手已而神爽形怡汗焉而醒其疴起矣帝悅有海棠春醒高燭照紅之句而封之侯爵至漢天師因治龍宮海藏疫鬼倡徉作法治之不得乃請教于帥々作神舟統百萬兒郎為鼓競奪錦之戲京中謼噪疫鬼出观助天師法斷而送之疫患盡銷至今正月有遺俗焉天師見其神異故立法差以佐玄壇勅和合二仙助顯道法無和以不合無順恙不解天師保奏

唐明皇帝封冲天風火院田太尉昭烈侯

田二尉昭佑侯　田三尉昭寕侯
圣父嘉济侯　聖母刁氏縣君
三伯公昭济侯　三伯婆令夫人　竇郭賀三太尉
金花小姐　梅花小娘　勝金小娘
萬回圣僧　和事老人　何公三九承士
都和合潘元師　天和合梓元師　地和合柳元師
斗中楊耿二仙使者　送夢報夢孫喜　青衣童子
十蓮橋上橋下棚上棚下歡喜耍笑歌舞紅娘粉郎圣衆
岳陽三部兒郎百萬圣衆云々

孟元帥

孟元帥

帥有姓孟名山者仁義孝慈萬古不磨至今賞人心愿者观其為獄官釋因一事足卜其槩夫因法所不貸至不可以信義感易知也帥以残久思親動閫門数百之泣皆切慕親曰而獨無母乎無相見也帥哀其懷滕下想遂泣與因約因亦泣與帥約至今冬廿五日而釋来正初五而還果不爽一焉帥遂以為例焉久之私心謂曰因何斯乃一念思親孝也信而四時義也既信義孝且義可語善矣因戲之曰倘赦行女等復善麽因泣曰誰而死心耶等輩一悮安肯再悮第所謂因人虚談耳帥曰汝改處余尽釋之因泣曰是閻王殿上輪迴耳第孑去君奚以脫等以汝活汝且以䓁死䓁活不如死帥曰以一死活百人之命何處焉衆因皆泣曰君何辜吾死分也夫君寛待以覿而親思莫加焉又為出死以重厥罪夫螻蟻惟貪生亦奚忍其心至此乎不為也一因久泣曰君言此徒令人心骨悚耳帥曰真言哉因咱哽而言曰君毋為然只此言令人碎身难報也帥聞之亦

涕曰予自有脱計衆問之帥曰勿問因曰誠両全愿听甚勿自苦也皆拜之各漸々而去最祝之曰愿天相吉人無為縲且世其昌孚不意府主滕公知而笞叱之曰八百囚鈇一無生還也遽之捕焉帥思曰死何怨第復命難矣躊躕久刺鎗于窑自殺凡三踴躍而白兎三倒其鎗忽靡眉者曰上有敕帥恒為府君命也急而出則車馬旗士引焉遥拜
玉帝敕為酆都元帥遂後於其帽上加瓔花一朶時帥尚未釋其鎗于手即加黄龍鎗焉乃知封也事聞于府時太府亦申文于上乃
趙國礿亦像其廟而加以将軍號焉並賛之曰将軍兮萃廣西之靈仗義兮生八百之蒼黎感諸奴兮盡面以從新義被一方兮皆可封之餘馨恹厥犴兮廣哉孚于空囹厥父其浩兮亦積善之苗裔母郭氏兮紹太姒之徽音昭彼行兮以礪萬人凡吾民兮無入于徽纆生于戊申八月十二日而没于庚辰冬也謹弁其始終以録

三教搜神大全
五卷
二十二

慧遠禪師

釋慧遠本姓賈氏鴈門樓煩人也弱而好書年十三隨舅令狐氏遊學許洛故少為諸生博綜六經尤善莊老性度弘偉風鑒明拔雖宿儒英達莫不服其深致年二十一欲度江東就范宣子共契值石虎已死中原寇亂南路阻塞志不獲從時沙門釋道安立寺於太行恒山弘讃像法聲甚張聞遠遂往歸之一面盡敬以為真吾師也後聞安講波若經豁然而悟便與弟慧持投簪落髮（音采）委命受業既入乎道厲然不群常欲總攝綱維以大法為己任精思諷持以夜續晝貧旅無資緼纊常闕而昆弟恪恭終始不懈有沙門曇翼毎給以燈燭之費安公聞而喜曰道士誠知人矣年二十四便就講說嘗有客聽講難實相義往復移時彌增疑昧遠乃引莊子義為連類於惑者曉然是後安公特聽慧遠不廢俗書安有弟子法遇曇徽皆風才照灼志業清敏並推服焉後隨安公南遊樊沔偽秦建元九年秦將苻丕寇幷襄陽道安為朱序所拘不能得去乃分遣徒衆各隨所之

皆被誨約遠不豦一言遠乃跪曰獨無訓最懼非人側安曰如汝者豈復相憂遠於是與弟子数十人南適荊州住上明寺後欲往羅浮山及屆潯陽見廬峰清淨足以息心始住龍泉精舍此處去水本遠遠乃以杖扣地曰若此中可得棲立當使朽壤抽泉言畢清流涌出浚矣成溪其後少時潯陽亢旱遠詣池側讀海龍王經忽有巨蛇從池上空須臾大雨遂以有年因號精舍為龍泉寺焉陶侃經鎮廣州有漁於海中見神光每夕豔發經旬彌盛怪以白侃侃往詳視乃是阿育王像即接歸以送武昌寒溪寺寺主僧珎嘗往夏口夜夢寺遭火而此像屋獨有龍神圍遶珎覺馳還寺寺既焚盡唯像屋存焉侃後移鎮以像有威靈遣使迎接数十人舉之至水及上船船又覆沒使者懼而反之竟不能獲及遠創寺既成祈心奉請乃飄然自輕往還無梗於是率衆行道昏曉不息釋迦餘化於斯復興自遠卜居廬阜三十餘年影不出山迹不入俗每送客遊履當以虎溪為界以晉义熙十二年八月初三卒春秋八十三

鳩摩羅什禪師

鳩摩羅什此云童壽天竺人也善經律論化行於西域及東遊龜茲慈音丘龜茲王為造金師子座以處之時符堅僭號関中関外國前部王及龜茲王弟並來朝堅堅引見二人說堅云西域多產珎奇請兵往定以求内附至堅建元十三年正月太史奏云有星見外國分野當有大德智人入輔中國堅曰朕聞西域有鳩摩羅什將非此耶即遣使求之至十八年九月堅遣驍將呂光率兵七萬西伐龜茲臨伐堅餞光於建章謂曰夫帝王應天而治以子愛蒼生為本豈貪其地而伐之正以懷道之人故也朕聞西域有鳩摩羅什深解法相善閑陰陽為後李之宗朕甚思之賢哲者國之大寶若尅龜茲即馳驛送什光軍未至什謂龜茲王白純曰國運衰矣當有勍敵從東方來宜恭承之勿抗其鋒純不從而戰光遂破龜茲殺純立純弟震為主光既獲什載與俱還中路置軍於山下將士已休什曰不可在此必見狼狽宜徙軍隴上光不納是夜果大雨洪潦暴起水深數丈死

者數千光始密而異之什謂光曰此凶亡之地不宜淹留推遷揆數應速言歸中路必有福土可居光從之至凉州聞苻堅已為姚萇所害光三軍縞素大臨城南於是竊號關外年稱大安大安二年正月姑臧大風什曰不祥之風當有奸叛然不勞自定也俄而梁謙彭晃相繼而反尋亦殄滅至光龍飛二年張掖臨松盧水胡沮渠男成及弟蒙遜反推建康太守段業為主遣庶子秦州刺史大原公纂率衆五萬討之時論謂業等烏合纂有威聲勢必全尅光以訪什什曰觀察此行未見其利既而纂敗績於合棃俄又郭黁（奴昆切）作亂纂委大軍輕還復為黁所敗僅以身免光中書監張資文章士光甚器之資病光廣求救療有外國道叉自云能差資疾光喜給賜甚重什知叉言詐告資曰叉不能為徒煩費耳冥運雖隱可以事試也乃以五色絲作繩結之燒為灰以投水中灰若出水還成繩者則疾難愈須臾灰聚浮出復繩本形既叉治無效少日資亡頃之光又卒子紹襲位數日光庶子纂殺紹自立稱元咸寧咸寧二年有猪生子一身三頭龍出東廂井中到殿前蟠卧比旦失之纂以為美瑞號大殿為龍翔殿俄而

有黑龍升於當陽九宮門號為龍興門什奏曰比日潛龍出遊豕妖表異龍者陰類出入有時而今屡見則為災生必有下人謀上之変宜尅己修德以答天戒纂不納與什博戲殺棊曰斮胡奴頭什曰不能斮胡奴頭胡奴将斮人頭此言有旨而纂終不悟光弟保有子名超超小字胡奴後果殺纂斬首立其兄隆為主時人方驗什之言也什停涼積年呂光父子既不弘道教故蘊其深解無所宣化符堅已亡竟不相見及姚萇僭有関中亦挹其高名虛心要請呂以什智慧神解恐為萇助不許東入及萇卒子興襲位復遣敦請弘始三年三月有樹連理生于廟廷甚茂漸変為茝以為美瑞謂智人應入至五月興遣隴西公碩德西伐呂隆隆軍大破至九月隆上表帰降方得迎什入関以其年十二月二十日至長安興待以國師之禮甚見優寵初杯度比丘在彭城聞什在長安乃歎曰吾與此子戲别三百餘年杳然未期遅有遇於來生爾什未終少日覺四大不寧乃口出三番神呪令外國弟子誦之以自救未及致力轉覺危殆於是力疾與衆僧告别曰因法相遇殊未盡心方復後世惻愴何言自以闇昧謬充傳

譯凡所出經論三百餘卷惟十誦一部未及删繁存其本旨必無差失願凡所宣譯流傳後世咸共弘通今於衆前發誠實誓若所傳無謬者當使焚身之後舌不焦爛以弘始十一年八月二十日卒于長安是歲晉義熙五年也卽於逍遥園依外國法以火焚屍薪滅形碎惟舌不灰爾　按德輝原本缺失此半葉據明釋藏城字號永樂御製神僧傳補

佛陀耶舍禪師

佛陀耶舍此云覺名罽賓人婆羅門種世事外道有一沙門從其家乞食其父怒使人打之父遂手脚攣躄不能行止乃問於巫師對曰坐犯賢人鬼神使然也即請此沙門竭誠懺悔数日便瘳因令耶舍出家為其弟子時年十三常随師遠行於曠野逢虎師欲走避耶舍曰此虎已飽必不侵人俄而虎去前行果見餘殰師竒異之至年十五誦經日記二三萬言所住寺常於外分衛廢於誦習有一羅漢重其聰敏恒乞食供之至年十九誦大小乗經数百萬言年二十七方受具戒後至沙勒國時國王不豫請僧齋會太子見而悦之請留宫内供養羅什後至復從舍受學甚相尊敬後羅什往龜兹為吕光所執舍停十餘年乃東適龜兹法化甚盛時什在姑臧遣使要之欲去國人留之停歲許後語弟子云吾欲尋羅什可密裝衣發勿使人知弟子曰恐明日追至不免復還耳耶舍乃取清水一鉢以藥投中呪数十言與弟子洗足即便夜發比至旦行数百里問弟子曰何

所覺耶答曰唯聞疾風之響眼中淚出耳耶舍又與呪水洗足住息明日國人追之已差數百里不及行達姑臧而什已入長安聞姚興逼以妾媵勸為非法乃歎曰羅什如好綿何可使入棘林中什聞其至姑臧勸姚興迎之興未納頃之興命什譯出經藏什曰夫弘宣法教宜令文義圓通貧道雖誦其文未善其理唯佛陀耶舍深達幽致今在姑臧願詔徵之一言三詳然後著筆使微言不墜取信千載也興從之即遣使招迎厚加贈遺悉不受乃笑曰明旨既降便應載馳檀越待士既厚脫如羅什見處信未敢聞命使還具說之興歎其慎重至長安興自出候問別立新省於逍遙園中四事供養並不受時至分衛一食而已耶舍先誦曇無德律偽司隸校尉姚爽請令出之乃試耶舍令誦羌籍藥方可五萬言經一日執文覆之不誤一字衆服其強記即以弘始十二年譯出四分律凡四十四卷并出長阿含等涼州沙門竺佛念譯為秦言道含筆受至十五年解座興䞋耶舍布絹萬匹悉不受道含佛念布絹各千匹名德沙門五百人皆重䞋施耶舍後辭還外國至罽賓得虛空藏經一卷寄賈客傳與涼州諸僧後不知所終

曇無竭禪師

釋曇無竭此云法勇姓李氏幽州黄龍人幼為沙彌便修苦行持戒誦經為師僧所重嘗聞法顯等躬践佛國乃慨然有忘身之誓遂以宋永初元年招集同志沙門僧猛等共賫旛蓋供養之具遠適西方初至河南國仍出海西郡入流沙到高昌郡經歷龜玆沙勒諸國登葱嶺度雪山進至罽賓國禮拜佛鉢停歲餘學梵書梵語求得觀世音受記經梵文一部復西行至辛頭那提河緣河西入月氏國禮拜佛肉髻骨及覩自佛水船後至檀特山南石留寺住僧三百餘人雜三乘學無竭停此寺受大戒復行向中天竹界路既空曠唯賫石蜜為粮雖屡經危棘而繫念所賫觀世音經未嘗暫廢将至舍衛國中野逢山象一群無竭稱名歸命即有師子從林中出象驚惶奔走後度恒河復值野牛一群鳴吼而來將欲害人無竭歸命如初尋有大鷲飛來野牛驚散遂得免之後於南天竺隨舶汎海達廣州其所譯出觀世音受記經今傳于京師後不知所終

三教搜神大全
六卷
三

佛馱跋陀羅禪師

佛馱跋陀羅此云覺賢本姓釋氏迦維羅衛人甘露飯王之苗裔也幼喪父母從祖鳩婆利聞其聰敏兼悼其孤露乃迎還度爲沙彌至年十七與同學數人俱以習誦爲業衆皆一月賢一日誦畢其師歎曰賢一日敵三十夫也及受具戒修業精勤博學群經多所通達少以禪律馳名常與同學僧伽達多共遊罽賓同處積載達多雖服其才明而未測其人也後於密室閉戶坐禪忽見賢來驚問何來答云暫至兜率致敬彌勒言訖便隱達多知是聖人未測深淺後屢見賢神變乃敬心祈問方知得不還果常欲遊方弘化備觀風俗會有秦沙門智嚴西至罽賓覩法衆清淨乃慨然東顧曰我諸同輩斯有道志而不遇眞匠發悟莫由即諮詢國衆孰能流化東土僉云佛馱跋陀其人也嚴既要請苦至賢遂愍而許焉於是捨衆辭師裹糧東逝步驟三載綿歷寒暑既度葱嶺路經六國國主矜其遠化並傾懷資奉至交阯乃附舶循海而行經一島下賢以手指山曰可止於

此舶主曰客行惜日調風難遇不可停也行二百餘里忽風轉吹舶還向島下衆人方悟其神咸師事之聽其進止後遇便風同侶皆發賢曰不可動舶主乃止既而有先發者一時覆敗後於闇夜之中忽令衆船俱發無肯從者賢自起收纜唯一船獨發俄爾賊至留者悉被抄害頃之至青州東萊郡聞鳩摩羅什在長安即往從之什大忻悅共論法相振發玄微多所悟益時秦主姚興專志佛法供養三千餘僧並往來宮闕盛修人事唯賢守靜不與衆同後語弟子云我昨見本鄉有五船俱發既而弟子傳告外人關中舊僧咸以為顯異惑衆僧道恒等謂曰佛尚不聽說已所得法先言五船將至虛而無實又門徒誑惑互起同異既於律有違理不同止宜可時去勿得停留賢曰我身若流萍去留甚易但恨懷抱未伸以為慨然耳於是與弟子慧觀等四十餘人俱發神志從容初無異色識真之衆咸共歎惜道俗送者千有餘人姚興聞去悵快乃謂道恒曰佛賢沙門挾道來遊欲宣遺教緘言未吐良用深慨豈可以一言之咎令萬夫無導因敕令追之賢謂使曰誠知恩旨無預聞命於是率侶宵征南指廬岳沙門

釋慧遠久服風名聞至欣喜傾蓋若舊遠以賢之被擯過由門人若懸記五舶止說在同意亦於律無犯乃遣弟子曇邕致書姚主及関中衆僧解其擯事遠乃請出禪数諸經賢志在遊化居無求安住山歲許復西適江陵遇外國舶主既而訊訪果是天竺五舶先所見若也傾境士庶競來禮事其有奉施悉皆不受持鉢分衛不問豪賤時陳郡袁豹為宋武帝太尉長史宋武南討劉毅豹随府届于江陵賢将弟子慧观詣豹乞食豹素不敬信待之甚薄未飽辭退豹曰似未足且復少留賢曰檀越施心有限故令所設已罄豹即呼左右益飯飯果盡豹大慙赧既而問慧观曰此沙門何如人观曰德量高遠非凡所測豹深歎異以啓太尉太尉請與相見甚崇敬之資供備至俄而太尉還都請與俱歸安止道場寺以元嘉六年卒春秋七十有一

三教搜神大全
六卷
五

杯渡禪師

杯渡者不知姓名常乘木杯渡水人因目之初在冀州不修細行神力卓越世莫測其由嘗於北方寄宿一家家有一金像渡竊而將去家主覺而追之見渡徐行走馬逐之不及至于孟津河浮木杯於水憑之渡河不假風棹輕疾如飛俄而及岸達于京師見時可年四十許帶索襤褸殆不蔽身言語出沒喜怒不均或嚴冰叩凍洗浴或著履上山或徒行入市唯荷一蘆圌子更無餘物嘗從延賢寺法意道人處意以別房待之後欲往瓜步江於江側就航人告渡不肯載之復累足杯中顧眄言詠杯自然流直渡北岸向廣陵遇村舍李家八關齋先不相識乃直入齋堂而坐置蘆圌於中庭衆以其形陋無恭敬之心李見蘆圌當道欲移置墻邊數人舉不能動渡食竟提之而去笑曰四天王李家于時有一豎子窺其圌中有三小兒並長數寸面目端正衣裳鮮潔於是追覓不知所在後數日乃見在西界蒙籠樹下坐李禮拜請還家百日供養渡不甚持齋飲酒噉肉至

於辛鱠與俗無異百家奉上或受不受沛國劉興伯為兖州刺史遣使要之負圖而來興伯使人舉視十餘人不勝伯自看唯見一敗衲及一木杯後還李家復得二十餘日清旦忽云欲得一袈裟中時令辦李即經營至中未成渡云暫出至暝不返合境聞有異香疑之為怪處處覓渡乃見在北巖下敷敗袈裟於地卧之而死頭前脚後皆生蓮華極鮮香一夕而萎邑共殯瘞之後數日有人從北來云見渡負蘆圖行向彭城乃共開棺擧屐存焉既至彭城遇有白衣黃欣深信佛法見渡禮拜請還家家至貧但有麥飯而已渡甘之怡然止得半年忽語欣云可覓蘆圖三十六枚吾須用之答云此間止可有十枚貧無以買恐不盡辦渡曰汝但檢覓宅中應有欣即窮檢果得三十六枚列之庭中雖有其數亦多破敗比欣次第熟視皆已新完渡密封之因語欣令開乃見錢帛皆滿可堪百許萬識者謂是杯渡分身他土所得䞋施迴以施欣欣受之皆為功德經一年許辭去欣為辦粮食明晨見粮食具存不知渡所在後東遊入吳郡路見釣魚師因就乞魚魚師施一餒者渡手弄反覆還投水游活而去又見網師更從

乞魚網師瞋罵不與渡乃拾取兩石子擲水中俄而有兩水牛鬬其網中
網既碎敗不復見牛渡亦已隱行至松江乃仰盖於水中乘而渡岸經涉
會稽剡縣登天台山数月而返京師少時遊止無定請召或往不往時南
州有陳家頗有衣食渡往其家甚見迎奉聞都下復有一杯渡陳父子五
人咸不信往都下看之果如其家杯渡形相一種陳設一合蜜薑及刀子
薰陸香手巾等渡即食蜜薑都盡餘物宛在膝前其父子五人恐是其家
杯渡即留二弟停都守視餘三人還家家中杯渡如舊膝前亦有香刀子
等但不噉蜜薑為異爾乃語陳云刀子鈍可為磨之二弟還都云彼渡已
移靈鷲寺一日忽求黃紙兩幅作書書不成字合同其背陳問上人作何
券書渡不答竟莫測其然時呉部民朱靈期使高麗還值風船飄經九日
至一洲邊洲上有山山甚高大入山採薪見有人路靈期乃將数人隨路
告乞行十餘里聞磬聲香烟於是共稱佛禮拜須臾見一寺甚光麗多是
七寶莊嚴又見十餘石人乃共禮拜還反行少許聞唱導聲還往更看猶
是石人靈期等相謂此是聖僧吾等罪人不能得見因共竭誠懺悔更往

乃見眞人為靈期等設食食味是菜而香美不同世食竟共叩頭禮拜乞速還至鄉有一僧云此間去都乃二十餘萬里但令至心不憂不速也因問靈期云識杯渡道人不答言甚識因指北壁有一壺掛錫杖及鉢云此是杯渡住處今因君以鉢與之幷作書著函中別有一青竹杖語靈期云但擲此杖置舫前水中開船靜坐不假勞力必令速去於是辭別令一沙彌送至門上語云此道去行十里至船不須從先路去也如言西轉行七里許至船即具如所示唯開舫從山頂樹木上過都不見水經三日至石頭淮而住亦不復見竹杖所在舫入淮至朱雀乃見杯渡騎大航蘭以捶捶之曰馬馬何不行觀者甚多靈期等在舫遥禮之渡乃自下舫取書幷鉢開書視之字無人識者渡大笑曰使我還耶取鉢擲雲中還接之曰我不見此鉢四千年矣渡多在征賢寺法意處時世以此鉢異物競往觀之

有庾常婢偷物而叛四追不擒乃問杯渡云已死在金城江邊空塚中往看果如所言孔甯子時為黄門侍郎在家患痢遣信請渡渡呪竟云難差見有四鬼皆被傷截甯子泣曰昔孫恩作亂家為軍人所破二親及叔皆

被痛酷甯子果死又有齊諧妻胡毋氏病衆治不愈後請僧設齋齋坐有僧勸迎杯渡既至一呪病者即愈齊諧伏事為師因作傳記其從來神異不可備記元嘉三年九月辭諧入東留一萬錢物寄諧倩為營齋於是別去行至赤山湖患病而死諧即為營齋并接屍還葬建康覆舟山至四年有吳興邵信者甚奉法遇傷寒病無人敢看乃悲泣念觀音忽見一僧來云是杯渡弟子語云莫憂家師尋來相看答云渡死已久何容得來道人云來復何難便衣帶頭出一合許散與服之病即差又有杜僧哀者住在南岡下昔經伏事杯渡兒病甚篤乃思念恨不得渡與念神呪明日忽見渡來言語如常即為呪病者便愈至五年三月渡復齊諧家呂道慧聞而視之杜天期也須臾門上有一僧喚渡便辭去云貧道向交廣之間不復來也齊諧等拜送慇懃於是絕迹頃世亦言時有見者一日見形洛水上衆皆大驚語丘熙等年當大凶可勤修福崇法意道人甚有德可往就之脩立故寺以禳災禍

灵隐寺

寶公禪師

沙門寶公者嵩山高棲士也旦從林慮向白鹿山因迷失道日將隅中忽聞鐘聲尋響而進巖峋重阻登陟而趨乃見一寺獨據深林三門正南赫奕輝煥前至門所看額靈隱之寺門外五六犬其大如牛白毛黑喙或踴或卧廻眸眄寶寶怖將返須臾見胡僧外來寶喚不應亦不迴顧直入門内犬亦随入良久寶見人漸次入門屋宇四周房門並閉進至講堂惟見床榻高座儼然寶入西南隅床上坐久之忽聞東間有聲仰恍見開孔如井大比丘前後從孔飛下遂至五六十人依位坐訖自相借問今日齋時何處食來或言豫章成都長安隴右薊北嶺南五天竺等無處不至動即千萬餘里末後一僧從空而下諸人競問來何太遲答曰今日相州城東彼岸寺鑒禪講會各各豎義有一後生聰俊難問詞音鋒起殊為可觀不覺遂晚寶本事鑒爲和尚既聞此語望得參話因整衣而起白諸僧曰鑒是寶和尚諸僧直視寶頃之已失靈隱寺所在寶但獨於柞木之下一無

所見唯覩巖谷禽鳥翔集喧亂及出山以問尚統法師尚曰此寺石趙時佛圖澄法師所造年歲久遠賢聖居之非凡所住或沉或隱遷徙無定今山行者猶聞鐘聲

智璪禪師

釋智璪俗姓張氏清河人年二十二親俱逝染疾經歲月醫藥無効憂神就璪身次第吸噉蠐螬三夜稍痊遂求離俗聞智者執行超群為世良導即泛艑豐流直指台岫伏膺受道乃遣行法華懺悔第二七日初夜懺訖還就禪床如欲安坐乃見九頭龍從地湧出上昇虛空明旦諮白智云此是表九道衆生聞法華經將來之世破無明地入法性空爾陳至德四年住寶林寺行法華三昧初日初夜如有人來搖動户扇璪問之汝是何人夜來搖户即長聲答云我來看燈爾頻經數過問答如前其寺内先有大德慧成禪師夜具聞之謂弟子曰彼堂内從來有大惡鬼今聞此聲必是鬼來取人也天將欲曉成師扣户而喚璪未暇得應便繞堂唱云苦哉苦哉其人了矣璪即開户問意答云汝猶在耶吾謂昨夜鬼已害汝故此嗟耳第二日夜鬼入堂内搥壁打柱周遍東西堂内六燈璪即滅五留一行道坐禪誦經坦然無懼於三七日中事恒如此行法將訖見一青衣童子稱讚善哉言已不見以貞觀十二年卒于寺

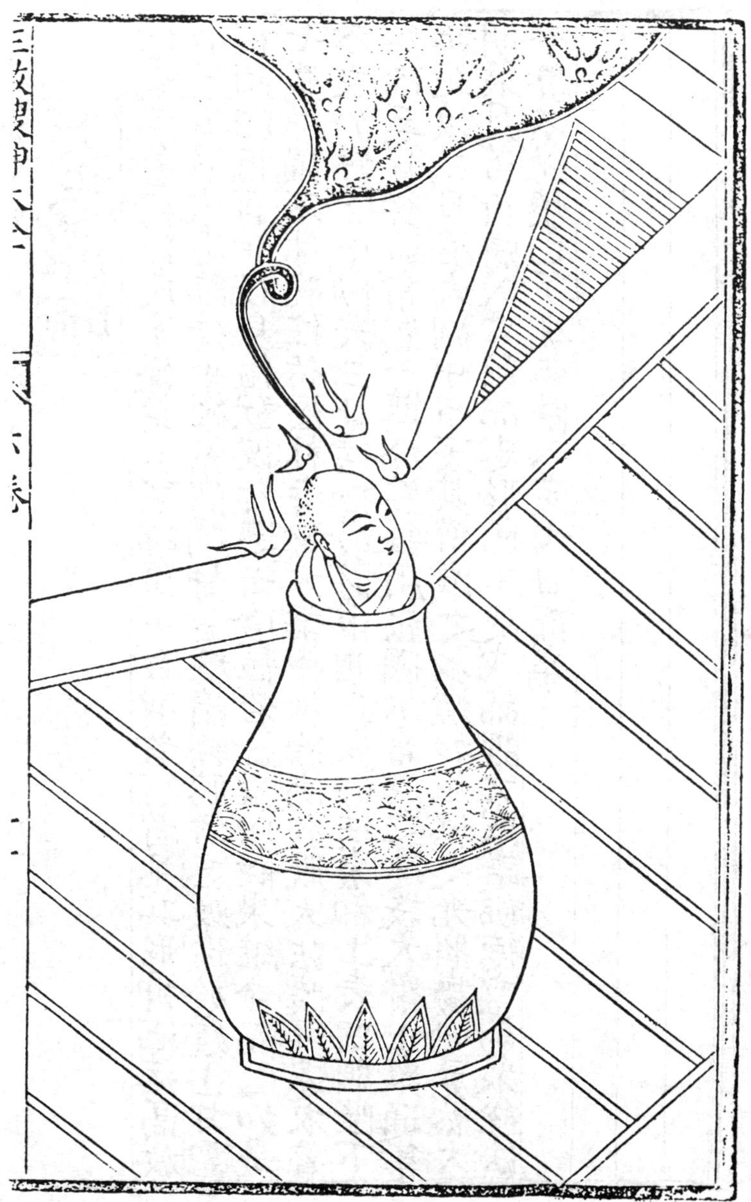

大志禪師

僧大志會稽顧氏子發家出家師事天台智者智者見其形神洒落高放物表取名大志誦法華經索然閑静音聲清轉聽者忘疲後於廬山甘露行頭陀行有時投身猛獸彼皆避去飡粒若盡惟以餅果繼命而已如是七載禪誦不休晚住持福林寺會大業中屏除佛教慨大法陵遲遂衣着孝衣於佛堂中慟哭三日擔揞形骸申明正教即往東都上表曰願陛下興隆三寶貧道當然一臂於嵩岳用報國恩帝許之遂設大齋士衆通集師絶粮三日登大棚中布裹其臂灌之以蠟如炬燃之光照巖岫晃然大明衆見苦行痛入心髓而志形色不変或誦經文或讚佛德或為衆說法聲聲不絶燒已下棚跏趺入定七日而卒

玄奘禪師

釋玄奘本名褘姓陳氏洛州緱氏人也奘失怙恃少罹窮酷隨兄長捷法師住靜土寺授以精理旁兼巧論年十一誦維摩法華東都恒度便預其次自爾卓然梗正不偶欲纂大法後達長安住莊嚴寺又非本望西踰劍閣既達蜀都受諸經論一聞不忘武德五年二十有一為諸學府雄伯沙門講揚心論不窺文相而誦注無窮時曰神人後又遍遊荊揚等州訪諸道隣復還京輦廣就諸蕃徧學書語行坐尋授數日博通惟候機會貞觀三年會災下敕道俗隨豐四出由斯得徃西域取諸經傢行至罽賓國道險虎豹不可過奘不知為計乃鎖房門而坐至夕開門見一老僧頭面瘡痍身躰膿血牀上獨坐莫知由來奘乃禮拜勤求僧口授多心經一卷令奘誦之遂得山川平易道路開通虎豹藏形魔鬼潛跡遂至佛國取經六百餘部以貞觀十九年還京師下敕令住玉華翻譯經藏奘生常已來願生彌勒及遊西域又聞無著兄弟皆生彼天又頻祈請咸有顯證後至玉

華但有隙次無不發頭麟德元年告翻譯僧及門人曰有為之法必歸磨滅泡影形質何得久停行年六十五必卒玉華於經論有疑者今可速問聞者驚異師曰此事自知遂往辭佛及諸僧衆既卧疾常見大蓮花鮮白而至又見佛相命僧讀所翻經論名目已總有七十三部一千三百三十卷自懷欣悦總召門人有緣並集云無常將及急來相見於嘉壽殿以香木樹菩提像骨對寺僧辭訣并遺表訖便默念彌勒右脇累足右手支頭左手髀上堅然不動氣絶神逝兩月色貌如常乃瘞於白鹿原初奘將往西域於靈嵓寺見有松一樹奘立於庭以手摩其枝曰吾西去求佛教汝可西長吾歸即却東廻使吾弟子知之及去其枝年年西指約長數丈一年忽東廻門人弟子曰教主歸矣乃西迎之奘果還至今衆謂此松為摩頂松

元珪禪師

釋元珪姓李氏伊闕人大通禪要深入玄微卜廬于嶽中龐塢時有峩冠者部曲繁多稱謁師珪覩其貌偉精爽不倫謂之曰善來仁者胡為而至曰師寧識我耶珪曰吾观佛與衆生等吾一目之豈分别識也对曰我此嶽神也吾能利害生死扵人師安得一目我哉珪曰汝能生死扵人吾本不生汝焉能死吾視身與空等視吾與汝等汝能壞空與汝乎苟能壞空及汝吾則不生不滅也汝尚不能如是又焉能生死吾耶嶽神稽首再拜曰我亦聰明正直扵餘神豈能知師有廣大之智辯乎願受正戒令我度世助其威福珪曰神既乞戒即既戒矣所以者何戒外無戒又何戒哉神曰此理也我聞茫昧止求師戒我身為門弟子珪辞不獲即為張座焚香秉爐正几曰付汝五戒汝能奉持即應曰能不能即曰否神曰洗耳傾听虛心納教珪曰汝能不婬乎神曰亦娶也曰非謂此也謂無羅欲也神曰能曰汝能不盜乎神曰何乏我也焉有盜取哉曰非謂此也謂饗食而福淫

不供而禍善也神曰能曰汝能不殺乎神曰政柄在躬焉能不殺曰非謂此也謂有濫誤混疑也神曰能曰能不妄乎曰吾本正直焉能有妄曰非此謂也謂先後不合天心也神曰能曰能不遭酒敗乎神曰力能珪曰如上即佛戒也又言以有心奉持而無心拘執以有心為物而無心想身能如是則先天地生不為精後天地死不為老終日变化而不為動寂默而不為休悟此則雖娶非妻也雖享非取也雖柄非權也雖作非故也雖醉非惛也若能無心於萬物則羅欲不為婬福淫禍善不為盜濫誤混疑不為殺先後違天不為妄惛荒顛倒不為醉是謂無心也無心則無戒無戒則無心無佛無衆生無汝及無我無我無汝孰能戒哉神曰我神通亞佛珪曰女神通十句五能五不能佛則七能三能神悚然避席啓跪頓恭曰可得聞乎曰汝能侯(音矦)上帝東天行而西七曜乎曰不能又曰汝能奪地祇融五嶽而結四海乎曰不能珪曰是為吾不能也又曰佛能空一切相成萬法智而不能即滅定業能知群有性窮億劫事而不能化導無緣佛能度無量有情而不能盡衆生如是為三不能也定業亦不牢久無緣亦

謂一期衆生界本無增減旦無一人能主有法無主是謂無法無法無主是謂無心如我解佛亦無神通也但能以無心通達一切法耳作用冥見有情前也若有心有作作用必不普周焉嶽神曰我識浅昧未聞空義願師授我戒我當奉行更何業因可拘塵界我頭報慈德珪曰吾觀身無物觀無常法窟塊然更有何欲神曰師必命我為世間事展我少小神功使已發心初發心未發心不信心必信心五等人目我神蹤知有佛有神有能有不能有自然有非自然者珪曰無為是無為是神曰佛亦使神護法師寧隳叛佛耶隨意垂誨珪不得已而言曰東巖寺之障也莽然無樹北岫有之而背非屏擁汝能移此樹於東嶺乎神曰已聞命矣又曰我必昏夜風雨擺搖震運願師無駭即作禮辭去珪門送而觀之見儀衛如王者之行仗其夕果有暴風吼雷奔雲震電隆棟壯宇岌礏將圮定僧膽動宿鳥聲狂互相敲磕堋盖物不安所乃謂衆僧曰無怖無怖神與我契矣詰旦和霽則北巖松栝盡移東嶺森然行植焉珪謂其徒曰吾歿後無令外知若為口實人將妖我也以開元四年卒

通玄禪師

通玄姓李氏太原東北人也舉動之間不可量度身長七尺餘形貌紫色眉長過目髭鬢如畫髮紺而螺慈旋曠自得靡所拘絆而該博古今洞精儒釋開元七年春自定襄而至盂縣之高家造論演暢華嚴不出户庭幾于三載每日食棗十顆栢葉餅一枚餘無所須嘗齎其論并經往韓氏莊中路遇一虎玄撫其背以所負經論搭載去夫龕中虎弭耳前行又造論之時室無脂燭每夜秉翰於口兩角出白色光長尺餘炳然二女子韶顏都雅每日饋食一奩于龕前玄食已徹器而去凡經五載至於紙墨供送無虧論成泯然不現所造論四十卷總括八十卷經之文義次決疑論四卷一日鄉人聚飲之次玄來謂之曰汝等好住吾今去矣鄉人驚怪謂為他適乃曰吾終矣皆悲泣戀慕送至土龕曰去住常也鄉人下坡迴顧其處雲霧昏暗至子時儼然坐亡龕中白色光從頂出上徹太虚即開元十八年三月二十八日也報齡九十六逮旦數人登山見其龕室内蛇虺填

爾莫得而前相與敬告蛇虺交散少長追感結輿迎于太山之北甃石為
墳而瘞之

一行禅師

釋一行俗姓張氏鉅鹿人也本名遂早歳不群聰黠明利讀書不再已暗誦矣師事普寂禅師時有盧鴻者持其文至寺一行一覽之即無遺忘鴻驚謂寂曰非君所能教也當縱其遊學一行因窮大衍自此求訪不下数千里嘗至天台國清寺見門前有流水一行立於門屏間聞院中僧於庭布筭其聲蔌蔌既而謂其徒曰今日當有弟子求吾筭法已合到門豈無人導達耶即除一筭又謂曰門前水合却西流弟子當至一行承言而入稽首請法盡授其術而門水復東流矣自此聲振遐邇玄宗聞之召令入内謂曰卿何能對曰善記覽玄宗因召掖庭取宮人籍以示之周覽既畢覆其本記念已熟如素所習讀数幅之後玄宗不覺降榻為之作禮呼為聖人嗟嘆良久尋乃詔對無恒占其災福若指于掌言多補益玄宗開元九年太史上言麟德曆寖疎日食屡不效帝詔可禅師更造新曆奉詔推数立術以應之撰開元太衍曆一行於癸亥十月制黄道儀成帝自為之

銘詔安武成殿以示百官其儀準員天之象具列宿赤道度數注水注水激輪令其自轉一晝夜而天運一周外絡二輪綴以日月令得運行每天東行一周日西行一度月行十三度以木櫃為平地令儀半在地下晦明朔望有準立木二於地平其一前置鼓以候刻至一刻則自擊之其一前置鐘以候辰至一辰則自撞之皆略施輪軸交錯相持稱為神功邪和璞謂太史令尹愔曰一行禪師其聖人乎漢之洛下閎造大衍曆記云後八百歲當差一日則有聖人以糾正之今年期差滿而一行師造大衍曆以糾數家之謬則洛下閎之言不誣矣愔深以為然一行又嘗詣道士尹崇借楊雄太玄經數日復詣崇还其書崇曰此書意旨深遠吾尋之積年尚不能曉吾子試更研求何遽見还也一行曰究其義因出所撰大衍玄圖及義訣一卷以示崇崇大嗟伏謂人曰此後生顏子也初一行幼時家貧隣有王姥前後濟之約數十萬一行嘗思報之至開元中一行承玄宗敬遇言無不可未幾會王姥兒犯殺人獄未具姥詣一行求救一行曰姥要金帛當十倍醻也君上執法难以情求如何王姥戟手大罵曰何用識此

僧一行從而謝之終不顧一行心計渾天寺中工役數百乃命空其室內徙一大甕於中密選常住奴二人授以布囊謂曰某方某角有廢園汝往潛伺從午至昏當有物入來其數七者可盡掩之失一則杖汝如言而往至酉後果有群豕至悉獲而歸一行大喜令寘甕中覆以木蓋封以六一泥朱題梵字數十其徒莫測詰朝中使扣門急召至便殿玄宗迎問曰太史奏昨夜北斗不見是何祥也師有以禳之乎一行曰後魏時失熒惑若今帝星不見古所無者天將大警於陛下也夫匹夫匹婦不得其所則隕霜赤旱盛德所感乃能退舍感之切者其在瘞枯出繫乎釋門以瞋心壞一切善慈心降一切魔如臣曲見莫若大赦天下玄宗從之命中使持節大赦天下於是王姥兒亦在赦中然終不知一行之力也一行亦不自以爲功而言之至其夕太史奏北斗一星見凡七日而復帝嘗問國祚幾何有留難否行曰鑾輿有萬里之行社稷終吉帝驚問其故不答退以小金合進之曰至萬里即開帝一日發合視之蓋當歸少許及祿山亂駕幸成都至萬里橋忽悟未幾果歸昭宗初封吉王唐至昭宗而滅故終吉至開

元末裴寬為河南尹寬深信佛法師事普寂禪師日夕造焉或一日寬詣寂寂云方有少事未暇款語且請遲廻休息寬乃屏賓從止於空室見寂潔滌正堂焚香端坐坐未久忽聞扣門連聲云天師一行和尚至矣一行入詣寂作禮禮訖附耳密語其貌絶恭寂但頷云無不可者語訖復禮禮訖又語如是者三寂唯云是是無不可者一行語訖降階入南堂自闔其戶寂乃徐命弟子云速聲鐘一行和尚滅度矣左右疾走視之一如其言滅度後寬服縗絰葬之日徒步出城送之春秋四十五帝哭之哀甚輟朝三日停龕三七日行容貌如生帝親製碑書于石出內庫錢五十萬建塔銅人原謚曰大慧禪師

無畏禪師

釋無畏三藏本天竺人讓國出家道德名稱為天竺之冠所至講法必有異相初自天竺至所司引謁於玄宗玄宗見而敬信焉因謂三藏曰師不遠而來故倦矣欲於何方休息耶三藏進曰臣在天竺時嘗聞大唐西明寺宣律師持律第一願往依止焉玄宗可之宣律禁戒堅苦焚修精潔三藏飲酒食肉言行麤易往往乘醉喧競穢汚茵席宣律頗不能甘之忽中夜宣律捫虱將投于地三藏半醉連聲呼曰律師律師撲死佛子耶宣律方知其為異人也整衣作禮而師事焉在洛時有巨蛇高丈餘長且百尺其狀甚異蟠遶出於山下洛民咸見之畏語曰此蛇欲決水瀦洛城即說佛書義其蛇至夕則駕風露來若傾聽狀畏責之曰爾蛇也當居深山中用安其所何為將欲肆毒於世耶速去無患生人其蛇聞之若有慙色遂俯于地頃而死焉其後安祿山據洛陽盡毀宗廟果符其言開元十年七月旱帝遣使詔無畏請雨畏持滿鉢水以小刀攪之誦呪數番即有物如

蚪龍從鉢中矯首水面㬎咒遣之白氣自鉢騰涌語詔使曰速歸雨即至矣詔使馳出頃刻風雷震霆詔使趨入奏御衣襟已透濕霖雨彌日而息又嘗滛雨逾時詔㬎止之㬎捏泥媪五軀向之作咒語叱罵者即刻而霽嘗過龍河以一槖駝負經沒水㬎懼經失遽隨之入水於是龍王邀之入宮講法爲留三宿而出所載梵夾不濕一字其神異多類此德輝按原本缺失此半葉據明釋藏城字號永樂御製神僧傳補

金剛智禪師

釋䟦日羅菩提華言金剛智南印度摩賴耶國人也生數歲日誦萬言目覽心傳終身不忘年十六開悟佛理乃削染出家從師歷遊諸國至開元中達于廣府後隨駕洛陽其年自正月不雨迨于五月嶽瀆靈祠禱之無應乃詔智結壇祈請於是用不空鉤依菩薩法在所住處起壇深四肘躬繪七俱胝菩薩像立期以開光明日定隨雨焉帝使一行禪師謹密候之至第七日炎氣爞爞（徒冬切）天無浮翳午後方開眉眼即時西北風生飛瓦拔樹崩雲泄雨遠近驚駭而結壇之地穿穴其屋洪注道場質明京師士庶皆云智獲一龍穿屋飛去求觀其處日千萬人初帝之第二十五公主甚鍾其愛久疾不救移卧於咸宜外館閉目不語已經旬朔有敕令智授之戒法智使牛仙童寫敕一紙焚於琰摩王食頃琰王令公主亡保母劉氏護送公主魂歸於是公主起坐開目言語如常帝聞之不俟駕馳往外館公主曰冥數難移今王遣回略覲聖顏而已可半日間然後長逝自爾

帝方加歸仰焉武貴妃寵異六宮眷施寶玩智勸貴妃急造金剛壽命菩薩又勸河東郡王於毘盧遮那塔中繪像謂門人曰此二人者壽命非久矣經数月皆如其言至二十年壬申八月命門人曰白月圓時吾當去矣遂禮毘盧遮那佛旋遶七帀寂然而化

鑑源禪師

釋鑑源不知何許人素行甄明後講華嚴經號爲勝集日供千人粥食其倉簞中米粟纔數百斛取之不竭沿夏涉秋未嘗告匱冥感如此後多徵應有慧觀禪師見三百餘僧持蓮燈凌空而去歷歷如流星焉開元中崔冀公寧疑其妖妄躬自入山宿預禁山四方面各三十里火光至第三夜有百餘支燈現兼紅光可千餘尺冀公蹶然作禮歎未曾有時松間出金色手長七尺許有二菩薩黄白金色閃爍然復庭前栢樹上晝現一燈其明如日横布玻瓈山可三里所寶珠一顆圓一丈熠爚可愛西嶺山門懸大虹橋橋上梵僧老叟童子間出有二炬爛然空中如相迎送交過之狀下有四菩薩兩兩偶立放通身光可高六七十尺後見大松林後忽有寺額篆書三學字又燈下垂繡帶二條東林之間夜出金山月當子午金銀二色燈列於知鉉師墳側韋南康臯每三月就寺設三百菩薩大齋菩薩現相焉

懶殘禪師

懶殘者唐天寶初衡嶽寺執役僧也退食即收所餘而食性懶而食殘故號懶殘也晝專一寺之工夜止群牛之下曾無倦色已二十年矣時鄴侯李泌寺中讀書察懶殘所為曰非凡物也聽其中宵梵唱響徹山林李公情頗知音能辨休戚謂懶殘經音先悽惋而後喜悅必謫墮之人時將去矣候中夜李公潛往謁焉望席門通名而拜懶殘大詬仰空而唾曰是將賊我李公愈加謹敬唯拜而已懶殘正撥牛糞火出芋啗之良久乃曰可以席地取所啗芋之半以授焉李公捧承盡食而謝謂李公曰愼勿多言領取十年宰相公又拜而退居一月刺史祭嶽脩道甚嚴忽中夜風雷而一峰頽下其緣山磴道為大石所攔乃以十牛縻絆以挽之又以數百人鼓噪以推之物力竭而石愈固更無他途可以脩事懶殘曰不假人力我試去之衆皆大笑以為狂人懶殘曰何必見嗤試可乃已寺僧笑而許之遂履石而動忽轉盤而下聲若震雷山路既開寺僧皆羅拜一郡皆呼至

聖刺史奉之如神嬾殘悄然乃懷去意寺外虎豹忽爾成群日有殺傷無由禁止嬾殘授我箠為爾盡驅除之衆皆曰大石猶可推虎豹當易制遂與之荊挺皆躡而觀之纔出門見一虎啣之而去嬾殘既去虎亦絕蹤後李公果十年為相也

西域僧禪師

釋天竺亡名僧者未詳何印度人也其貌惡陋纏乾陀色縵條衣穿革屣曳鐵錫化行于京蕃當常皋之生也纔三日其家召僧齋此僧不召自來常氏家僮咸怒之以弊席坐于庭中旣食常氏命乳母出嬰兒請羣僧視其壽胡僧忽自升階謂嬰兒曰別久無恙乎嬰兒若有喜色衆皆異之常氏先君曰此子生纔三日吾師何故言別久耶胡僧曰此非檀越之所知也常氏固問之胡僧曰此子乃諸葛武侯之後身耳武侯當東漢之季爲蜀丞相蜀人受其賜且久今降於世將爲蜀門帥宜蜀人之福吾往歲在劍門與此子友善今聞降生常氏吾故不遠而來常氏異其言因以武侯字之後常皋自少金吾節制劍南軍累遷太尉兼中書令在蜀間十八年果契胡僧之語也

本淨禪師

釋本淨未詳何許人道氣高抗聞閩嶺多禪宗識歷往叅之又聞長溪霍童山多神仙洞府然山中不容凡俗淨乃入山結茅為室室側有毒龍石穴其龍夭矯而出變現無恒遂呼召之而馴擾焉又諸猛虎橫路為害樵者不敢深入淨撫其頭誡約叮寧虎弭耳而去嘗清宵有九人冠幘袴褶稱寄宿盡納諸菴內明旦告辭偕化爲鶴鳴唳空中而去淨後罔知其終

地藏王菩薩

職掌幽冥教主十地閻君率朝賀成禮相傳王舍城傅羅卜法名目犍連嘗師事如來救母於餓鬼群叢作盂蘭勝會歿而為地藏王以七月三十日為所生之辰士人禮拜或曰今青陽之九華山地藏是也按傳新羅國僧唐時渡海居九華山年九十九忽召徒衆告別但聞山鳴石隕俄跏趺坐於函中泊三稔開將入塔顔貌如生舁之動骨節若金鎖焉故曰金地藏以是知傳者之誤

山廟

嵩岳伏僧禪師

嵩岳破竈隋和尚隱居嵩山山有廟甚靈惟安一竈祭無虛日師入廟以杖擊竈云此泥瓦合成聖從何來靈從何起又擊三下竈乃傾破墮落須臾一青衣人設拜師前曰我本此竈神久受業報蒙師說無生法得脫此生特來禮謝再拜而去少頃徒衆問師竈神得何經旨便得生天師曰我只向伊道是泥瓦合成别無道理為伊衆無語師良久云會麽衆云不會師曰本有之性為什麽不會衆僧乃禮拜師曰破也墮也於是其衆大悟玄旨

知玄禪師

悟達國師知玄與一僧邂逅京師時僧患迦摩羅疾人莫知其異也皆厭惡之知玄視候無倦色後別僧謂知玄曰子後有難可往西蜀彭州茶隴山相尋有二松為誌後玄居安國寺懿宗親臨法席賜沉香為座恩渥甚厚忽膝生人面瘡眉目口齒俱備每以飲食餧之則開口吞啖與人無異求醫莫效因憶舊言乃入山相尋見二松於烟雲間信所約不誣即趋其處佛寺煥儼僧立于山隂顧接甚歡天晚止宿知玄以所苦告之曰無傷也山有泉且濯之即愈黎明童子引至泉所方掬水間瘡忽人語曰未可洗公曾讀西漢書不曰曾讀既曾讀之寧不知袁盎殺晁錯乎公即袁盎吾晁錯也錯腰斬東市其寃何如哉累世求報於公而公十世為僧戒律精嚴報不得其便今汝受賜過奢名利心起故能害之蒙迦諾迦尊者洗我以三昧法水自此不復為寃矣時知玄䰟不住體急掬水洗之其痛徹髓絶而復蘇其瘡亦旋愈回顧寺宇莽不復見因卓菴其處遂成大寺知

玄感其異思積世之冤非遇聖賢何由得釋因述懺法三卷蓋取三昧水洗冤業之義名曰水懺

青衣神

青衣神即蠶叢氏也按傳蠶叢氏初為蜀侯後称蜀王嘗服青衣巡行郊野教民蠶事鄉人感其德因為立祠祀之祠庙遍於西土罔不靈驗俗槩呼之曰青衣神青神縣亦以此得名云宋謝枋得蠶有詩云

詩曰

養口資身賴以桑　終成王道澤流長
吐絲不羨蜘蛛巧　飼葉頻催織女忙
三起三眠时化運　一生一死命天常
待看献繭盆繅后　先與君王作衮裳

三教搜神大全

九鯉湖仙

九鯉仙乃是福建興化府仙遊縣何通判妻林氏生有九子皆瞽目止有大公子一目不瞽其父一日見之大怒欲害之其母知覔速命人引九子逃至仙遊縣東北山中修煉名曰九仙山又居湖側煉丹丹成各乘赤鯉而去故湖名九鯉廟在湖上最靈驗每大比歲各郡中士子祈夢于此信若蓍蔡

本朝黄孟良感其事賦詩一律以紀之云

詩曰

人已登仙鯉化龍　伊誰湖上搆仙宮
石遺丹竈潺湲裏　雲鎖瓊楼縹渺中
青鳥去來猶夜月　碧桃開落自春風
此行不為邯鄲夢　擬向圯橋遇石公

雷令

張天師

天師者漢張道陵迺子房八世孫光武建武間生於吳天目山學長生法術隱北邙山章帝和帝累召不起久之徧遊名山東抵興安雲錦溪升高而望曰是有異境緣溪流而之云錦洞有岩焉煉丹其中三年青龍白虎旋遶於上丹成餌之時年六十容貌益少又得秘書通神變化驅除妖鬼後於蜀之云臺峯升天所遺经録符章并印劍以授子孫其四代日盛復居此山歷代重之今其子孫世襲真人居於江西廣信府貴溪縣之龍虎山

王侍宸

侍宸姓王名文卿宋時臨川人侍宸其官也生有骨相有道者異之長而遊四方屢歷㦲遍宇宙嘗遇異人授以道法能召風雷宋徽宗号為金門羽客凝神殿侍宸寵冠當時賜賚一無所受時揚州大旱詔求雨侍宸為仗劍噀水曰借黄河水三尺后數日揚州奏得雨水皆黄濁屢見顯異大元時始建祠今祠在建昌之府城内是也靈應益著執牲帛而乞靈者絡繹於道也

廬山匡阜先生

先生者姓匡名續字君平南楚人号匡阜先生生而神靈兒時便有物外志周武王時師老聃得長生之道結茅南障山虎溪之上隱焉室中無所有為置一榻簡書數篇而已武王屢徵不起遇少年傳以仙訣得道漢武帝南巡狩登祀天柱嘗望秩焉継而射蛟潯阳江中復封先生為南極大明公道高龍虎伏德重鬼神欽先生能伏五瘟使者為部將更命立祠於虎溪旧隱郡守桓伊迁先生祠於山口能押瘟部之神凡水旱疠疫祷之皆應焉

三教搜神大全
七
卷
十一

黃仙師

仙師姓黃行七福建汀州上杭人也業巫術能鞭撻鬼魔驅逐妖怪師廟在上杭縣治之西南舊在鍾寮場石峽中後遷於此相傳昔有山精石妖為害巫者黃七公以符法治之因隱身入於其石不出石壁隱映有人影望之儼若仙師像昔人有詩云

詩曰

非是神剎非鬼劃　解生烟霧解生雲
仙師一入山頭石　草木蒙茸度幾春

北極驅邪院

左判官者唐顏真卿德宗命真卿問罪李希烈親族餞于長樂坡公醉跳躑前楹曰吾早遇道士云陶八八授以刀圭碧霞丹至今不衰又曰七十有厄即吉他日待我于羅浮山得非今日之厄乎公至大梁希烈命縊殺之瘞于城南希烈敗家人啓柩見貌狀如生徧身金色爪甲出手背鬚山長數尺歸瘞偃師北山后有商人至羅浮山有二道士奕棋樹下一曰何人至此荅曰小客洛陽人道士笑曰顏寄一書達吾家遣童子取紙筆作書客還至北山顏家子孫得書驚曰先太師親筆發塚開棺已空矣后白玉蟾云顏真卿為北極驅邪左判官

那吒太子

那吒本是玉皇駕下大羅仙身長六丈首帶金輪三頭九眼八臂口吐青雲足踏盤石手持法律大嗽一聲雲降雨從乾坤爍動因世間多魔王玉帝命降凡以故托胎于托塔天王李靖母素知夫人生下長子軍吒次木吒師三胎那吒生五日化身浴於東海脚踏水晶殿翻身直上寶塔宮龍王以踏殿故怒而索戰師時七日即能戰殺九龍老龍無奈何而哀帝帥知之截戰于天門之下而龍死焉不意時上帝壇手搭如來弓箭射死石記娘〻之子而石記興兵帥取父壇降魔杵西戰而戮之父以石記為諸魔之領袖怒其殺之以惹諸魔之兵也帥遂割肉刻骨還父而抱真靈求全于世尊之側世尊亦以其能降魔故遂折荷菱為骨藕為肉系為脛葉為衣而生之授以法輪密旨親受木長子三字遂能大能小透河入海移星轉斗嚇一聲天頹地塌呵一氣金光罩世鍗一响龍順虎從鎗一撥乾旋坤轉綉毬丢起山崩海裂故諸魔若牛魔王獅子魔王大象魔王馬頭

魔王吞世界魔王鬼子母魔王九頭魔王多利魔王畨天魔王五百夜叉七十二火鴉盡爲所降以至於擊赤猴降孽龍盖魔有盡而帥之靈通廣大變化無窮故靈山會上以爲通天太師威靈顯赫大將軍玉帝即封爲三十六員第一總領使天帥之領袖永鎮天門也

五雷神

雷神廟在廣東雷州府之西南八里昔鄉人嘗將麻布造雷鼓雷車置廟中有以魚彘肉同食者立為霆震舊記云陳天建初州民陳氏者因獵獲一卵圍及尺餘携歸家忽一日霹靂而開生一子有文在手曰雷州后養成名文玉鄉俗呼為雷種后為本州刺史歿而有靈鄉人廟祀之陰雨則有電光吼聲自廟而出宋元累封王爵廟號顯震德祐中更名威化國史補雷州春夏多雷秋日則伏地中其狀如彘人取而食之又雅州瓦屋山有雷洞投以瓦石應手雷震也

風

電母神

相傳東王公與玉女投壺暴而脫誤不接者天爲之笑開口流光今之閃電是也

風伯神

飛廉是也應劭曰飛廉神禽能致風氣身似鹿頭似爵有角尾似蛇大如豹風伯之神也

雨師神

商羊是也商羊神鳥一足能大能小吸則溟渤可枯雨師之神也

海神

即海若是也相傳秦始皇造石橋欲渡海觀日海神為驅石始皇求神相見神曰莫圖我形始皇從之及見左右巧者描畫神形神怒曰帝負約可速去今庙在文登縣

潮神

即子胥人見其素車白馬乘潮而出

水神

謂禺强河伯

波神

謂川后

洋子江三水府

五代史楊氏㩲江封馬當爲

上水府廟在山之陽

采石爲

中水府廟在采石山下封王宋加顯靈順聖忠佐平江王

金山爲

下水府廟在金山寺内三廟

本朝俱称水府之神水面江心一呼即应舟人過者必具牲帛以祷今有司歲時致祭

蕭公爺爺

公姓蕭諱伯軒龍眉蛟髮美髭髯面如童少年為人剛正自持言笑不苟善善惡惡里閈咸為之質平歿於宋咸淳間遂為神附童子先事言禍福中着發机鄉民相率為立廟江西臨江府新淦縣之太洋洲保舡救民有禱必應福澤十方

大元時以其子蕭祥叔死而有靈合祀于廟

皇明洪武初嘗遣官諭祭永樂十七年其孫天任卒屢著靈異亦祀于此

詔封為水府靈通廣濟顯應英佑侯大著威靈于九江八河五湖四海之上

風

晏公爺爺

公姓晏名戍仔江西臨江府清江鎮人也濃眉虬髯面如黑漆平生疾惡如探湯人少有不善必曰晏公得無知乎其為人敬憚如此大元初以人材應選入官為文錦局堂長因病歸登舟即奄然而逝從人歛具一如礼未抵家里人先見其揚騶導於曠野之間衣冠如故咸重称之月餘以死至且駭且愕語見之日則即其死之日也啓棺視之一無所有蓋尸解云父老知其為神立廟祀之有靈顯于江河湖海凡遇風波洶涛商賈叩投即見水途安妥舟航穩載繩纜堅牢風恬浪靜所謀順遂也

皇明洪武初詔封顯應平浪侯

開路神君

開路神君乃是周禮之方相氏是也相傳軒轅皇帝周遊九垓元妃螺祖死於道令次妃嫫如監護因買相以防夜盖其始也俗名險道神一名阡陌將軍一名開路神君其神身長丈餘頭廣三尺鬚長三尺五寸鬚赤面藍頭載束髮金冠身穿紅戰袍脚穿皂皮靴左手執玉印右手執方天画戟出柩以先行之能押諸凶煞悪鬼藏形行柩之吉神也晋傳之於後世矣

法術呼律令

令平声

雷部有神名曰健兒善走與雷相疾速故符呪云急急如律令勅晋傳後世道釋巫流召師將風雷城隍社可画符出筆皆以用之

門神二將軍

門神乃是唐朝秦叔保胡敬德二將軍也按傳唐太宗不豫寢門外拋磚弄瓦鬼魅號呼三十六宮七十二院夜無寧靜太宗懼之以告群臣秦叔保出班奏曰臣平生殺人如剖瓜積屍如聚蟻何懼魍魎乎願同胡敬德戎裝立門以伺太宗可其奏夜果無警太宗嘉之謂二人守夜無眠太宗命畫工圖二人之形像全裝手執玉斧腰帶鞭鍊弓箭怒髮一如平時懸于宮掖之左右門邪祟以息後世沿襲遂永為門神西遊記小詞有本是英雄豪傑舊勳臣只落得千年称户尉萬古作門神之句傳於後世也

天王

按釋氏源流有毘霤勒義天王有毘霤愽義天王有提頭賴吒天王有毘沙門天王昔唐太宗從高祖起義兵有神降於前自称毘沙門天王頭同乃定乱其手将有猪首象鼻者故所向成功及即位詔天下公府皆祀之天聖初詔諸郡置祠仍建佛寺俱以天王為額此天王之所由普建也

藏板三教源流搜神大全卷終

後序

三教源流搜神大全刻成適閻伯太守以薦舉入都道過長沙余以初印樣本相贈太守為勘正其譌誤多處余一一從而校改大守謂元板畫像搜神廣記前後集昔在京師廠肆所見者卽毛氏汲古閣舊藏卷首有毛氏印記諸神圖像釋氏無此之多此本所增大都取之梁宋兩高僧傳又謂余序文不足為典要之語於義未安太守喜言佛理又通內典意謂諸僧事蹟來歷分明不可一概末殺耳余按此書明人以元板畫像搜神廣記增益繙刻卽可以書中皇明年號證之而諸僧記載悉本永樂御製神僧傳一書文句都無所改竄余謂其不足為典要者以其出於雜家說部違於聖人不語之訓而已嘗考諸神始末有流傳極古而終屬無稽者如東華帝君西靈王母卽東王公西王母見集仙錄（宋李昉太平廣記五十六引王母事又見山海經穆天子傳列子諸書）玄天上帝卽玄武神見唐段成式酉陽雜俎梓潼帝君卽張惡子見崔鴻十六國春秋後秦錄唐時有廟見李商隱詩集（集有題張惡子廟詩）孫樵文集（集有祭梓潼神君文）三元大帝卽三官見梁陶宏景真誥唐周昉畫三官像

見宋徽宗宣和畫譜泉嶽主人壽命見後漢書烏桓傳方術許曼傳泰山神有子見魏書段承根傳有女即嫁為東海婦者見晉張華博物志宋封其子為炳靈公立廟建康府城北見宋張敦頤六朝事迹十二廟宇門佑聖真君茅盈即大茅君見尚書帝驗期宋李昉太平御覽六百六十一引六朝事迹十神仙門五嶽神姓名見東方朔神異經五聖即五通見梁陶宏景雲笈七籤云正月初九日五通仙生唐柳宗元龍城錄或云宋王銍撰託宗元名婺源有廟宋大觀三年賜額宣和五年加封通貺通祐通澤通惠通濟侯乾道淳熙累封加八字見宋王象之輿地紀勝二十徽州仙釋注又引加封告命云江東之地父老相傳謂兄弟之五人振光靈于千禩臨安有廟見宋潛說友咸淳臨安志七十三許真君斬蛟見唐張鷟朝野僉載太平廣記二百三十一引其二龍御舟事見許旌陽傳輿地紀勝二十五南康軍仙釋引三茅真君即茅盈及其弟固弟衷見集仙錄太平廣記三十七引茅君內傳太平御覽四十一引崔府君為唐滏陽令宋淳化中民于京城北立廟見宋高承事物紀原府君名珏字子玉宋李心傳朝野雜記謂即東漢之崔子玉王象之輿地紀勝行在所顯應觀注宋樓鑰攻媿集顯應觀碑記辨其為唐人磁州廟尤靈顯世傳宋高宗乘廟中泥馬渡江見宋人撰宣和遺事其賫牒拘虎事見金元好問遺山集崔

府君廟碑記吳客三真君姓唐葛周宋臨安有祠乾道九年曹善建見咸淳臨安志祠山張大帝渤見四明圖經高同所作張王廟記及王之行狀輿地紀勝二十四廣德軍仙釋引　其封真君并祖父以下兄弟子孫子婦加封在宋寶祐間見咸淳臨安志常州武烈帝陳杲仁見唐天寶僧德宣撰司徒陳公捨宅造寺碑全唐文九百十五六朝事迹十一廟宇門果仁作杲仁　蔣莊武帝子文見晉干寶搜神記蠶女亦見搜神記杭州蔣相公兄弟廣福廟見宋吳自牧夢粱錄神荼鬱壘見漢應劭風俗通王充論衡鍾馗見唐人題吳道子畫鍾馗記宋沈括筆談補引　五瘟使者即五瘟之神見宋陳靚歲時廣記司命竈神姓名子女見酉陽雜俎福神楊成一作陽城為道州刺史有惠政見晏公類要輿地紀勝五十八道州官吏引　紫姑神為李景妾何麗卿見顯異錄明陳耀文天中記四引　五方之神見六韜及太公金匱太平廣記二百九十一太平御覽八百八十二引　觀音菩薩為女身見北齊書徐之才傳世傳其父為妙莊王生女三妙清妙音妙善菩薩即妙善見元趙魏公管夫人所書觀世音菩薩傳略元大德丙午刊　天妃宋臨安有廟事載丁伯桂廟記見咸淳臨安志七十三　斬鬼張真君為唐張巡巡殉安祿山之難因本

傳有死爲厲鬼以殺賊之語故民間祀以逐厲見元謝應芳辨惑編九鯉湖仙爲何氏九兄弟見輿地紀勝一百三十五興化軍仙釋引北極驅邪院左判官爲唐顔真卿本殉李希烈之難而世傳其尸解仙去見唐人明皇十七事錦繡萬花谷前集三十引五代秦再思紀異輿地紀勝九十九惠州仙釋引黄仙師治山精石妖見輿地紀勝一百三十二汀洲古迹引洋子江三水府僞唐保大中封宋大中祥符加封見元馬端臨文獻通考淫祠雜祠開路神君爲周禮之方相氏見宋真宗御製軒轅本紀以上所舉或史傳不知其人或有其人而無其事大都供文人之藻翰資揮麈之談鋒前人附會而言之後人因緣而述之虞初九百列小説一家斯固并九流而不廢者也至神僧來自異域羽客多出宣和事隔中原人多詐僞過而存之存而不論是則余刻是書之旨也歟宣統元年己酉歲立夏後五日德輝撰

搜神記

引搜神記首　高一

神何昉乎百物之精乎法施民勞定國死
勤事禦菑捍患及山林川谷丘陵出雲為
風雨見怪物皆曰神其氣發揚于上為照
明焄蒿悽愴祭法有天下者祭百神重之
也昔新蔡干常侍著搜神記三十卷劉惔
見謂曰鬼之董狐夫干晉人也迄今日千
百年于斯善本已就圮雖間刻間有之而
存什一于千伯不免貽漏萬之譏登不肖
走衣食嘗遡燕闕探鄒魯遊齊梁下吳楚
歐越之區中間窮彊神界磅礴谿谺靡不
領略而悉數之歲萬曆紀元之癸巳來止
陪京為披閱書記得搜神記于三山富春
堂讀之見其列呂卷別以類且繪呂像質
之不肖前日所周覽者而一墨蓋不襲于
舊能得于意發于未明增王丁所未備卓哉
神也要在造民福而拱翼哉
皇圖于億萬斯水者不肖媿非劉君能無董
狐之賞于心耶嗟又幽明　也神唯靈而
後傳紀記傳而神之靈益備世有義大冠
拖長紳呼可擁衛既自赫然稱神矣迺復
身世與草木同朽腐而今上文冊閑無聞述
可乎

目録

儒氏源流　釋氏源流　道教源流附聖母
玉皇上帝聖祖尊號附聖母尊號附　后土皇地祇
東華帝君即東王公　西王母　上元一品大帝
中元二品大帝　下元三品大帝　東嶽
南嶽　西嶽　北嶽　中嶽　四瀆之神
五方之神　太乙之精　肩吉　燭陰
雷神　電神風伯雨師附

儒氏源流　九月十五日聖誕

至聖文宣王魯曲阜昌平鄉闕里其先宋人也先聖曾大父曰孔防叔避宋華督之難徙居於魯生伯夏伯夏生叔梁紇長子曰孟皮字伯尼有疾不任繼嗣次子則先聖是也魯襄公二十一年冬十月庚子日先聖生是夕有二龍繞室五老降庭五老者五星之精也

母顏氏房聞奏鈞天之樂空中有聲云天感生聖子故降以和樂笙鏞之音主而首上項頂故因名丘字仲尼幼而喪父葬於防山先聖身長九尺二寸腰大十圍凡四十九衣反首注面月角日準坐如龍蹲立如鳳峙望之如朴就之如昇耳垂珠庭龜脊龍形虎掌胼脇參膺河目海口山臍林背翼臂斗唇注頭龜鼻阜脥堤眉地足谷竅雷聲澤腹昌顏的頤輔以驥齒眉有一十二彩目有六十四理其頭似堯其顙似舜其項類皐陶其肩類子産自腰以下不及禹三寸有大聖之德學極天人道窮秘奥龜龍御負之書七政五緯之事包犧皇帝之能堯舜周公之美魯定公以先聖為中都宰一年四方諸侯皆則焉九年始為邑宰十年為司空十一年為大司寇攝

行相事十四年誅魯大夫乱政者少正卯與聞國政三月粥豚羔者弗節賈男女行者別於塗塗不拾遺四方之客至乎邑者不求有司皆予之以歸去魯十四年魯哀公十一年先聖自衛反魯刪詩書定禮樂成六藝晚而喜易讀之窮天地之與為彖象文言繫辭以發其秘告弟子於洙南泗北門徒三千傳徒六萬達者七十二人昔先聖未生時有麟吐玉書於闕里其文曰水精之子係周衰而素王顏氏異之以繡紱繫麟角經宿而麟去至哀公十四年西狩太野叔孫氏車子鉏商獲獸以為不祥先聖視之曰麟也胡為來哉反袂拭面泣涕沾衿叔孫聞之然后取之而繫角之紱尚存先聖曰吾道窮矣乃因魯史而作春秋又加褒貶而修中興之告麟見而天

告先聖之亡徵也先聖病寢在兩楹之間子貢請見曰子方負杖逍遙於門曰賜汝何來晚也先聖因嘆曰太山頹乎梁木壞乎哲人萎乎因以涕下子貢曰天下無道久矣莫能宗予后七日歿年七十三至魯哀公十六年夏四月己丑葬於魯城北哀公十一年立廟於舊宅守陵廟百戶弟子皆服心喪三年畢相訣而去則哭各盡哀或復留唯子貢廬於冢側六年然后去弟子於廟藏先聖衣冠琴瑟車書弟子及魯人往從冢而家百有餘室因命曰孔氏魯世世相傳歲時奉祀於冢子孫世襲不絕

聖朝崇奉追封尊號

大成至聖文宣王　　聖室鄆國夫人

聖父封齊國公　　聖母封魯國太夫人

釋氏源流　四月初八日聖誕

釋迦牟尼佛姓刹利父淨飯天母清淨妙位登補處生兜率天上名曰勝善天人亦名護明大士度諸天衆説補處行亦於十方界中現身説法普耀經云佛初生刹利王家放大智光明照十方世界地湧金蓮華自然捧雙足東西及南北各行於七步分手指天地作獅子吼聲上下及四維無能尊我者即周昭王二十四年甲寅歲四月八日也至四十二年三月八日年十九歲欲求出家而自念言當復可遇即於四門遊觀見四等事心有悲喜而作思惟此老病死終可厭離於是夜子時有一天人名曰淨居於窗牖中叉手白太子言出家時至可去矣太子聞之心歡喜即逾城而去於檀特山中修道始於阿藍迦藍處三年學不用處定知其非便捨去復至鬱頭藍佛處學三年不用處定知其非亦捨去又至象頭山同諸外道日食麻麥經於六年故經云以無心意無受行而悉摧伏諸外道先歷試邪法示諸方便發諸異見令至菩提故普集經云菩薩於二月八日明星出時成佛號天人師時年三十矣即穆王三年癸未歲也既而於鹿野苑中為憍陳如等五人轉四諦法輪而論道果説法住世四十九年後告弟子摩訶迦葉吾以清淨法眼涅槃妙心實相無相微妙正法將付於汝汝當護持并勅阿難副貳傳化無令斷絶而説　偈言

法本法無法　無法法亦法
今付無法時　法法何曾法

爾時世尊説此偈已復告摩訶迦葉吾將金

縷僧伽棃衣傳付於汝轉授補處至慈世佛
出世勿令朽壞摩訶迦葉聞偈頭面禮足曰
善哉善哉我當依勅恭順佛故爾時世尊至
拘尸那城告諸大衆吾今背痛欲入涅槃即
往熙連河側娑羅雙樹下右脇累足泊然宴
寂復從棺起爲母說法特示雙足化婆老昇
說無常　偈曰

諸行無常　是生滅法
生滅滅已　寂滅爲樂

時諸弟子即以香薪競茶毗之燼後金棺如
故爾時大衆即於佛前以偈讚曰

凡俗諸猛熾　何能致火爇
諸尊三昧火　闍羅金色身

爾時金棺從坐而舉高七多羅樹往反空中
化火三昧須臾灰生得舍利八斛四斗即穆
王五十二年壬辰歲二月十五日也自世尊
滅後一千一十七年教至中夏即後漢明帝
夜夢金人身長丈項有日月光以問群臣或
曰西方有神其名曰佛陛下所夢得無是乎
於是遣使到天竺問其道得其書及沙門以
來沙門云佛長一丈六尺黃金色項中佩日
月光變化無大無所不通故能通萬物而大
濟群生云

道教源流　二月十五日聖生

金闕玄元太上老君聖紀按洞玄靈寶元始
上帝貞教九符經道君造皇帝曰昔天地未
分陰陽未判濛洪杳冥溟涬大梵廖廓無光
結聖自然中有百千萬重正氣而化生妙無
聖君歷尊號曰妙無上帝自然元始天尊一
號天寶丈人經九億九萬九千九百九十億

萬劫次結百千萬重真氣而化生妙有聖君自称妙有大帝虛無玉晨大道君一號靈寶丈人經八億八千八百八十億劫次結百千萬道氣化生混沌聖君紀號至真大帝萬変混沌玄元老君一號神寶丈人又按老君聖紀經太上老君居太清境乃元氣之祖宗天地之根本於至寂至虛之內太初太始之先惟数御運布氣融精開化天地所歷成壞三儀不可量計其化身周遍塵沙世界亦非筭数紀極開闢之後観世代之澆流隨時立教代為帝師達立法度或流九天或傳四海自三皇而上歷代帝王咸宗奉為是知天上天下道氣之內皆老君之化也垂億萬之法無不濟度蓋百姓日用而不知也老子曰吾乃生乎無形之先起於太初之前行乎太素之

元立於太渺之端浮游幽虛之中出入杳冥之門故葛玄序道德經云老子躰自然而然生乎太無之先起乎無因經歷天地始終不可称載又云世人謂老子降於殷代老子之號始於無数劫甚杳杳冥冥渺邈久遠矣開闢已前復下為帝師代代不絕人莫能知之按老子傳記自開闢之前下至殷湯代代為王者師皆化身降世當殷湯四十七年庚申始示誕生之跡自太清常道境乘太陽日精化五色玄黃犬如彈丸時玉女晝寢流入口中吞之有孕懷八十一歲至武丁九年庚辰剖玉女左腋而生生而色白號曰老子生於李樹之下指樹曰此吾姓也名耳字伯陽自殷武丁九年庚辰下ゝ至秦昭王九年西昇崑崙計九百九十六年矣

按李石續博物志云唐高祖武德三年晋州人吉善行於羊角山見白衣父老呼善行曰為吾語唐天子吾為老君即汝祖也高祖因立廟高宗追尊玄元皇帝明皇註道德真經令學者約之兩京及諸州各置玄元皇帝廟京師號玄元宮諸州號紫極宮尋改西京為太清宮東京為太微宮皆置學生尊號曰

大聖祖高上大道金闕玄元天皇大帝

宋國朝會要曰宋真宗太平祥符六年八月十一日制謹奉上

尊號曰

太上老君混元上德皇帝

聖母尊號

唐武后光宅三年九月甲寅追尊

聖母曰先天太后

祖殿在亳州太清宮是也

玉皇上帝　正月初九日聖生

按聖紀所載云往昔去世有國名號光嚴妙藥其國王者名曰淨德時王有后名寶月光王乃無嗣常因一日作是思惟我今將老而無太子身或崩殁社稷九廟委付何人作是念已即便勑下詔諸道衆於諸宮殿依諸科教懸諸旛蓋清淨嚴潔廣陳供養六時行道徧禱真聖已經半載不退初心忽夜寶月光皇后夢太上道君與諸至真金姿玉質清淨之儔駕五色龍輿擁不景旌蔭明霞蓋是時太上道君安坐龍輿抱一嬰兒身諸毛孔放百億光照諸宮殿作百寶色幢節前道浮空而來是時皇后心生歡喜恭敬接禮長跪道前白道君言今王無嗣願乞此子為社稷主

伏願慈悲哀愍聽許爾時道君荅皇后言願特賜汝是時皇后禮謝道君而乃收之皇后收已便從夢歸覺而有孕懷一年於丙午歲正月九日午時誕於王宮當生之時身寶光耀充滿王國色相妙好觀者無厭幼而敏慧長而頗善於其國中所有庫藏一切財寶盡皆散施窮乏困苦鰥寡孤獨無所依怙飢饉癃殘一切衆生亡愛和遜歌謡有道化及遐方天下仰從歸仁太子父王加慶當爾之后王忽告崩太子治政俯念浮生告敕大臣嗣位有道遂捨其國於普明秀岩山中修道功成超度過是劫已歷八百劫身常捨其國爲郡生故割愛學道於此後經八百劫行藥治病拯救衆生令其安樂此劫盡已又歷八百劫廣行方便啓諸道藏演説靈章恢宣正化敷揚神功助國救人自幽及顯過此已後再歷八百劫亡身殞命行忍辱故捨已血肉如是修行三千二百劫始證金仙號曰清淨自然覺王如來

宋真宗實録曰大中祥符七年九月上對侍臣曰自元符之降朕欲與天下臣庶同上王皇聖號至天僖元年正月辛丑朔帝詣大初殿恭上玉皇大天帝聖號曰

太上開天執符御曆含真体道玉皇大天帝

聖祖尊號

御製靈遇記曰景德初王中正遇司命真君傳藥金法上之四年十一月降劉承規之真舍五年始奉上徽號曰

九天司命天尊宋真宗實録曰大中祥符五年十月十七日上　景德四年先降神人傳

玉皇命云今汝祖趙有名此月二十四日降如庚真元事至日天尊降延恩殿閏十月己巳加號

聖祖上靈高道九天赦命保生天尊

聖母尊號

國朝會要曰天禧元年三月六日冊上聖母尊號曰

元天大聖后

先是大中祥符五年制加上聖祖母號侁充州太極觀成擇日奉上至是詔王旦等行冊禮

后上皇地祇 三月十八日聖生

天地未分混而爲一二儀忱判陰陽定位故清氣騰而爲陽天濁氣降而爲陰地爲陽天者五太相傳五夫定位上施日月參著玄象爲陰地者五行相乘五氣凝結負載江海山林屋宇故曰天陽地陰天公地母也世界曰后土者乃天地㓜判黃土也故謂土母正廟在汾陰宋真宗朝大中祥符其年七月二十三日詔封后土皇地祇其年駕幸華陰親杞之今揚州蕃釐觀后土祠也殿前瓊花一株香色柯葉絕異非世之常品

東華帝君

東華帝君絕習在道氣凝寂湛躰無爲將欲啟廸玄功生化萬物先以東華至真之氣化而生木公於碧海之上蒼靈之墟以主陽和之氣理於東方亦號王公焉與金母皆挺質太元毓神玄奧於東方溟涬之中分大道醇精之氣而成形與王母共理二氣而育養天地陶鈞萬物凡天上天下三界十方男子之

登仙得道者悉所掌焉居方諸之上按壐外
記方諸山在東海之内其諸司命三十五所
以隷天上人間罪福帝君為大司命總統之
山有東華臺帝君常以丁卯日登臺四望學
道之人凡仙有九品一曰九天真王二曰三
天真皇三曰太上真人四曰飛天真人五曰
靈仙六曰真人七曰靈人八曰飛仙九曰仙
人凡此品次昇天之時先拜木公后謁金母
受事既訖方得昇九天入三清拜太上而覲
元始故漢初有四五小兒戲於路中一兒詩
曰着青裙上天門揖金母拜人公時人皆莫
之知唯子房往拜焉曰此東王公之玉童也
昔元始告十方天人曰吾自造言混沌化生
二儀役御陰陽始封皇上元君與東華扶桑
大帝等校量水火定平劫数中皇元年太上

於玉清瓊房金闕上宫授帝賓經花園玉訣
使傳後學玉名合真之人故玄綱云東華不
秘於真訣是也紫府者帝君校功行之所夫
海内有三島而十洲列其中上島三洲謂蓬
萊方丈瀛洲也中島三洲謂芙蓉閬苑瑶池
也下島三洲謂赤城玄関桃源也三島九州
崑崙混一之中又有洲曰紫府踞三島之間
乃帝君之别理迁轉靈官職位較量群仙功
行自地仙而至神仙神仙而至天仙天仙而
轉真聖入虚無洞天凡三遷也皆帝君主之
釋之名也東華者以帝君東華至真之氣化
而生也分治東極居東華之上也紫府者職
居紫府統三十五司命遷轉虚官較品真仙
也陽者主東方少陽九氣生化万彙也帝君
者位東方諸天之尊君牧衆聖為生物之王

易曰帝出乎震是也故曰東華紫府少陽帝君又真教元符經云昔二仪未分溟涬濛洪如鷄子玄黄之中也自然有盤古真人移古就今是曰盤古乃是天地之精自號元始天王游行虚空之中又有太元聖母化生天眷臘中經一刧天王行施聖毋遂生天皇號上皇元年始世主萬六千歲受元始上帝符命爲東宮大帝扶桑大君東皇公號曰元陽父考之仙經或號東王公或號青童君或號方諸君或號青提君名號雖殊即一東華也

聖朝至元六年正月日上尊號曰

東華紫府少陽帝君

西王母

七月十八日生

西王母者乃九靈大妙龜山金母也號太虚九光龜臺金母焉吾乃西華之至妙洞陰之極尊在昔道氣凝寂湛體無爲將欲贊助玄功生化萬物先以東華至真之氣化而生木公焉木公生於碧海之上蒼靈之墟以主陽和之氣理於東方亦號曰東王公焉又以西華至妙之氣化而生金母焉金母生神於伊川厥姓緱氏生而飛翔以主元毓玄奧於昒莽之中分大道醇精之氣結而成形與東王公共理二氣而養育天地陶鈞萬物矣柔順之本爲極陰之元位配西方毋養群品天上天下三界十方女子之登仙得道咸所隷焉所居崑崙之圃閬風之苑玉樓玄臺九層左帶瑶池右環翠水女五華林媚蘭青娥瑶姬玉卮周穆王三十五年命八駿使西巡狩至崑崙賓謁祠見之持白璧重錦以爲王毋壽焉時王母以瑶池珎饗紫府瓊漿九天仙藥

於穆王燕於瑤池七月七日降漢武帝殿母進蟠桃七枚於帝自食其二帝欲留核母曰此桃非世間所有三千年一實忽東方朔於牖間窺之母指之曰此兒已三偷吾桃矣是日命侍女董雙成吹雲和之笛王子登彈八琅之璈許飛瓊鼓靈虛之簧安法興歌玄以為武帝壽焉

東王公

相傳東王公與玉女投壺梟而脫誤不接者天為之笑開口流光今電是也

上元一品帝

上元一品九氣天宮紫微大帝即延生之符始陽之氣結成至真處玄都元陽七寶紫微上宮總主上宮諸天帝王上聖高真參羅萬象星君每至正月十五日上元月日天官考籍大千世界之內十方国土之中上至諸大神仙升臨之籍星宿照臨国土分野之薄中至人品考限之期下至魚龍变化飛走潛動生化之期並候天官集聖之日録奏分別隨業改形隨福受報隨刼轉輪隨業生死善悪隨緣無復差別

中元二品大帝　七月十五日聖生

中元二品七氣地官清虛大帝九土無極世界洞空清虛之宮總主五岳帝君并二十四治山九地土皇四維八極神每至七月十五日中元月日地官考籍大千世界之內十方國土之中上至諸大神仙升臨之籍星宿照臨國土分野之薄中至人品考限之期下至魚龍变化飛走潛動生化之期並候地官集聖之日録奏分別隨業改形隨福受報隨刼

轉輪隨業生死善惡隨緣無復差别

下元三品大帝

下元三品五氣水官洞陰大帝洞元風澤之炁晨浩之精金靈長樂之宮總主九江水帝四瀆神君十二溪真三河四海神君每至十月十五日下元月日水官考籍大千世界之内十方國土之中上至諸大神仙升臨之籍星宿照臨國土分野之藩中至人品考限之期下至魚龍变化飛走潛動生化之期並俟水官集聖之日録奏分别隨生改形隨福受報隨刼轉輪隨業生死善惡隨緣無復差别宜悉知之

東嶽　三月二十八日生

泰山者乃群山之祖五嶽之宗天地之神神靈之府也在兖州奉符縣今太安州是也以梁父山爲儲副東方朔神異經曰昔盤古氏五世之苗裔曰赫天氏赫天氏曰胥勃氏胥勃氏曰玄英氏玄英氏子曰金輪王金輪王弟曰少海氏少海氏妻曰彌輪仙女也彌輪仙女夜夢吞二日覺而有娠生二子長曰金蟬氏次曰金虹氏金虹氏者即東岳帝君也金蟬氏即東華帝君也金虹氏有功在長白山中至伏羲氏封爲古歲爲太華真人掌天仙六籍遂以歲爲姓諱崇其古歲者乃五岳之前無上天尊所都之地今之奉高是也其后乃水一天尊之女也至神農朝賜天符都官號名府君至漢明帝封太山元帥掌人世居民貴賤高下之分禄料長短之事十八地獄六案簿籍七十五司生死之期聖帝自堯舜禹湯周秦漢魏之世只有天都府君之較

按唐會要曰武后垂拱二年七月初一日封東岳為神岳天中王武后萬歲通天元年四月初一日尊為天齊君玄宗開元十三年加封天齊王宋真宗大中祥符元年十月十五日詔封東岳天齊仁聖王至祥符四年五月日尊為帝號

東岳天齊仁聖帝

淑明皇后

聖朝加封大生二字餘封如故

帝五子

宣靈侯

惠靈侯　　和惠夫人

至聖炳靈王　　永泰夫人

居仁盡鑒尊師

佑靈侯　　淑惠夫人

帝一女

玉女大仙 即岱岳太平頂玉女娘娘是也

南嶽

南嶽衡山衡州衡山縣是也以霍山為儲副東方朔神異經云姓崇諱覃南嶽主於世界星辰分野之地兼鱗甲水族龍魚之事大中祥符四年五月二十五日追尊帝號

司天昭聖帝　　景明皇后

聖朝加封大化二字餘封如故

西嶽

西嶽華山在華州華陰縣是也以太白山為儲副東方朔神異經云神姓善諱望西岳者主管世界金銀銅鐵五金之屬陶鑄坑冶兼

羽毛飛鳥之事大中祥符四年五月日追尊
帝號
金天順聖帝
肅明皇后
聖朝加封大利二字餘封如故
北嶽
北嶽恒山在定州曲陽縣是也以嶠峒山爲
儲副東方朔神異經云神姓晨諱咢西嶽者
主於世界江河淮濟兼虎豹走獸之類蛇虺
昆虫等屬大中祥符四年五月日追尊帝號
安天玄聖帝
靜明皇后
聖朝加封大貞二字餘封如故
中嶽
中嶽嵩山在西京河南府登封縣是也以少
室山爲儲副東方朔神異經云神姓惲諱善
中岳者主於世界地澤川谷溝渠山林樹木
之屬大中祥符四年五月日追尊帝號
中天崇聖帝
正明皇后
聖朝加封大盈二字餘封如故
四瀆神
江瀆神即楚屈原大夫也唐始封二字公宋
加四字公
本朝加封四字王號　廣源順濟王
河瀆神即漢陳平也唐始封二字公宋加四
字公
本朝加封四字王號　靈源弘濟王
淮瀆神即唐裴度也唐始封二字公宋加四
字公

本朝加封四字王號　長源侯濟王
濟瀆神即楚作大夫也唐始封一字公宋加四字公
本朝加封四字王號　清源漢濟王

五方之神

武王伐紂都洛邑天大雨雪甲子朔五神車騎止王門之外欲謁武王王曰諸神各有名乎師尚父曰南海神名祝融北海神名玄冥東海神名勾芒西海神名蓐收河泊名馮修使謁者以名召之神皆警而見武王王曰何以教之神曰天伐殷立周謹來受命各奉其使武王曰予歲時無廢禮焉按傳共工氏子曰龍主社為后土神少昊子曰重主木為勾芒神顓頊子黎喜火為祝融神少昊第二子該主金為蓐收神少昊第三子熙王水為玄冥神

太乙

天神也按漢書劉向校書天祿閣有老人着黃衣植青藜而進見向在暗中遂出杖端火照向讀書向問其姓名荅曰我太乙之精

肩吾

按山海經崑崙之丘是實惟帝之下都神陸吾司之其神人面虎身虎爪九尾司天之九部及帝之囿時莊子所謂肩吾得之以處太山是也

燭陰

海外鍾山之神名曰燭陰即燭龍也其神視為晝瞑為夜吹為冬呼為夏不飲不食不息氣息為風身長千里人面蛇身一足赤色在無脊之國

雷神 六月二十四日生

廟在雷州之西南八里昔鄉人嘗造雷鼓雷車置廟中有以魚彘肉同食者立爲霆震舊記云陳天建初州民陳氏者因獵獲一卵圍及尺余携歸家忽一日霹靂而開生一子有文在手曰雷州后養成名文玉鄉俗呼爲雷種后爲本州刺史殁而有靈鄉人廟祀之陰雨則有電光吼声自廟而出宋元累封王爵廟號顯震德祐中更名威化國史補雷州春夏多雷秋日則伏地中其狀如彘人取而食之又雅州瓦屋山有雷洞投以瓦石應手電震

電神

相傳東王公與玉女投壺梟而脫誤不接者天爲之笑開口流光今之閃電是也

風伯

飛廉是也應劭曰飛廉神禽能致風氣身似鹿頭似爵有角尾似蛇大如豹

雨師

商羊是也商羊神鳥一足能大能小吸則溟渤可枯

搜神記卷之一 終

搜神記　　高一

目録

玄天上帝　北極驅邪院左判官
梓潼帝君　吳客三真君　許真君
張天師　三茅真君
祠山張大帝　五聖　至聖炳靈王
佑聖真君　王侍宸　袁千里
張果老　西嶽真人　太素真人
薩真人　壽春真人　負局先生
律呂神　劉師

玄天上帝 三月初三日生

按混洞赤文所載玄帝乃元始化身太極別体上三皇時下降為太始真人中三皇時下降為太朴真人下三皇時下降為太素真人至黃帝時下降為當上天開皇初劫下世紫雲元年歲建甲午三月甲寅庚午時符太陽之精托胎化生淨樂国王善勝夫人之腹孕秀一十四月則太上八十二化也淨樂國者乃奎婁之下海外國上應龍変梵度天玄帝產母左脇當生之時瑞雲覆國異香芬然地上変金玉瑞應之祥生而神靈舉措隱顯年及十歲經典一覽悉皆默会仰觀俯察靡所不通潛心念道志氣太虛願輔上帝普福兆民父王不能抑志年十五辞父母欲尋幽谷内煉元真遂感玉清聖祖紫虛元君傳授無極上道元君告玄帝曰子可越海東遊歷於翼軫之下有山自乾兌起跡盤旋五萬里水出震宮自有太極便生是山應顯定極風天太安皇崖二天子可入是山擇衆峰之中冲

高紫霄者居之當契太和昇舉之後五百歲當龍漢二劫中披髮跣足攝離坎真精歸根復位上爲三境輔臣下作十方大聖方得顯名億劫與天地日月齊并是其果滿也告畢元君昇雲而去玄帝乃如師語越東海遊步至翼軫之下果見師告之山山水藏沒皆符師言乃入觀覽果有七十二峰中有一峰聳翠上凌紫霄下有一嵓當陽虛寂於是玄帝採師之誠目山曰太和山峰曰紫霄峰嵓曰紫霄嵓因卜居爲潜虛玄一默會萬真四十九年大得上道於黄帝紫雲五十七年歲次甲子九月初九日丙寅清晨忽有祥雲天花自空而下迷漫山谷去山四方各三百里林巒震響自作步虛仙樂之音是時玄帝身長九尺

面如滿月龍眉鳳目紺髮美髯顏如冰清項九氣玉冠身披松羅之服跣足拱手立於紫霄峰上須臾雲散有五真群仙降於玄帝之前導從甚盛非凡見聞玄帝稽首祇奉迎拜五真曰予奉三清玉帝詔以子功滿道備昇舉今聞子之聖父聖母已在九霄矣玄帝跪伏恭詔五真乃宣詔畢可特拜太玄元帥領元和遷校府公事賜九德幄月金晨玉冠瓊華玉簪碧瑶寶圭素銷飛雲金霞之帔紫銷龍衮丹裳羽佩絳綵之裙七寶銖衣元光朱履飛紅雲舄佩太玄元帥玉冊乾元寶印南壯二斗三台龍劍飛雲玉輅丹舉綠輦羽蓋瓊輪九色之節十絶靈旛前路九鳳後次八鸞天下玉女億乘萬騎上赴九清詔至奉行玄帝

再拜授詔易服訖飛昇金闕按元洞玉曆記云殷紂日造罪愆惡毒自横遂感六大魔王引諸鬼衆傷害衆生元始乃命玉皇上帝降詔紫微陽則以周武伐紂陰以玄帝收魔斯時上賜玄帝披髮跣足金甲玄袍皂纛玄旗統領丁甲下降凡世與六天魔王戰於洞陰之野魔王以坎離二氣化蒼龜巨蛇变現方成玄帝神力攝於足下鎖鬼衆於酆都大洞宇宙肅清玄帝凱還特賜尊號拜玉虚師相玄天上帝領九天採訪使聖父曰净樂天君明真大帝聖母曰善勝太后瓊真上仙下蔭天関曰太玄火精含陰將軍赤靈尊神地軸曰太玄水精育陽將軍黑靈尊神並居天一

北極驅邪院左判官

左判官者唐顔真卿德宗命真卿問罪李希烈親族餞於長樂坡公醉跳躑前楹曰吾早遇道士云陶八八授以刀圭碧霞丹至今不衰又曰七十有厄即吉他日待我於羅浮山得非今日之厄乎公至大梁希烈含縊殺之葬於城南希烈敗家人啟柩見貌狀如生徧身金色爪甲出手背鬚髮長数尺歸葬偃師北山后有商人至羅浮山有二道士奕棋樹下一曰何人至此荅曰小客洛陽人道士笑曰頋寄一書達吾家遣童子取紙筆作書客還至北山顔家子孫得書驚曰先太師親筆發塚開棺已空矣后白玉蟾云顔真卿為北極驅邪左判官

梓潼帝君 二月初三日生

按清河内傳余本吳會間人生於周初後七十三化爲士大夫未嘗酷民虐吏性烈而行察同秋霜白日之不可犯後西晉末降生於越之西儁之南兩郡之間是時丁未年二月三日誕生祥光畢戶黃雲迷野居處地俯近海里人請清河吏曰君今六十而獲貴嗣童稚時不喜嬉戲每慕山澤往往語言若有隱顯盡誦群書喪避衆子自笑自樂身躰光射居民祈禱則余嗤訕長噣曰土木而能衣人之衣食人之食享之而有應謗之而有禍我爲人而爲無靈乎自後夜夢或爲龍或爲王者天符或爲水符漕自怍而不甚信爲吉兆三農僁旱嘉禾無甦舞雩祝神括然無驗余思曰寐中夢治水府今夕當驗夜往水際以夢中官

函牒河伯而驚鼃尤恐忸怩不能忽尔之間陰雲四合風飛雷震一吏稽首余前曰運判徒居余曰非我也我乃張戶老之子名亞緣水府得違故字需美吏曰奉命從子余曰家人如何吏曰先到治所余惶懼未決吏揖上一白驢而去俛首里聞風雨聲中頓失鄉地到一山連劍嶺而撐參宮星也若鳳凰之偃下有舌湫引余入一巨穴門有一石苟吏曰民之禱雨祝此石而有應名曰雷柱吾方褰衣入穴吏又曰君記周室爲人七十三化陰德傳家而迄今否余方大悟若夢覺也吏曰君在天譜得神之品於人世界有知之者晉不日有中興之兆君可尋方而顯化余曰謝天使響報也入穴則若墮千仞之壑近地而足不

沾若騰身虛空有王者之宫中有禁衛奈
入遂見家人悉都其間改日作儒士往咸
陽講姚萇之故事廟在劍州梓潼縣九曲
之壯其殿有降筆亭中以金索懸一五色
飛鸞鸞口啣筆用金花牋數百番常置筆
下筆墨皆具亭門本府差官封鎖甚嚴以
防欺偽之弊降筆等訖其亭內有銅鍾自鳴
廟吏聞於本府本府差官啓鑰取書以觀
報應其降筆多勸人以忠孝為本昨逆曦
僭為蜀王具儀牲設俎豆絜粢盛親詣
帝君廟設祭甫歆行禮黑風驟起滅燭撤香
逆曦震懼俯伏殿下須史開明視祝板已
碎作两片矣
帝君奉
唐玄宗追封　左丞相

僖宗加封　順濟王
宋太祖加封聖號
忠烈仁武孝德聖烈王
聖后協應德惠妃
聖父顯慶慈祐仁裕王
聖母貽德積慶慈淑妃
聖子嗣德王　聖子婦善助顯懿夫人
聖子昌德王　聖子婦順助惠懿夫人
聖孫紹應貽靈侯　聖孫婦淑應夫人
聖孫承應宣靈侯　聖孫婦惠應夫人
佐神英惠忠烈翼濟福安王卿報喜太尉也
左右桂禄二籍仙官
延祐三月七日加封聖號
輔元開化文昌司禄宏仁帝君
具客三真君

昔周厲王有三諫官唐葛周也王好畋獵失政三官諫曰先王以仁義守國以道德化民而天下咸服未聞禽荒也疊諫弗聽三官棄職南遊於吳吳王大悅會楚兵侵吳王甚憂之三官進曰臣等致身以死事大王自有安邦之謀大王無慮三官迎敵各用神策楚降吳王遷賞三官拜辞奏曰臣等客臣也不敢受賜后知厲王薨宣王立復歸周國宣王錫賚甚厚仍其爵位后救太子靖王降五方使者及非灾横禍宣王遷三官於東袞撫治安慰民受其賜商請其資所至無乏其國大治三官既昇加封侯號

唐宏字文明孚靈侯　七月二十一日誕

葛雍字文度威靈侯　二月十三日誕

同武字文剛浹靈侯　十月初二日誕

宋祥符元年真宗東封岱岳至天門忽見三仙自空而下帝敬問之三仙曰臣奉天命護衛聖駕帝封三仙曰

上元道化真君　中元護正真君

下元定志真君同判

岱岳冥司

讃曰應变之聖道德之君辞周寄吳濟世救民周而烈極吳封客臣宋遇真宗天門顯身帝親問之方得其因唐葛周氏天地水神上奉王詔保駕聖明御製妙讃敕載姓名祠封太頂號建三靈

許真君八月初一日

許真君名遜字敬之汝南人也祖父世慕至道真君弱冠師大洞真君吳猛傳三清法

舉孝廉拜蜀旌陽令以晋乱棄官與其君問遊江左會王敦作乱二君乃假符呪謁敦欲止敦而存晋也一日同郭璞候敦敦蓄怒而見曰孤昨夢將一木上破其天榫帝位果十全乎請先生圓之許曰此夢非吉矣曰木上破天是宋字明公未可妄動又令璞筮之曰事無成問壽曰若起事禍將不久若住武昌壽不可測敦怒曰卿壽幾何曰予壽盡今日敦令武士執璞赴刑二君同敦飲席間乃隱形去至廬江口召舟過鍾陵舟師以無人力駕舡二君曰但載我我自行舡仍戒舟師曰汝宜堅閉戸隱若聞舟行聲慎勿潜窺於是入舟頃刻間舟師聞舟摇撼木葉聲遂潜窺見二龍駕舟在紫霄峰頂龍知其窺委舟而去二

君曰汝不信吾教今至此奈何遂令舟師舟隱此峰頂教服靈草授以神仙術舟之遺跡今尚存真君后在豫章遇一少年容儀修整自称慎郎真君與之話知非人類既去謂門人曰適少年即蛟蜃精吾念江西累遭洪水爲害若不剪除恐致逃遁遂舉道眼一覷見蜃精化一黄牛於洲壯真君謂弟子施太玉曰彼黄牛我今化黑牛仍以白巾與閧汝訊之當以劍截彼俄頃二牛奔逐大玉以劍中黄牛之左股因投入城西井中黒牛亦入井蜃精徑走蜃精先在潭州化一聰明少年人多珍寳娶刺史賈玉女常旅遊江湖必多獲寳貨而帰至是空帰且云被盗所傷須史與客報云有道流許敬之見使君賈出接坐真君曰

聞君得佳婿畧請見之慎郎托疾不出真君厲声曰蛟精老魅焉敢遁形蛟乃化本形至堂下命空中神殺之又令将二兒来真君以水噀之即成小蜃妻賈氏幾变父母力懇乃止令穿屋下丈餘地皆無水際又令急移俄頃官舍沉没為渾潭蹤跡皆宛然旹蜃后於東晋太康二年八月一日於洪洲西山舉家白日上昇真君自飛昇之后里人與真君族人就其地立祠以所遺詩一百二十首寫竹簡之上載之竹篇令人探取以决休咎名曰聖籤宋徽宗政和二年五月十七日上尊號曰

神功妙濟真君改觀為宮賜額曰玉隆萬壽

帝因看書於崇政恍然似夢見東華門北有一道士戴九華冠披絳章服導從者甚衆至丹墀起簡揖帝帝因問曰卿是何人不詔而至對曰吾為許旌陽權掌九天司職上帝詔往按察西瞿耶國經田故國復問曰朕患安息瘡諸藥不能愈真君有藥否即取小瓢子傾藥一粒如緑豆大呵呪抹於瘡上覺如沆酥灌躰入骨清凉遂揖而云行数步隨迴顧曰吾嬖舍巳久寥落願聖皇舉眼一看為尋帝豁然而覺詔畫像如夢中所見祥賜上清儲祥宮崇奉詔真君遺迹去處未有宮觀即取本屬官職建造如宮觀只因損壞如法修換無常住即撥近便官田供辦

聖朝崇奉加至道玄應四字餘封如故

張天師

天師者漢張道陵也子房八世孫光武建武

間生於吳天目山學長生之術隱北邙山章帝和帝累召不赴久之徧遊名山東抵興安雲錦溪升高而望曰是有異境遂泝流而之雲錦洞有岩馬煉丹其中三年青龍白虎旋遶於上丹成餌之時年六十容貌益少又得秘書通神變化驅除妖鬼後於蜀之雲臺峰升天所遺經籙符章并印劍以授子孫其四代曰盛復居此山歷代重之今其子孫世襲真人居於江西廣信府貴溪縣之龍虎山

三茅真君 三月十八日生

茅盈字叔申濛玄孫弟固字季偉次弟衷字思和生於漢景帝中元五年少秉異操獨味清虚年十八遂棄家入恒山修道餌朮后師王君因西至龜山得見王母授以太極玄真之經歸入恒山壯谷時年四十九也盈父母尚存父惡其久出遠遊欲杖之盈長跪曰盈已受聖師符籙常有天兵侍衛杖盈恐天兵相阻盈罪愈加重也父歆驗其語故杖之杖輒折成數十段如弓矢之發中壁則壁穿中柱則柱陷父母始知其道成乃止盈曰向所啟正慮如此后二弟俱貴衷為西河太守固為執金吾當並之官鄉里送者數百人時盈亦在座笑謂賓曰吾雖不作二千石來年四月三日送僕登仙當亦不減於今日也衆皆不之許時宣帝初元四年也至期門前數頃地忽自平治無寸草皆施青縑幄屋下盡鋪白毡可容數百人衆賓並集大作宴會肴無使從但見金盤玉杯自至筵前美酒奇殽

異果不可名狀復有妓樂絲竹金石之音滿耳蘭麝之香達數里外少頃迎官來至朱衣玉帶者數百人旌旗甲仗光采耀日盈乃與家人親友辭別登車乘雲冉冉而去時二弟在官聞盈飛昇皆棄還家求見於東山盈乃與相見謂二弟曰悟何晚矣今年已俱老難可補復縱得真訣但可成地仙耳於是初教二弟延年不死之法令長齋三年授以上道使存明堂玄真之氣又各贈九轉還丹一劑并神方一首各佩服之遂亦成仙后人謂之三茅真君今祠廟鼎列於句容之茅山三峰靈應奇驗禮拜者傾江以南云

祠山張大帝

大帝姓張諱渤字伯奇武陵龍陽人也父龍陽君母曰張媪龍陽君與媪遊於太湖之陂忽風雨晦冥雷電並起失媪處俄頃開霽媪言見天神賜以金丹已而有娠西漢神雀三年二月十一日夜半生長而奇偉隆準修髯有神告以地荒僻不足建家命行有獸前導遂與李夫人東遊吳會渡浙江至苕雲山白鶴山山有四水會流其下公止而居焉於白鶴得柳氏於烏程桑墟得趙氏爲侍人王九弟五子一女八孫始於吳興郡長興縣順靈鄉役陰兵自長興荆溪疏鑿聖瀆長三十里志欲通津於廣德也王說鼓壇爲烏所誤王見夫人變形未及遂不與夫人相見化於廣德縣西五里橫山之頂居民思之立廟祀焉夫人亦至縣東二里而化時人亦爲立廟聖瀆之

河湮爲民田即浴兵池爲湖灌溉瀕湖之
田僅萬頃掛鼓之壇禽不敢栖蟻不敢聚
云唐大寶中禱雨感應初贈
水部員外郎橫山改爲祠山昭宗贈
司農少卿賜金紫景宗封
廣德侯南唐封爲司徒封廣德公後晉封爲
廣德王宋仁宗封爲
靈濟王至寧宗朝累加至八字王至理宗淳
祐五年改封
正祐聖烈真君至咸淳二年加封
正祐聖烈昭德昌福真君 二月十日誕生
封正寧昭助靈惠順聖妃 李氏二月初二日誕生
封協應濟惠慈昭廣懿夫人 趙氏
封協順承濟慈佑廣助夫人
王祖顯慶垂休昭遠靈惠侯

祖母顯應赳家昭靈夫人
王父慈應潛光儲祉衍靈侯
王母慈惠嗣徽聖善夫人
九弟
靈貺普濟昭助侯　靈德昭惠嘉懿夫人
善利通貺靈助侯　善德助惠正懿夫人
順成孚應顯助侯　順德衍惠昭懿夫人
康衛昭應廣助侯　康德順惠顯懿夫人
靖鎮豐利宏助侯　靖德淑惠靈懿夫人
休應普澤孚助侯　休德敷惠靖懿夫人
明濟福祥善助侯　濟德綏惠昌懿夫人
昭祐通濟信助侯　昭德靖惠明懿夫人
嘉惠孚直順助侯　嘉德柔惠光懿夫人
王子
承烈顯濟啟佑王 五月十五日生

承祀賛福元穆協應夫人
嗣應貽佑公正月初四日誕生　嗣纘翊福貽穆夫人
濟美崇佑公三月十五日誕生　濟順保福恭穆夫人
紹休廣佑公十一月十二日誕生　紹烈崇福交穆夫人
善繼孚佑公五月十二日誕生　善行敷福瑞穆夫人
王女
淑顯柔嘉令儀夫人
王婿李夫人本廣無像位醮筵及祠祭呼云
王孫
第一位永福侯　第二位衍祉侯
第三位衍佑侯　第四位衍澤侯
第五位衍瑞侯　第六位衍渥侯
第七位衍慶侯　第八位衍惠侯
佐神丁壬三聖者
打供方使者封協靈住

按祖殿靈應集云五顯公之神在天地間相

五聖始末 九日二十八生

與爲本始至唐光啓中乃降於兹邑圖籍莫有登載故後來者無所考據惟邑耆耄口以相傳言邑民王瑜有園在城北偏一夕園中紅光燭天邑人槩王觀之見神五人自天而下道從威儀如王侯狀黃衣皂絛坐胡床呼瑜而言曰吾授天命當食此方福佑斯人什勝尋幽而來至止我廟食此則佑汝亦無窮瑜拜首曰惟命言訖祥雲四合神昇天矣明日邑人來相宅方山在其東佩山在其西左環杏墩右繞蛇城南壯兩潭而前坐後大溪壯來縈紆西下兩峰特秀巉然水口良然佳處也乃相與子來斬竹薙草作爲華屋立像肖貌揭虔

安靈四遠聞之鱗集輻輳自是神降格有功於國福佑斯民無時不顯先是廟號止名五通大中中始賜廟額曰靈順宣和年間封兩字侯紹興中加四字侯乾道中加八字侯淳熙初封兩字公甲辰間封四字公十一年加六字公慶元六年加八字王喜泰二年封兩字王喜定元年封四字王累有陰助于江左封六字王六年十一月

誥下封八字王

理宗改封八字王號

打供胡百二檢察

都打供胡璿一總管

打供黃太保　　打供王太保

金吾二大使　　掌善罰惡判官

周禮小宗伯祀五帝於四郊漢儀祠五祀宋朝明堂祀五方帝位於昊天之側從之以五人帝五官神皆五行直氣也蓋五行為天地間至大化必有為之主宰者故曰玄冥曰祝融曰勾芒曰神蓐曰后土皆指水火金木土而言之則今五神之降於此豈非默助五行之造化以福生民乎或以五聖為五通謂其非正神名實不辨甚矣每歲四月八日本縣啟建大齋士民輻湊

本朝有褒封勅誥

第一位顯聰昭應靈格廣濟王

顯慶協惠昭助夫人

第二位顯明昭列靈護廣祐王

顯惠協慶善助夫人

第三位顯正　昭順靈衛廣惠王
顯齊協佑正助夫人
第四位顯直　昭佑靈貺廣澤王
顯佑協齊喜助夫人
第五位顯德昭利靈助廣成王
顯福協愛靜助夫人
王祖父啓佑喜應敷澤侯
祖母衍慶助順慈貺夫人
土父廣惠慈濟方義侯
母崇福慈齊慶善夫人
長妹喜應替惠淑顯夫人
次妹懿順福淑靖顯夫人
至有吏下二神者盖五公既貴不欲以禍福驚動人之耳目而委是二神司之歟

黄衣道士　紫衣貞覺大師
輔靈翊善吏侯　輔順翊惠下侯
翊應助順周侯　令狐寺丞
王念二元帥　打供高太保

至聖炳靈王 五月十二日生

至聖炳靈王者即東嶽天斉仁聖帝第三子也唐太宗加威雄將軍至宋太宗封上号炳靈公大中祥符元年二月十五日封至聖炳靈王

佑聖真君

佑聖真君者真君姓茅諱盈本長安咸陽人也自幼出家參訪名山洞府遇王君賜長生之術得道稱為天仙至漢明帝朝儀朔三年天書忽降皆玉篆龍文云大帝保命真君與東岳天斉仁聖帝同鑒死生共管

陰府之事宋太宗封佑聖真君至真宗加封九天司命上卿賜福佑聖真君

王侍宸

侍宸姓王名文卿宋時臨川人侍宸其官也生有骨相有道者器之長而遊四方徧歷幾遍宇宙嘗遇異人授以道法能召風雷宋徽宗號為金門羽客凝神殿侍宸寵冠當時賜賚一無所受時揚州大旱詔求雨侍宸為仗劍噀水曰借黃河水三尺后数日揚州奏得雨水皆黃濁屢見顯異元時始建祠今祠在建昌之府城內是也靈應益着执牲帛而乞靈者絡繹於道

袁千里

袁勝字千里南豐人王侍宸甥生氏子也有斬勘雷法舅歸舅氏端平間寓戴顛家一日謂戴顛曰吾逝矣可焚我言畢而卒戴焚之及及屍煙焰中有旗現金字曰雷雲第二判官袁千里也

張果老

姓張名果隱於恒州中條山往來汾晉聞得長生秘術耆老云為兒童時見之已言数百歲嘗騎一白驢日行数万里休息時乃折疊之其厚如紙置於巾箱中乘則以水巽之復成一驢唐太宗高宗徵之不出則天皇后召之出山佯死於妬女廟前后有人於恒州山中復見之明皇齎璽書迎至隨至安置於集賢院問以神仙不答累試仙術不可穷紀

西嶽真人

西岳真人姓馮名長驪山人周宣王時爲柱下史觀天文之变乃退隱攝生遇鄧真人授以靈書功行垂成復遇彭真人授以太上隱書遂得仙用術活人平王二十年春昇化而去

太素真人 九月二十三日生

太素真人姓周名亮字大真太原人母宵寢見五色流霞覆其宅因感有孕經十五月而生長而師事姚坦授五千文乃八素真經能治鬼怪各復真形周靈王太子晋聞之召與相見賜以九光七明芝亮修服之遂能变化或如七十髮白齒落經宿不出復爲少年姿容如花或被兇人侮之其人不覺自縛困於拷擊叫號口中流血求哀乃釋之年一百九十餘歲威烈王十四年上帝遣天官下迎授爲秦隴真人出入太清

薩真人

薩真人名守堅蜀西河人也嘗學醫誤用藥殺人遂棄醫聞虛靖張天師及建昌王侍宸福州林靈素三人道法高遂來學法至蜀中其行囊已盡坐於石大憂忽見三道人來真人問此去信州遠近道人問所欲真人曰欲訪虛靖天師學法道人曰天師死矣復問王侍宸曰亦死矣復問林靈素曰亦死矣真人方悵恨一道人曰今天師道法亦高吾與之有舊當爲作字可往訪之吾有一法相授日間可以自給遂授以呪棗之術曰呪一棗可取七文一日但呪十棗得七十文則有一日之資矣一道人

曰吾亦有一法相授與之棕扇一柄曰有病者則扇之即愈一道人曰吾亦有一法相授乃雷法也真人受之辭去用之皆驗一日凡咒百餘枣止授七十文爲日用餘者復以濟貧及到信州見天師投書舉家皆哭乃虚靖天師親筆也書中言吾與王侍宸林天師遇薩君各以一法授之矣可爲參録奏名真人后法愈大顯嘗經潭州人聞神語曰真人提刑來日至次日人同之只見真人携𥫗笠至有提點刑獄之牌人異之繼至湘陰縣浮梁見人用童男童女生祀本處廟神真人曰此等淫神好焚其廟言訖雷火飛空廟立焚矣真人至龍興府江邊濯足見水有神影方面黄巾金甲左手拽袖右手執鞭真人曰尔何神也答曰吾乃相陰廟神王善被真人焚吾廟後今相随一十二載只俟有過則復前讐今真人功行已高職隷天樞望保奏以爲部將真人曰汝兇悪之神坐吾法中必損吾法廟神即立誓不敢背盟真人遂奏帝授職至漳州忽一日諸將現形環侍天詔召真人君天樞領位真人方起身而即立化

壽春真人

真人姓梅名福字子真壽春人仕漢爲南昌尉見王莽專政乃棄家求仙遍遊鴈蕩南閩諸山后入仙霞山遇空同仙君授以内外丹法入鷄籠山修煉不成乃至劒江西嶺再遇空同仙君謂福曰汝之緣在飛鴻山也福遂往飛鴻山結菴修煉丹成趣裝

復還壽春一日紫雲浮空仙藥紛紛金童玉女捧詔控鸞從空而下福拜詔辞家乘青鸞飛昇而去宋元豐間封壽春真人今廟在金陵聚寶門外靈應神異俗呼曰梅将軍廟

負局先生

負局先生語似燕代間人因磨鏡輙問主人得無有疾苦者否若有輙出紫丸赤藥與之莫不愈時大疫毎列戸與藥愈者万計不取一錢後止呉山絶崖世世懸藥與人曰吾欲还蓬萊山為汝曹下神水崖頭一旦有水白色從石崖流下服者多所愈郷人乃立祠祀之

律呂神

祠在大同府渾源州之北五里神谿狐石上建扵元魏元重修相傳泰初元年六月弘州人有張珪者晚憩扵狐石之上忽一神人丰姿飄洒清瑩絶塵自空而下顧珪謂曰律呂律呂上天勅汝此月二十日行硬雨語畢即騰空而去珪會其意帰家遍以語隣村人使速收麦未及收者至日為雨所傷盡空事聞朝廷遣使祭焉

劉師

寰宇記師姓劉字摩訶洞曉經律深入禪要占記吉凶無有不驗沮渠蒙遜時曰求仙學道經肅州衛止治南小草菴上合掌皈依而入涅槃其徒荼毘之骨化為珠血化為丹更為立祠扵示寂之所相傳祈禱者往往獲珠丹爲自是禳火火滅祈雨雨霔禱病病瘥遠近爭崇奉之

卷之二終

搜神記 ㊃ ㊉ 高二

目録

觀世音　天王　地藏王　金剛

十大明王　十地閻君　十八羅漢

寶誌公　盧六祖　達磨　普庵

泗州大聖　傅大士　二郎神　蕭公

晏公　宗三舍人　楊四將軍

水府　沿江遊奕神　洞庭君

湘君　巢湖太姥　宮亭湖神

海神 潮神水神汱神泉神俱附　廬山神

蘇嶺山神　新羅山神

射木山神

目録畢

南無觀世音菩薩 二月十九日生

昔有一國王號曰妙莊王三女長妙音次妙緣又次妙善善即菩薩也王令其贅不從遂之後花園居之白雀寺尼僧苦以搬茶運水鬼使代之王怒命焚寺寺僧俱爕於燄而菩薩無恙如杓命斬之刀三折命縊以白練帶忽黑霧遮天一白虎背之而去屍多林青衣童子侍立遂歷地府過柰河橋救諸苦難還魂再至屍多林太白星君化一老人指與香山脩行後莊王病惡剜目斷臂救王王往禮之爾時道成空中現千手千眼靈感觀世音菩薩奇妙之相永為香山顯跡云

天王

按釋氏源流有毘晋勒義天王有毘晋慱義

天王有提頭賴吒天王有毘沙門天王昔唐太宗從高祖起義兵有神降於前自稱毘沙門天王願同力定亂其手將有猪首象鼻者故所向成功及即位詔天下公府皆祀之天聖初詔諸郡置祠仍建佛寺俱以天王為額此天王之所由普建也

地藏王菩薩 七月三十日生

職掌幽冥教主十地閻君率朝賀成禮相傳王舍城傳羅卜法名目犍連嘗師事如來救母於餓鬼群叢作盂蘭勝會發而為地藏王以七月三十日為所生之辰士人禮拜或曰今青陽之九華山地藏是也按傳新羅國僧唐時渡海居九華山年九十九忽召徒衆告別但聞山鳴石隕俄分趺坐於函中泊三稔開將入塔顏貌如生舁之動骨節若金鎖焉故曰金地藏以是知傳者之誤

金剛 圖

金剛密跡是也按三昧經如來到那乾訶羅國降五羅魔時金剛神手把大杵杵頭出火燒諸惡龍龍王驚怖走入佛影又嘗揮大利劍擬鬼王額鬼王驚怖抱持小兒長跪上佛又嘗白佛垂意小食化鬼神衆及世尊滅度金剛悲哀懊惱作如是言如來捨我入於寂滅我從今日無歸無依無覆無護衆惱災患一旦頓集憂愁毒箭深入我心此金剛杵當用護誰即便棄擲自今以往當奉侍誰說種種言戀慕如來此金剛之所自顯化也

十大明王

一焰鬘得迦忿怒大明王
二無能勝大忿怒明王
三鉢訥鬘得迦大忿怒明王
四尾覲難得迦大忿怒明王
五不動尊大忿怒明王　六吒枳大忿怒明王
七你羅難拏忿怒明王　八大力大忿怒明王
九送婆大忿怒明王
十嚩日羅播多羅大忿怒明王
此十大忿怒明王各有三面面各三目皆頭上頂佛以雨皮為衣髑髏為冠髮髻竪立

十地閻君

一殿閻君秦廣王蕭　二殿閻君楚江王曹
三殿閻君宋帝王廉　四殿閻君五官王黄
五殿閻君閻羅王韓　六殿閻君变成王石
七殿閻君泰山王畢　八殿閻君平等王于
九殿閻君都市王薛　十殿閻君轉輪王薛

十八尊阿羅漢

第一賓度羅跋羅墮闍尊者
第二迦諾迦跋蹉尊者
第三迦諾跋釐墮闍尊者
第四蘇頻陀尊者　第五諾距羅尊者
第六跋陀羅尊者　第七迦哩迦尊者
第八代闍弗多羅尊者　第九戍博迦尊者
第十半託迦尊者　第十一羅怙羅尊者
第十二那伽年那羅尊者
第十三因竭陀尊者　第十四代那跛斯尊者
第十五阿氏多尊者　第十六注茶半託尊者
第十七慶友尊者　第十八賓頭盧尊者

寶誌禪師

寶誌禪師朱元嘉中見形於東陽鎮古木鷹巢中朱氏聞巢中兒啼遂收育之因以朱爲姓施宅爲寺焉公自少出家依於鍾山道林寺常持一錫杖懸刀尺及鏡拂之類或掛一兩尺帛數日不食無饑容時或歌吟詞多讖記士庶皆共事之齊建元中武帝謂師惑衆收付建康獄既旦人見其入市及檢獄如故建康尹以事聞帝延於宮中之後堂師在華林園忽一日重著三布帽亦不知於何所得之俄豫章王文惠太子相繼薨齊亦以此貴矣由是禁師出入

梁高祖即位下詔曰誌公迹拘塵垢神遊冥寂水火不能燋濡蛇虎不能侵懼語其佛理則聲聞以上談其隱淪則遯仙高者豈以俗士常情空相拘制何其愚陋至於此自今勿得復禁師或一日對帝食鱠帝曰一人知味二十餘年師何爲尔師乃吐出小魚鱗尾依然今建康尚有鱠殘魚是也

皇后郗氏崩數月帝常追悼之晝則忽忽不樂宵則耿耿不寐居寢殿聞外騷窣聲視之乃見一蟒盤躃上殿睒睛呀口以向於帝帝大驚駭無所逃遁不得已蹶然而起謂蛇曰朕宮殿嚴警非尓蛇類所生之處必其妖孽欲祟朕耶蛇爲人語啓帝曰蟒則昔之郗氏也妾以生存嫉妬六宮其性慘毒怒一發則火熾矢射損物害人死以是罪謫爲蟒耳無飲食可實口無窟穴可庇身飢窘困迫力不自勝又鱗甲有蟲唼嚙肌肉痛若其劇若加錐刀焉蟒非常蛇亦復變化而至不以皇居深重爲阻耳

感帝平昔眷戀之厚故托醜形骸陳露於帝祈一功德以見拯救也帝聞之嗚呼感激既而求蟒不復見帝明日大集妙門於殿庭宣其由問善之最以贖其言師對曰非禮佛懺滌悃款不可帝乃然其言搜索佛経録其名號兼親杼睿思洒聖翰撰悔文共成十卷皆採摭佛語削法閑詞為其懺禮又一日聞宮室内異香馥郁良久轉美初不知所來帝因仰視乃見一天人容儀端麗謂帝曰此則蟒后身也蒙帝功德已得生忉利天今呈本身以為明驗也慇懃致謝言訖而去 此見梁武懺序師於梁天監十三年冬將卒忽告衆僧令移寺金剛神像出置於外乃密謂人曰菩薩將去矣未及旬日無疾而終舉躰香而化在世九十七年帝以錢二十萬易定林寺前岡獨龍阜以葬師永定公主以湯沐之資造浮圖七級於其上帝命陸倕製銘賜玻瓈珠以飾塔表南唐保太七年加號妙覺塔名應世宋太宗太平興國七年舒民柯萼遇老僧往萬歲山猪古松下掘之得石篆乃寶公記聖祚綿遠之文於是遣使致謝謚曰寶公妙覺 治平初更謚道林真覺大師按建康實錄開善寺有誌公履唐神龍初鄭克俊取之以歸長安今洗鉢池尚在塔西二里法雲寺基方池是也

盧六祖

盧六祖名能廣東新州人唐宣宗朝學佛見曹溪水香遂於其地擇一道場求之地主但云只得一袈裟地足矣地主從之遂以

袈裟鋪設方圓八十里今南華山六祖道場是也肉身俱存香烟薰其面如漆至元丙子年漢軍以利刃鑽其腹見心肝如生人於是不敢犯衣鉢盡載之有宣宗御賜袈裟織成淡山水有西天鉢非銅鉄非木石有西天履非革非木有其華經十六七葉有佛齒以利銀合載之元有一孽龍據深潭為民害六祖曰只怕尔變小其龍果小遂以鉢盂載之在寺中乾枯歸附

達磨 十月初五日生

二十八祖達磨自天竺國泛海見梁帝不契潛上嵩山少林寺面壁九年端居而逝葬熊耳山魏宋雲奉使西域迴遇師于葱嶺見手携隻履翩翩而逝雲問師曰西天去又謂雲曰汝王已厭世雲聞之茫然別師東還暨復命則明帝已登遐矣迨孝莊即位雲具奏其事帝令起壙惟空棺一隻革履存焉

普庵禪師 十一月二十七日生

普庵禪師名印肅袁州宜春縣余氏子也當宋徽宗政和五年十一月二十七日辰時生年六歲夢一僧點其心曰汝他日當自省既覺以意白母視之當心有一點紅瑩大侣世之櫻珠父母因此許從壽隆院賢和尚出家年二十七歲落髮越明年受戒師容貌魁奇智性巧慧賢師器之勉令誦經師曰嘗聞佛祖元旨必貴了悟於心數墨巡行無益於事遂辭師遊湖湘謁牧庵忠公因問萬法歸一一歸何處忠公豎起佛子師遂有悟后歸受業院癸酉歲有隣

寺慈化者衆請住持寺無常住師衣衾紙衣晨粥暮食禪定外唯閱華嚴經論一日大悟遍躰汗流喜曰我今親契華嚴境遂述頌曰

提不成團撥不開　何須南岳又天台
六根門首無人到　惹得胡僧特地來

一日忽有僧名道存冒雪至師目擊而喜曰此乃吾不請友矣遂相與寂坐交相問荅師乃庵隱南嶺號曰普庵後営募重爲慈化修建佛殿慕道向風者衆師乃隨宜爲說或書頌與之有病患者折草爲藥與之或有疫毒人跡不相往來者師與之頌咸得十全至於祈晴伐恠木毀淫祠靈應非一由是工技大興富者施財貧者施力巧者施藝寺宇鼎新延以數千里之間闢路建橋樂爲善事皆師之化忽一日索筆書頌於方丈西壁云

乍雨乍晴寶象明　東西南北亂雲深
失珠無限人遭劫　幻應權機爲汝清

頌畢示衆曰諸佛不出世亦無有涅槃入吾室者必能元契矣善自護持無令退失索浴更衣跏趺而寂特則乾道五年七月二十一日

勑封普庵寂感妙濟真覺昭貺禪師

泗州大聖

泗州僧伽大師者唐高宗時至長安洛陽行化歷吳楚間手執楊枝混於緇流或問師何姓荅曰我姓何又問師是何國人曰我何國人尋於泗上欲構伽藍因宿州民賀跋氏捨所居師曰此本爲佛宇令掘地果

得古牌云香積寺即齊禁龍建所創又獲金像衆謂燃燈如来師曰普光王佛也因以為寺額景龍二年中宗遣使迎大師至輦轂深加禮異命住大薦福寺三月三日大師示滅勅令就薦福寺淶身起塔忽臭氣滿城帝祝送師婦臨淮言訖異香騰沸帝問方廻曰僧伽大師是何人邪曰觀音化身耳乾符中謚證聖大師

傅大士（三）

傅大士名翕婺州義烏人也自幼聰慧通三教之書自號善慧八士梁普通元年遇天竺僧嵩頭陀語曰尔彌勒化身遂令自鑒於水乃見圓光寶盖即悟前因因問修道之地頭佗指松山下雙檮木曰此可矣大士於此栁庵大通三年置寺雙擣閣即今雙林寺有法華経梁武帝所賜鉄犂耕鉢水晶數珠七佛銅冠至今尚存初大士學道雖不家者流而不髡世以為先知先覺可免釋子冠服云時有餘甫岩在義烏之南二十五里又雲黄山頂多猛獸搏害居民大士齋竟每持餘飯飼之自兹甫獸伏匿又化石成青紫色瑩然可愛堪琢以為數珠有陶姓者居嘗資給大士大士因指石祝之曰此石青紫可琢數珠且戒之曰不汝高相傳到今惟此一家能之他家倣效石輙碎裂後忠献王往婺州發大士之塔取骨殖至龍山舉之不動即其地建龍華寺以骨殖塑大士像於塔一統志稱傅大士墓在雲黄山石晋開運初吳越錢元佐遣使取其遺骨婦葬錢唐啓瘞

之日有兩腑據墻而吼是夕大雨雷電震
動山谷及行腑隨至蝦蟆江阻水而返

灌口二郎神 六月二十六日生

一郎神者姓趙名昱從道士李珏隱青城山
隋煬帝知其賢起為嘉州太守郡左有冷
源二河內有老蛟為害春夏水漲漂渰傷
民昱大怒持設舟船率壯士及居民夾江
鼓譟昱持刀入水有頃其水赤石崖奔吼
如雷昱右手持刀左手持蛟首奮波而出
時有佐昱入水者七人即七聖是也隋末
世亂棄官隱去不知所終後江水漲溢蜀
人見昱於青霧中感其德立廟於灌江口
奉祀焉
唐太宗封為
神勇大將軍明皇加封赤城王
宋真宗封清源妙道真君

蕭公

公姓蕭諱伯軒龐眉蛟髮美鬚髯面如童少
年為人剛正自持言笑不苟善善惡惡里
閈咸為之質平歿於宋咸淳間遂為神附
童子先事言禍福中若發機鄉民相率為
立廟于新淦縣之大洋洲福澤一方元時
以其子祥叔死而有靈合祀於廟
本朝洪武初嘗遣官諭祭永樂十七年其孫
天任卒屢著靈異亦祀于此
詔封為水府靈通廣濟顯應英佑侯大著威
靈于九江八河之上

晏公

公姓晏名戍仔臨江府之清江鎮人也濃眉
虬髯面如黑漆平生疾惡如探湯人少有

不善必曰晏公得無知乎其為人敢憚如此元初以人材應選入官為文錦局堂長因病歸登舟即奄然而逝從人斂具一如禮未抵家里人先見其暢騶導於曠野之間衣冠如故咸重稱之月余以死至且駭且愕語見之日則即其死之日也啓棺視之一無所有盖尸解云父老知其為神立廟祀之有靈顯于江湖

本朝詔封平浪侯

洋子江三水府

五代史楊氏據江封馬當為

上水府廟在山之陽

采石為

中水府廟在采石山下封王宋加顯靈順聖忠佐平江王

金山為

下水府廟在金山寺内三廟

本朝俱称水府之神水面江心一呼即應舟人過者必具牲帛以禱今有司歲時致祭

沿江遊奕神

陳堯咨泊舟三山磯有老叟曰来日午時有大風舟行必覆宜避之来日天晴萬里無片雲舟人請解絆公曰更待之同行舟一時離岸忽然黑雲起於西北大風暴至折木飛沙怒濤若山同行舟多沉溺公驚嘆又見前叟曰某乃江之遊奕神也以公他日當位宰相故奉告公曰何以報德叟曰吾不求報貴人所至龍神禮當護衛願得金光明經一部乗其力稍可遷職公許之至京以金光明經三部遣人詣三山磯投

之叟曰本祈一公賜三連陞數秩拜去

洞庭君

君洞庭湖神也有廟在龍堆按傳有柳生者名毅唐中宗時下第歸至涇陽見一婦人牧羊謂生曰妾洞庭君小女嫁涇川次子為婢所惑毀黜至此敢煩寄尺牘歸生謝不知所向婦曰洞庭之陰有大橘樹擊樹三當有應者生如其言有武夫揭水引入至靈虛殿取書以進洞君泣曰老夫之罪使孺弱罹害須之有赤龍飛去俄紅粧擁一人回即寄書女也宴生碧雲宮君第彌錢塘君謂生曰涇陽嫠婦欲託高義為親生不敢當辭而去后再娶盧氏即龍女也協同歸洞庭

湘君

按山海經洞庭之山帝之二女居之蓋舜南巡崩葬於蒼梧之野二妃從之不及溺死沅湘之間人為立廟世稱湘君湖口及君山俱有廟昔秦始皇南遊浮江遇大風因問湘君何神博士對曰堯女舜妃始皇怒命赭其山即此唐韓愈有碑李白詩

帝子瀟湘去不還　空餘秋草洞庭間
淡掃明湖開玉鏡　丹青畫出是君山

劉禹錫詩

湖光秋水兩相和　潭面無風鏡乍磨
遙望洞庭山擁翠　白銀堆裏一青螺

巢湖太姥

按青瑣高議云古巢一日江水暴漲尋復故道溝有巨魚萬斤三日乃死合郡皆食之獨一姥好善不食忽有老叟告之曰此吾

子也不幸罹此禍汝不食其肉吾將厚報之東門石龜目赤城當陷姥日往視有稚子欺之以朱傅龜目姥見急走登山而城陷為湖是為巢湖後人立廟於湖之姑山上以祀太姥舟行者罔不祭焉羅隱詩有借問當年沉水事已經秦漢幾千年之句

宫亭湖神

神無姓名顯應於南康府東之宫亭湖上神来則陰霾蔽日其聲澎湃若潮汐奔騰能分風令一南一北上下各不順帆能擘浪如持靈犀而入海守郡者重其神且防其為舟行之硬也立祠宫亭湖上歲時享祀有呼必應遠近行者賴之宋秦觀宿湖邊惜竹軒夢湖神贈詩曰

不知水宿分風浦　何似秋眠惜竹軒
聞道文章妙天下　廬山對面可無言

九鯉湖仙

何氏莫詳其世代兄弟九人修道於仙遊縣東北山中故山名九仙又居湖側煉丹丹成各乘赤鯉而去故湖名九鯉廟在湖上最靈驗每大比歲郡中士子祈夢於此信若著蔡

本朝黄孟良感其事賦詩一律以紀之云

人已登仙鯉化龍　伊誰湖上搆仙宫
石遺丹竈潺湲裏　雲鎖瓊樓縹緲中
青鳥去来猶夜月　碧桃開落自春風
此行不為邯鄲夢　擬向邳橋遇石公

海神

即海若是也相傳秦始皇造石橋欲渡海觀日海神為驅石始皇求神相見神曰莫圖

我形始皇從之及見左右巧者潛畫神形神怒曰帝負約可速去今廟在文登縣

潮神即子胥人見其素車白馬乘潮而出

水神謂馮夷河伯

波神謂川后

廬山匡阜先生

先生者姓匡名續字君平南楚人號匡阜先生生而神靈兒時便有物外志周武王時師老聃得長生之道結茅南障山虎溪之上隱焉室中無所有惟置一榻蘭書數篇而已武王屢徵不起遇少年傳以仙訣得道漢武帝南巡狩登祀天柱嘗望秩焉繼而射蛟潯陽江中復封先生為南極大明公更命立祠於虎溪舊隱郡守桓伊遷先生祠於山口凡水旱癘疫禱之皆應焉

蘇嶺山神

廟在襄陽府之東南鹿門山按漢光武幸犁丘夢一神人縞衣羽裳素巾皂帶來謁帝問曰汝何神斯神曰臣蘇嶺山神也更條數事語竟而去時習郁以侍中從行明日帝以語郁郁夢亦如之毫髮不爽后光武封郁襄陽侯使立蘇山神祠刻二石鹿夾祠前神道百姓謂之鹿門廟靈異顯著唐孟浩然詩漸至鹿門山山明翠微淺昔聞龐德公采藥遂不返隱跡今尚存高風邈以遠

新羅山神

廟在福之汀州蓋汀本晉之新羅縣唐始有汀名按寰宇記開元末新羅縣令孫奉先昼坐所事見神曰吾新羅山神也今從府

主求一牛為食奉先請以羊豕代牛神怒於是疫癘大起奉先亦病亡后人有詩云

卓絶新羅百尺崖　神魔相倚洞天開
窪樽相伴先羊豕　不惜浮雲入夢来

射木山神

肇慶府之陽春縣有射木山山有雲靈雲罩其上必雨開則霽山南有祠曰射木山祠漢封其神曰儲休侯靈顯最著廟食一方水旱疾疫有禱必應舊傳江南有李氏者無子一夕夢神託生為嗣因名符後登第歷官知春州啟行辭其母曰兒往必不歸矣逮抵官来射木山謁祠下顧瞻門廡若舊所覩未几卒自符之生而廟食癈及其卒而廟復灵以是知符之生祠神之現世也按唐之春州即今之陽春縣是已

搜神記終

搜神記卷之四　　高四

目録

蔣莊武帝　常州武烈帝　揚州五司徒
西楚霸王　義勇武安王關公　零陵土
惠應王　威惠顯聖王伍子胥　金山大王
萬迴虢國公　趙元帥　彭元帥
潤澤侯　威濟侯　靈泒侯
崔府君　伏波將軍　客都統
宋刺史　甘大夫　陸大夫
杭州蔣相公　萬里相公　祖將軍
花卿　茅山之神　聶家香火

蔣莊武帝

建康府蔣莊武帝諱子文揚州人也漢末時為秣陵尉逐賊至鍾山下擊傷額而死焉及吳先生之初其故吏見子文於道乘白馬執白羽扇侍從如平生故吏見而驚走子文追謂之曰我當為土地神以福爾下民爲吾立廟不爾使蟲入人耳爲灾吳主以爲妖言後果有蟲入人耳死者甚衆醫巫不能治又云不祀我當有大火是歲數有火灾又云不祀我當有大疫吳主患之封中都侯加印綬立廟於鍾山下更名山曰蔣山表其靈異晉蘇峻之難帝夢蔣侯曰蘇峻為逆當助共誅之後果斬峻加封相國大元中符堅入寇望見王師部陣齊整又見八公山上草木皆類人形憮然有懼色初會稽王導聞堅入寇以威儀鼓吹求助於蔣山神及堅望之若有助焉宋高帝永初二年詔禁淫祠自蔣子文以下皆絕之加至相國大都督中外諸軍事封蔣

王齊永明中崔慧景之難迎神還臺以求
福助事平乃進帝號復新廟宇以廟門為
靈光門中門為興善門外殿曰帝山內殿
曰神居梁武帝常祠而不應遣使以焚其
廟未及中途忽風雨大作振動宮殿帝懼
祠之乃止南唐謚曰莊武帝更修廟宇徐
鉉奉勑撰碑備成其事因宋朝會要曰開
寶八年廟火雍熙四年重建景祐二年陳
公執中增修請於朝賜廟額曰惠烈
本朝洪武二十年改建於雞鳴山之陽劉三
吾奉
勑撰記土人曰十廟此其一也

常州武烈帝

忠祐武烈大帝姓陳諱杲仁字世威常州晉
陵人也聖祖嵩仕陳為羽林郎父季明拜
給事中帝於梁太清二年己巳三月望日
午時誕生英姿鼎人有肉角匿犀之異衆
皆奇之八歲能屬文十三徧讀諸史陳太
帝天康元年舉進士第對策玉階年甫十
有八授監察御史還江西道巡察大使帝
智勇絕人精深韜畧仕陳二十有五載以
孝以忠德惠萬民威名滿天下入隋不仕
煬帝南遊江都群盜並起帝聞其名詔令
討盜俾除民害義不可辭奉命而起大業
五年授秉義尉平長白叛寇進朝請大夫
平江寧樂伯通叛徒十萬授銀青光祿大
夫平東陽婁世幹賊衆二十萬召入拜大
司徒大業末沈法興起兵吳興謀據常郡
包藏禍心陽為依附時賊帥李子通集衆
數萬屯江壯與法興陰為應援懼帝威勇

不敢渡至唐高祖武德二年庚辰五月十八日法興詐稱疾亟走告於帝不得已往問疾飲酒中毒馳歸時有高僧凛禅師以醫名亟召之治療其法當於閒寂無人處水滌腸去毒帝室沈氏至池上潜窺而觸之帝知不可為遂囑附凛禅師及軫張二妃俾施所居第并南邻為精舍東第為崇釋觀言訖而薨享年七十有二法興聞之自謂得志豈知帝英爽如在忠節愈勵一日黑雲蔽空風雨晦冥忽見形威発一神矢射薨法興寇衆四清其護國威靈有如此者唐天子封忠烈公碑封福順武烈王后周加以帝號宋宣和四年賜廟額曰福順

武烈顯靈昭德大帝　　武烈沈后

軫后賛幽張夫人　　神父啟靈侯

神母懿德段夫人　　神継母嘉德伊夫人

神子賛恵濟美侯　　次子協應濟順侯

神孫處士

佐神紀大尉名克宏封翊靈將軍

揚州五司徒

揚州英顯司徒茅許祝蔣吳五神居揚州日結為兄弟好畋獵其地舊多虎狼人罹其害山溪畔遇一老婦五神詢問孑然無親饑食溪泉五神請於所居之廬拜呼為母侍養未久或出獵而歸不見其母五神曰多被虎噉俱奮身逐捕山間有虎迎前伏地就降由此虎患始息后人思其德義立廟祀之凡所祈禱隨求隨應廟今在江都縣東興鄉金匱山之東至隋煬帝時曾護

駕有功封號司徒唐加侯號宋至紹定辛卯逆賊李全數來寇境禱於神不吉以神像劄破之不三日全被戮於新塘肢躰散落猶全之施於神者賊平帥守趙公范親率僚屬致享祠下以荅神貺撤其廟而增廣之録其陰助之功奏請於朝賜廟額曰英顯加封至八字侯後平章賈公似道来守是邦有禱於神者遇旱暵則飛雨憂霖潦則返照救焚則焰滅欲雪則瑞應其獲國祐民無時不顯復為奏請加封王號

第一位靈威忠惠翊順王
第二位靈應忠利輔順王
第三位靈助忠衛佐順王
第四位靈佑忠濟助順王
第五位靈勇忠烈楚項王

西楚霸王

西楚霸王項王羽也廟在和州東北四十里即其所不渡之烏江也山不高而草木蓊鬱冷然殺氣奪人雖守者結茅山之麓不敢近焉舊傳廟面江覆舟為梗有過客以漢家今已屬他人之句慰之廟為易向宋紹興金主亮欲渡江乞杯珓不從亮怒令焚廟俄有大蛇遶出屋梁殿後林木鼓噪發聲若數千兵亮大驚左右駭散去許表詩

千載興亡莫浪愁　漢家功業亦荒坵
空餘原上虞姬草　舞盡春風未肯休

義勇武安王 五月十三日生

義勇武安王姓関名羽字雲長蒲州解良人也當漢末與琢郡張飛佐刘先主起义兵

後於南陽卧龍岡三謁茅廬聘諸葛孔明宰割山河三分天下國號爲蜀先主命關公爲荆州牧不幸吕蒙設計公乃不屈節而亡追贈大將軍葬於玉泉山土人感其德歲時奉祀爲護國祚民廟額曰

義勇武安王宋徽宗加封尊號曰

崇寧至道真君

零陵王

王姓唐諱世旻字昌圖本零陵人也世居永州府西南之龍洞唐昭宗時盗起世旻結鄉兵保里閭劉建鋒舉爲永州刺史光化初馬殷攻之不屈而死後或聞鉦鼓聲且數晝見嘗有一木自洞流出止於石荆峰人送之中流詰旦復還如是者數四遣天旱禱而雨遂取其木像而祀之今府城南及石荆岍俱有廟甚靈應湖南馬氏享以

王爵後宋亦累封爲

惠應王

王姓歐陽名祐溫陵太守也舟次邵武之大乾河溺死後人立廟大乾祀之極爲神異水旱祈禱其應如響按謁夢録宋李綱嘗謁廟夢神延接讓以主位綱固辞神曰他日更伏主盟及爲相值神加封果與署名葉祖洽赴省試夢神將犬肉一片置几上命食之又指殿下竹一束示之莫曉其義明年作大魁方悟一片犬肉置几上乃狀元二字前者廷對皆出賦題至是始問策竹一束者策字也如此類者不可勝紀今

廟曰惠應

威惠顯聖王

神姓伍名員字子胥楚大夫奢之子也平王听讒殺員父奢兄尚子胥奔吳言伐楚之利吳與楚戰果勝爲吳遂入郢員掘平王屍鞭之三百吳伐越勾踐棲于會稽求爲臣妾吳王許之子胥諫不听太宰嚭譖員王使賜之屬鏤以死將死曰吳其亡乎吳王聞之怒乃取員屍盛以鴟夷革浮之江中吳人憐之爲立祠江上廟號曰

威惠顯聖王

金山大王

大王姓霍諱光即漢之大將軍也耆舊傳云吳主皓染病甚煩燥不自禁勅百官遍禮靈祠顯廟罔應忽一日五更夜色將闌晨光欲爍有神附小黃門云病愈病愈司巫者曰汝何神執何事而報是吉凶也神曰臣漢之霍光也金山鹹海風潮爲害當統部屬鎮之來爲陛下報吉翌日皓疾果愈遂爲立廟於嘉興之海鹹縣治東賜廟額曰顯忠俗呼曰金山大王

萬廻號國公

萬廻公者虢州閿鄉人也姓張氏唐貞觀六年五月五日生生而癡愚至八九歲方能語嘯傲如狂鄉黨莫測一日令家人洒掃云有勝客至是日三藏玄奘自西國還訪之公問印度風境了如所見奘作禮稱是菩薩有兄萬年久征遼左母程氏思其音信公曰此甚易爾乃告母而往至暮而還及持書鄰里驚異左右神兵侍衛崇儼咸亨四年高宗召不應武后賜錦袍玉帯景雲二年十二月八日師卒於長安壽年八

十時異香氤氳宋贈司徒號國公

趙元帥 三月十五日生

姓趙諱公明中南山人也自秦時避世山中精修至道功成奉
玉帝旨召為神霄副帥按元帥乃皓廷霄度天慧覺昏梵炁化生其位在乾金水合炁之象也其服色頭戴鉄冠手執鉄鞭者金遘水炁也面色黑而鬍鬚者壯炁也跨虎者金象也故此水中金之義躰則為道用則為法法則非雷霆無以彰其威泰華西臺其府乃元帥之主掌而帥以金輪称亦西方金象也元帥士奉天門之令袁役三界巡察五方提點九州為直殿大將軍為壯極將御史一漢祖天師修煉大丹竜神奏帝請元猛神吏為之守護由是元帥士奉
玉旨授正 玄壇
趙元帥正則萬邪不干一則純一不二是職至重天師飛昇之後永鎮龍虎名山厥令三元開壇傳度其趨善建功謝過之人及頑冥不化者皆元帥掌之故有龍虎玄壇賞罰之一司部下有八王猛將者以應八卦也有六毒大神者以應天煞地煞年煞月煞日煞時煞也五方雷神五方猖兵以應五行二十八將以應二十八宿天和地合二將所以象天門地户之闔闢水火二營將所以象春生秋殺之往来驅雷役雷致雨呼風除瘟剪祟保病攘災元帥之功莫大焉至如公訟寃抑神能使之解釋公平買賣求財公能使之宜利和合但有

公平之事可以對神禱無不如意一士天聖號一高上神霄王府大都督五方之巡察使九州社令都大提點直殿大將軍主領雷霆副元帥壯極侍御史三界大都督應元昭烈侯掌士定命帳設使二十八宿都總管上清正一玄壇飛虎金輪勅法趙元帥

彭元帥

元帥姓彭氏諱廷堅嘗尹崇安縣平諸寇盜如摧枯拉朽有功元至正中累官福建宣慰司副都元帥時群寇竊發彭一一削平後以馬蹶遇害群盜創之屍僵立不仆双目上指鬚髪偃動如風飈飈盜不敢近逼者移時事息故吏奉其柩還崇安民哀慕如喪父母立祠肖像以永其祀歲時祭享凡水旱疾疫趨走祈禱神爲降靈如響俗呼之曰彭元帥延及傍邑祠像靈應兩如之

潤濟侯

侯神後魏賀虜將軍也諱原嘗師行屯汾州之白虎山苦燥渴不得水軍心悯悯侯爲皈處下馬禮天顙神以死自誓忽馬跑地出泉自是靈源融液灌溉者資之功利及物久而不磨邑人爲立廟於白虎山之前靈應特異宋賜廟額曰水澤封神爲潤濟侯

本朝洪武十一年號曰白虎山馬跑泉之神有司春秋致祭

威濟侯

侯姓李諱禄安吉州長興縣童莊人也於宋

徽宗崇寧三年正月十八日甲申生長而異稟性質顯重語不妄發鄉杜之人遇有休咎禍福之將至輒能前知而告戒之年十八當宣和三年三月忽預告鄰里鄉杜云吾將往山東膠西爲國家幹事恐須數年方歸遂端坐而逝其後數有靈跡見於本鄉如年歲之豐凶蠶麥之得失皆以傳之巫覡殆若印券契鑰不差毫厘於是父老相率爲立香火之地而祠祭之寧宗賜廟額曰顯應理宗封威濟侯

靈泒侯

李珺本衛州三用人也周世宗朝爲將善騎射於國有功後因病至重有問疾者甚衆公無別語告衆曰我授山東滌河將軍也言訖公卒爲後人立祠於此至唐玄宗開元年封爲靈泒將軍至宋真宗大中祥符八年封爲靈泒侯

崔府君

崔府君者乃祁州鼓城人也父讓與妻虔誠禱於往岳祈嗣是夜夫妻夢一仙童手擎一合崔讓問之童曰帝賜合中之物令君夫妻吞之言訖舉合盖視之見美玉二枚夫妻各吞其一覺后有娠十月滿足於隋大業二年六月六日降生一子神彩秀異於常人幼而從學日誦千言不窺群子之戲因名子玉時

唐太宗貞觀七年詔舉天下賢良赴都朝廷任用府君亦在內爲各賜縣令出身府君除潞州長子縣令正直無私察同秋毫郡

人皆言知縣晝理陽間夜斷陰府時五月初聞知縣示諭邑人此月望日及望後一日無得殺生及獵射如犯者官中決折陰府理問時有潛出廓外射得兔一隻入城門吏搜住執於庭下問之曰尒等故犯欲以縣庭受罰陰府受罰其人云乞於陰府受罰以為陰理將遠言訖各放還家是夜方就枕俄有一黄衣吏喚二人至於公庭一所廳上却見崔知縣王者冠服檢諸人罪狀或促其壽或墮其子孫或减其食禄汝輩善悪自當裁之令還本家遂驚而覺其人乃異之忽一日門吏報曰鵰黄嶺有猛虎攔路傷人公遣首吏孟完賫符牒至山廟勾虎其虎出自御符牒隨吏而至公所崔公責之曰汝乃異類食啖人命罪當如何其虎聞之觸階而死邑人立生祠祀之貞觀十七年遷磁州滏陽縣令整太宗陰府君在之事决楊叟二子負債之寃後迁衛州衛縣令與奕碁人楊叟同赴任所西南五里有河時夏月水汎漂溺民田公於河上設壇以詞奏於上帝少頃聞有一巨蛇浮於水面而卒水漸散去郡人亦立生祠祀焉一日公與楊叟奕碁忽有黄衣数輩執符而言曰吾奉

上帝命云云次有玉珪玉帶紫服冠簪秀衣五岳衛旗又有百餘人皆拜畢而立奏簫韶絲竹之音樂復有一神取白馬至府君曰汝輩少待遂呼二子曰吾將去世無得大慟取紙筆寫百字銘以訓其子二子泣拜而授命言訖而卒在世六十四年后玄

有功拜豫章太守察民所欲悪而聚之去之政通民和大著治績後領兵萍鄉東死於王敦之難廟食於萍鄉縣之東五十里蓋即其死所也靈應顯著赫耀一方宋時嘗苦旱魃屢月不雨有司遍禱無驗父老有以甘大夫為言者時郡守祖無擇從之沐浴齋戒往謁祠下大雨如霔賴以有秋代加封號

本朝重建祠宇有司春秋祭祀

陸大夫

廟在德慶州之綿石山下有靈應為鄉民福區按夷堅志漢陸賈使南越尉陀與之泛舟至此賈嘿禱曰我若説越王肯称臣當以錦裹石為山靈報使還遂募人植花卉以代錦後人因立廟祀之宋故道開梁竑入都艤舟石下夜夢一客自称陸大夫云我抑鬱於此千餘歲矣君幸見臨願留一詩竑覺異之遂礼其廟題詩於壁上而去父老相傳錦石山因陸賈使南越時設錦繡帳於此而得名姑記此以附

杭州蔣相公

神姓蔣世為杭州人生宋建炎間樂振施每秋成糴穀積儲貴則賤糶如元價歲歉或捐以予餒者死時祝其二弟曰須存仁心力行好事里人相與塑其像以報仁心所趁靈應如響祈卜者肩相摩咸淳初賜廟額曰廣福六年安撫潛説友請於朝封神及二弟皆列侯曰

第一位孚順侯　第二位孚應侯

第三位孚祐侯

蒿里相公

蒿里趙相公者乃長安蒿里村人也世本農乘耕鋤為公業習科舉登第為人鯁直無私累陳諫事不听公乃觸階而死郡人立其祠今在長安西二十里有墳亦在左道睿宗延和年封公為直列侯俗呼為相公也

祖将軍

将軍不知何許人亦未詳其姓字廟獨立於九江之景星湖塑像儼然代著靈驗居民及舟行者禮拜必慎按唐歐陽詹集云曹國顏公須為湖州牧州産碑材公載石還次江州蛟奔蟠引直至湖心則茂林峭石勢環氣勝有神祠曰祖将軍廟公捐舍廷亭名曰祖亭製文勒碑以紀其事昔人過其廟有詩云

青山出沒無還有　綠水浮沉去亦來
為問将軍當月事　却憐埋骨洞庭隈

花卿

卿姓花名敬定本長安人也廟在眉州之東館鎮按傳花敬定唐至德間從崔光遠入蜀討段子璋有功封嘉祥縣公後又與巨寇相詩力戰疾呼從長入酉部伍已潰落殆尽单騎鏖戰已喪其元猶騎馬荷戈至鎮下馬沃盥適浣紗女語曰無頭何以盥為遂僵仆居民葬之溪上歷代廟祀之靈跡顕赫杜甫歌

成都猛将有花卿　學語小兒知姓名
用如鷹鶻風火生　見賊惟多身始輕

華山之神

神有三一晋浮丘翁一其徒王褒一其徒郭如時称華蓋三仙道場在撫州之崇仁仙華山傑搆為祠高聳雲表大著靈迹士庶之災異疾疫咸趋禱祠下禱者先期齋戒至期執香帛行如冒珠来則馳道去者但拱立道左無敢僣越阿㳫之声連聞四野頗類泰岳太和山之禱謁者然昔人有詩云

踢翻碧澗泉中石　永透丹霞洞裏天
更問浮丘何所事　好来東去看蒼田

聶家香火

香火姓聶族于南昌之王家渡相傳聶上甘一老媪甚賢時有精風鑑者往来止宿其家媪禮之始終不倦怠其人嘗謂媪曰當厚報汝家後果指點一穴授之葬且祝曰願代代陰官自是聶家每代出一靈神顯化感應鄉人争祀之有聶大官冠服如生聶二官聶三官聶四官聶五官聶六官俱戎装擐甲又有聶九舍人最幼小為神時人槩呼曰聶家香火

搜神記卷之四終

搜神記　　高五

目録

廣平呂神翁　黄陵神　黄仙師
江東靈鐵　協濟公　靈義侯　張昭烈
張七相公　耿七公　孫将軍　張将軍
順濟王　横浦龍君　道州五龍
昭靈侯（龍神）　仰山龍神　黄石公
石神　楚雄神石　石龜　鍾神
馬神　青蛇神　金馬碧雞　金精
火精　陳寶（雞神）　黒水将軍　木居士
磨嵯神　黄魔神　向王　竹王　槃瓠

目録畢

廣平呂神翁

唐開元中有道士呂翁嘗息于邯鄲縣北之農家遇少年盧生自嘆貧困時主人方炊黄粱翁以枕授生曰枕吾枕當令榮適如意生枕之夢自枕竅中入至其家娶崔氏女甚麗明年舉進士歷官中書令年八十卒及寤顧翁在傍主人炊黄粱猶未熟生起而謝曰此先生所以窒吾欲也後人為立廟祀之水旱疾疫有禱必應

黄陵神

廟在荆州府夷陵州之西黄牛峡相傳神嘗佐禹治水有功屢有靈驗至蜀漢諸葛亮治蜀老父以其事請亮重其功且異其有神應福庇之及斯民也為建祠于此一名黄牛廟宋蘇軾詩

江邊石壁高無路　上有黃牛不服箱
廟前行客拜且舞　擊鼓吹簫屠白羊
山下耕牛苦磽确　兩角磨崖四蹄脫
青芻半束長苦飢　仰看黃牛邈難及

黃仙師

仙師姓黃行七上杭人也業巫術能鞭撻鬼魔驅逐妖怪師廟在上杭縣治之西南舊在鍾寮塲石峽中後遷於此相傳昔有山精石妖為害巫者黃七公以符法治之因隱身入於其石不出石壁隱映有人影望之儼若仙師像昔人有詩云

非是神剎非鬼劃　解生烟霧解生雲
仙師一入山頭石　草木蒙茸度幾春

江東靈籤 正月初八生

籤神姓石名固秦時贛縣人也歿而為神或陰雨霾霧或夜深淡月微明鄉人往往見其出入騶從如達官長者蓋受職陰司而有事於綜理云人為立廟設以环珓往問吉凶受命如響人益驗其靈應為著韻語百首第以為籤神秉之以應人卜愈益無不切中廟在贛州府城外貢水東五里因名曰江東靈籤世傳以為美名云

本朝宋濂為文以記其事

協濟公

協濟者二神也神姓曾氏兄弟二人平生重氣節輕財樂施至於友愛尤篤當三國時兵戈擾攘相與隱迹於青陽之九子山即今之九華山是也既歿顯靈贊聖為民災災捍患大著功績邑人異而德之為立二廟分祀二神一在九華山之東一在九華

山之西宋大觀間賜額曰協濟祠至今祀之益虔祈禱累應

靈義侯

侯姓苟氏未詳其名鳳翔府之隴州人也有祠在隴州治左其碑刻云唐大曆二年故郡壘艱於浔水苟氏献地為城因遷其城於此軍吏称便故立祠祀之神益著靈顯凡有禱輙應驗如嚮宋封靈義侯賜廟額曰安佑

本朝益新其制而充拓之執祀者愈至

張昭烈

昭烈姓張氏五代時滑臺人也歿而為神有顯應廟在浪州府之黔陽縣宋時有賊潘宗岩領衆來攻城未及至遥望見出城諸軍或青臉獠牙或紅鬓絳績或牛頭馬面四手双叉長者丈餘矮者不滿二三尺跳叫蜂湧噴火騰烟千態萬状鬼魅妖魔賊驚急走自相踐踏遂解散遠去後黄安俊曹成俱来攻城竟不失守皆神之力也詔封為王廟號照烈

本朝益崇祀之

張七相公

相公姓張行七宋時麻城縣人也嘗就異人學道術得其要領能呼役鬼神知幽冥事故以毀沿江諸廟繫獄適城東南隅有火災蔓延什百家一城騷動相公出自獄中騎白馬執短棍指東東滅指西西滅南北各然火患立息遂長行至城西北五腦山人馬俱化聞於官檢獄吏視之則獄户扃扃如故咸驚異之乃即其化所為建廟相

傳禮拜士人衣物隨委於道無敢拾之者間有奸頑則迷道不知所出顯應一方為最云

耿七公

公廟在揚州府高郵州之西北一十五里舊相傳公為東平梁山泊之里人生負俠氣撫劍一呼髮直上指有古賁育風泊里最號英雄數澤而公衝擲其間渠魁且下風而北面之矣按戎馬南下病歿於州境大著靈異凡有禱輒應宋賜號曰康澤侯迄今居民暨舟行者皆致祭

孫將軍

將軍姓孫氏名山五代時人也廟在宣化之縣治西凡遇疾旱禱之即應相傳昔有盜民首飾若干者慮無以自掩乃匿其物於神之座下尋往視之首飾忽不見往復者再四杳無所覓疑其為他人之所得也浹旬失主之家互相維併乃質誓於神甫稽顙見磚縫有黃白色發視之則故物也多著靈蹟宋李綱詩

不愁芒屩長南謫　願領靈旗助北征
酹徹一杯揩淚眼　烟雲何處是二京

張將軍

將軍姓張名孝忠淮士也廟在饒州府安仁縣之玉真山按元兵至安仁提刑謝枋得調忠孝禦之陣於團湖坪相持數日大戰者屢矣尽忠孝揮雙刀繫殺百余人尋中流矢死賊入安仁忽夜半城東南角鼓角齊喧喊嘷騰湧若千軍万馬狀賊將急起視之時微月淡星見將軍騎白馬舞雙刀

雲霧中往来衝突賊將拜而謝焉事定土人時見其持刀走馬長恨不平乃為立祠於死所祀之數著靈異元歐陽言有記

順濟王

廟在新建縣之吳城山世稱小龍云相傳即吳許二真人所誅大蛇子宋封順濟王有真宗御製戒蛟石刻緘盃中遣太常林希逸致祭即有異蛇墜祝上翌旦行礼蛇引首望禮畢出循几案俄循入帳中及希逸還蛇復尾軸轤送至彭蠡而沒後蘇軾自儋耳北歸艤舟祠下忽得古石砮矢於岸側傳觀左右失手墜江中乃禱於神許留廟中使人沒水求之一探而獲因為之記

横浦龍君

龍君姓字未詳廟在江西之南安府治称横浦者古郡名也按言行録横浦炎方雖窮冬無雪故疫疠為多有龍君廟所祈必應張九成曰吾無職隸而歲耗廩禄盍思所以惠之因禱焉朝暾杲然而陰雲倏起晡時雪已寸積邦人咸駭異之時九成為礼部侍郎秦檜惡其言事謫守郡州又諷言者論其謗訕朝廷再謫南安軍故其致祝於龍君者如此云

本朝重建其廟祀事益崇

道州五龍神

廟在道州五龍井側按晏殊類要云唐陽城出守道州至襄陽有五老人来迓自云舂陵人城與之帛問其所居曰居城西北五里至則訪焉惟有五龍井帛猶存因為立廟屢顯靈異廟額曰崇應昔人嘗題其壁

云

山寒蟄龍眠忽醒　黃衣老人岩下行
手持屈曲千歲藤　慮驚世人藏姓名

昭靈侯

昭靈侯南陽張公諱路斯隋初家於潁上縣百社村年十六中明經第唐景龍中為宣城令以才能称夫人石氏生九子自宣城罷歸常釣於焦氏臺之陰一日顧見釣處有宮室樓殿遂入居之自是夜出旦歸一朝歸寒溼夫人問之公曰我龍也蓼人鄭祥遠者亦龍也與我爭此居明日當占使九子助我領有絳綃者我也青綃者鄭也明日九子以弓矢射青綃者中之怒而去公亦逐之所過為谿谷以達於淮而青綃者投於合淝之西山以死曰龍穴山九子皆化為龍而石氏葬關洲公之兄為馬步使者子孫散居潁山其墓皆存焉事見於唐布衣趙耕之文而傳於淮潁聞父老之口載於歐陽文忠公之集古録云自景龍以來潁人世祀之於焦氏臺乾寧中刺史王敬堯始大其廟有宋乾德中蔡州大旱其刺史司超聞公之靈築祠於蔡既雨翰林學士承旨陶穀為記其事蓋自淮南至於陳蔡許汝皆奔走奉祀景德中諫議大夫張秉奉詔益新潁上祠宇而熙寧中司封郎中張徽奏乞爵號詔封公昭靈侯石氏柔應夫人廟有穴五往往見灵異出雲雨或投器穴中則見於地而近歲有得蛻骨於池者金声王質輕重不常今藏廟中元祐六年秋旱甚郡守龍圖閣學士左朝

奉郎蘇軾迎致其骨於西湖之行祠與吏民禱焉其應如響乃益治其廟

仰山龍神

神二龍也廟在袁州府之仰山相傳昔有邑人徐璠舟行過大孤山有二蕭生云居宜春仰山遂同載而歸至浦東告別期至石橋相訪後徐至其處見二龍乃知爲仰山神唐會昌中一夕雷雨移廟於郡南文明卿宋賜祠額曰孚惠元重修表人事二神至謹禱無不應

本朝封大仰山之神春秋祀之又分宜之鈐岡亦有行祠相傳即神維舟處

黄石公

神祠在東阿縣穀城山之陽昔漢張良于下邳圯橋遇老父蹲踞令良進履良彊事之老父喜曰孺子可教授良書一編且謂曰後十三年齊北穀城山下黄石即我也後良讀其書用其畧佐漢高帝誅秦滅項天下大定封留侯果於穀城山而得之良寶而立祠以祀焉

本朝益充拓其廟令有司歲以三月十八日致祭

石神

神廟在廉州之府城東相傳昔人有漁于海者見一磐石浮潮而至心知其爲神因祝曰若得魚副所祈當立祠以報果如所祝遂舁石而歸謀立廟所至楊梅山繩忽斷石亦不可復移即其繩斷處誅茅立柱壯以祠焉凡水旱札瘥禱之輒應昔人過其廟題詩於壁間云

巨鼇手擘混沌開　靈石屹向蒼濵立
太陰六月飛雪寒　蛟螭夜舞波濤泣

楚雄神石

在楚雄者有二一在南安州西五里巨石髙十余丈蒙氏號為南嶽社靈安邊之神土人每歲以金貼其頂有禱輙應一在楚雄縣西南三十里碌摩山頂屹立似人髙八尺許頂突出如斜戴笠之狀土人以金貼其面事之甚謹昔人有詩云

安知金馬碧雞外　別有欝欝盤荒陬
陰崖猶遺太古雪　神石一立千萬秋

石龜

在興国縣之儒林鄉石圓如龜項背俱備彷彿八卦形象逐月随斗杓旋轉土人疑其怪移置他所翌日復歸其處累驗皆然因時祀之

鍾神

廉州之城南七里有水飛激成深廣接江通海歲旱鄉人多祈雨於此相傳宋政和間靈覺寺鍾一夕飛去寺僧與知雷雨聲震不知鍾之所之詰旦鍾忽懸空而下視之鍾猶淄濕自是湾傍居民言湾中每夜有鍾聲知其必與龍戰寺僧為鑿去頂上龍角乃止后人遂名其湾曰鍾湾至今湾中颶風迅疾則有一物大如車輪藍黑色湧出波心亭亭自在識者謂其為鍾神云

馬神

神名步主為災害馬人為立廟祀之按周禮校人冬祭馬步即此故其註云馬步神之為災害馬者有廟在武昌縣南之梁子湖

上舊俗以仲月祭於大澤用剛日令縣人率以五月五日競渡時祭享於廟蓋亦吳之故俗云 昔人有詩

吳王宮殿作飛塵　野鳥幽花各自春
梁子湖邊餘戰馬　也曾咆哮武昌人

青蛇神

有祠在慶陽府之環縣初廟志云唐節度使楊朝晟下次方渠築城合道木波以遏吐蕃路苦乏水有青蛇降險下走視其蹟水從而流朝晟因命築防環之遂為停淵士飲仰足吐蕃果怨衆引去朝晟大異之上其事於朝詔立祠以祀之仍命泉曰應聖神著顯應士民爭奉牲帛遠近水旱疾疫多賴之

金馬碧雞

二神也金馬神廟在金馬山西碧雞神廟在碧雞山東按漢宣帝時方士言益州有金馬碧雞可祭祀而致遣王褒往祀之至蜀而卒顏師古謂金形如馬碧形如雞蓋金馬碧雞二山對時中隔滇池蒼崖萬丈綠水千尋月印波澄雲橫絕頂雲南一佳景也故二神依之以靈化顯應元張雄飛詩

北闕辭丹鳳　南雲看碧雞
紫台移玉座　瑤草濕金泥
雨霽龍歸洞　風生虎渡溪
尋梅穿竹逕　採藥躡松梯

金精

金精金星之精也相傳漢時益都縣張姓者名金華生女曰麗英生稟瑞相能先事言民間休咎去縣之西北十五里有山崒嵂

嵬然一方年十五入山修煉遂得道長沙王吳芮聞而聘焉嚴兵弗許乃昇山之高處始曰山有石室中通洞天若能鑿之當相見也芮大發兵攻鑿既通見女乘紫雲在半空語曰吾為金星之精特降治此山耳言訖而去後人因名其山曰金精山道家以是山為第三十五福地

火精 六月二十三日生

神姓宋名無忌漢時人也生有神異歿而為火精唐牛僧孺立廟祀之以禳火災廟在武昌府之城東七里本曰宋大夫楊吳避諱改称大憲按唐韋建除武昌軍節度使将行夢一朱衣達者導從數十輩卬卬然諸韋曰公将鎮鄂渚僕所居頹毀非公不能葺治及至訪無忌廟其像即夢中所見遂撤而新之宋紹興中知州王信復充拓其制

本朝重建俗云火星堂今江東各所之火星廟皆其神也

陳寶

有祠在鳳翔府寶雞縣之東二十里史記秦文公獲若石於陳倉北阪城祠之其神来常以夜光輝若流星從東南来集於祠城則若雄雞其聲殷殷云野雞夜雊祀以一山牛命曰陳寶唐人有詩云

一水悠悠去似絣　兩山如画翠眉横
扶風野渡歸吳嶽　陳寶斜陽入渭城

黑水将軍

鳳陽府城之北門外逼近淮河數崩决為民患宋嘉定間郡守紫将軍者鑄鉄将軍像

刻云濠州之北淮河之邊千汝鎮守億千萬年自是河患寧息於是立廟覆其上居民爭先祀之有禱必應

木居士

神無姓名不記其朝代刻木為像廟在耒陽縣之東二十里相傳昔有火穿木類人形坼水而來寺僧遂祠以奉之唐韓愈詩火透波穿不計春　根如頭面幹如身偶然題作木居士　便有無窮求福人宋時縣令因祈雨無應議欲折而薪之不移時大雨霑足賴之有年令為重其祀而新其廟神益感應如響

本朝重建

磨嵯神

廟在施州衛之西按衛城西南與洛浦蠻接壤洛浦蠻猶桀驁數為邊患有將孟蜀者率兵討之累戰弗捷蜀抱煩悶從中軍枕戈而寢忽夢一神人自陳我磨嵯大王是也知公戰未利願效一臂之勞蜀亦朦朧禮謝既覺急視之猶聞有刀馬聲明日臨陣洛浦蠻東披西靡如前後受敵狀遂解散稽首降附神自是靈跡顯著施民所在祀之無不感應

黄魔神

神亦未詳朝代姓字廟在荆州府之歸州峽靈通顯應一方瞻依攸係按寰宇記唐咸通中簫遘自右史竄黔南泝三峽秭歸夢神人曰我黄魔神也居紫極宮西北隅将佑助公出此境又廟記載李吉甫自忠州除替峽漲洶怒忽有神人湧出水上為之

扶舟李問是何神荅曰我黃魔神也又宋寇準經從叱灘亦有神扶船而下準問之神自號黃魔盖其神通顯化屢有著續不能具舉姑記其大者如此云云

向王

王姓向名輔歸州之東陽人也王母侏氏夜夢一巨星入手燁燁有光口而吞之覺後有孕懷二十六月而生王初生不能言七八週見一道士書符即搴其衣疾呼之曰我我我自是語言如成人長益有道術呪水符法不襲人舊而自無不驗歿而為神於所生之地穿山鑿石或沒入于山之東即出于山之西無問其高與厚之若何或時而擘石隱身其內顯著靈異不可枚舉鄉人立祠祀之有禱即應

竹王

王即夜郎侯也廟在施州衛城東南之東關山下按華陽國志初有女子浣于遯水有三節竹流入足間中有嬰兒聲剖竹得男收養之及長材武自立為夜郎王以竹為姓漢武平西南夷王被夷獠請立後天子乃封其三子為侯死後配食於父之廟宋崇寧中賜廟額曰靈惠後其子孫蔓延崇祀益謹

本朝正祀典止称曰夜郎王之神

槃瓠

槃瓠狗神今長沙武陵蠻之祖廟在盧溪孫之武山按高辛氏有犬戎患募能得犬戎吳将軍頭者妻以少女時帝有畜狗名曰槃瓠遂入山銜人首赴闕下果吳将軍頭

也帝大喜然槃瓠畜類不可妻欲他報之女聞以為信不可失請行帝不得已從之槃瓠得女負入南山石室中踰三年生六男六女槃瓠死男女自相婚配母歸以狀白帝使迎置諸子衣裳爛斑言語侏俩付後滋蔓今武陵蠻是也至今土俗不食犬肉廟有威靈

搜神記　　　　　　　　　　　　　　　　高六

目録

天妃　蚕女　青衣神　神女

白水素女　馬大仙　聖母

温孝通　孝烈将軍

靈澤夫人俗呼為蜴蟻娘娘　順懿夫人

寨将夫人　誠敬夫人　姚娘

曹娥　二孝女　五瘟使者

五盗将軍　掠刷使　增福相公

福禄財門　門神　神荼鬱壘

鍾馗　司命竈神　厠神

開路神律令附　翁仲二神

目録畢

天妃　三月二十三日生

妃莆人宋都巡檢林愿之女生而神靈能言人禍福沒後鄉人立廟于湄洲之嶼嶼有興化之東南海中與琉球國相望宋宣和中路允迪浮海使高麗中流風大作諸船皆溺獨允迪所乘舟神降於檣遂獲安濟歴代累封至天妃

本朝洪武永樂中凡兩加封猶今府城中有行祠有司春秋祭焉昔人詩

星斗斜連北　蓬瀛直指東

秋高洲嶼白　日出海波紅

蚕女

高辛時蜀有蚕女不知姓氏父為人所掠惟所乘馬在女念父不食其母因誓於衆曰有得父還者以女嫁之馬聞其言驚躍絕

繮而去數日父乃乘馬而歸自此馬嘶不止母以誓衆之言告父父曰誓於人不誓於馬脫我之難固大功所誓之言不可行也馬跑父怒欲殺之馬愈跑父射殺之曝其皮於庭皮蹶然而起卷女飛去旬日皮棲於桑上女化爲蚕食桑葉吐絲成繭以衣被於人一日蚕女乘雲駕此馬謂父母曰上帝以我心不忘義授以天仙嬪

青衣神

青衣神即蠶叢氏也按傳蠶叢氏初爲蜀侯後稱蜀王嘗服青衣巡行郊野教民蠶事鄉人感其德因爲立祠祀之祠廟遍於西土罔不靈驗俗槩呼之曰青衣神青神縣亦以此得名云宋謝枋得蠶詩

養口資身賴以桑　終成王道澤流長
吐絲不羨蜘蛛巧　飼葉頻催織女忙
三起三眠時化運　一生一死命天常
待看獻繭盆繅后　先與君王作袞裳

白水素女

素女天神也昔閩人謝端有淑行居室寒素一日出江邊見一大螺偃仰狀如斗異而愛之因載之以歸畜且珍焉每外扃鐍嚴密返則盤飧羅具如賓筵端甚疑惧偵諸長老或告之曰此必若而有異畜也端乃悟其爲螺爲密伺見一姝麗甚端前禮問其故神亦不隱遂應之曰我天漢中白水素女也天帝遣我爲君具食今限滿當去故爲君所窺我去留殼與君端用以居粮其米常溢今福州西北三十里有螺江其得名由此云

馬大仙

大仙姓馬氏衢州府景陵縣人也家貧養姑孝傭身以資薪米恒苦不給艱險備嘗略無倦息一日遇異人授以仙術祝之曰感汝孝養持此代薪水之懽母輕語大仙如其術日給膳養不勞餘力自是姑得所養善所終未幾而大仙亦隨之以示寂矣鄉人重之為立祠以永其祀凡禱多應水旱疾疫如轉圜然有李陽冰所撰碑記及

本朝誠意伯劉基重脩馬大仙廟記

聖母

聖母海陵人長適杜氏子性好善師劉綱學仙術道成杜氏子不之信告官拘以囹圄頃之聖母已從窗隙中出去高入雲中人為立廟奉祭每表灵驗嘗有一青鳥在祭所人有所祭鳥為飛遶鳴鳴若鑒受狀有所失問其所在鳥即集盜物之處以此道不拾遺元大德初更立廟於揚州江都縣之東六十里應嚮愈著

本朝加勅封焉

温孝通

孝通姓温氏秦女也廟在臨江府之新淦縣南八十里峽江鎮相傳秦時有温媪經程溪得巨卵藏於家生七龍放之江媪或時至江口龍輒獻嘉魚若祭養然後媪死葬於程溪之側將把一夕雷電風雨交作走石飛沙詰旦人見墓遷於岸北之高岡鄉人異之為立祠堂唐賜廟額孝通元揭斯有記又云温媪閩城人唐太和間盧肇嘗夢媪謂曰君將為江西縣令後果宰分宜

更爲立廟廬筆記

孝烈將軍

將軍名木蘭楚宋氏女也代父西征頗著勞勣既殁人爲立廟唐封孝烈將軍今黄陂縣之木蘭山及保定完縣俱有廟在靈應如響蓋黄本桑梓而完即其西征所云按古樂府詞唧唧復唧唧木蘭當戶織不聞機杼聲唯聞女嘆息昨夜見軍帖可汗大點兵軍書二十卷卷卷有爺名阿爺無大兒木蘭無長兄願爲市鞍馬從此替爺征

靈澤夫人

夫人姓孫氏吳王權之妹蜀漢昭烈帝之后也相傳權用周瑜詐計迎后於荆州舟次荻港后乃識其詐遂自沉江又云聞昭烈帝崩哀毁投江自盡後人立廟於蟂磯山之上蓋其藏所即今蕪湖縣西是也歷著靈異我

太祖高皇帝龍飛渡江陰兵冥助既

登極勅封靈澤夫人益新廟貌有

御製律詩刻於廟額騷人墨客過有唫咏至今爲大江中一奇跡而神逾應響云

順懿夫人

按楓涇雜録云唐大曆中閩古田縣有陳氏女者生而穎異能先事言有無輒驗嬉戲每剪爲蝶之類噀之以水即飛舞上下嚙木爲尺許牛馬呼叱以令其行止一如其令飲食遇喜升斗輒盡或辟穀數日自若也人咸異之父母亦不能禁未字而殁附童子言事鄉人以水旱禍福叩之言無不

驗遂立廟祀焉宋封順懿夫人代多靈跡今八閩人多祀之者

寨将夫人

夫人姓虞有廟在英德縣之麻寨岡舊傳唐末黃巢破西衡州虞氏躬披甲冑率兄弟及鄉兵戰禦巢賊遂北虞氏亦死鄉人即其死所立廟祀之大有靈應宋嘉泰間有賊将統衆道經麻寨岡忽有風雷雨雹自廟而出賊大惧棄甲曳兵而去鄉里賴以無恐事聞賜廟額曰寘助嘉定間又小有警鄉兵禱于廟而與戰一日三捷賊為觧散加封正順顯佑夫人林子升作記及宋末之乱元兵残破惟英徳遠近安堵説者謂皆神之功

誠敬夫人

夫人洗氏高凉人陳高州太守馮寶妻隋初平陳嶺南共推洗氏為主保境拒守既而降隋厥后高州刺史李遷仕及番禺夷王仲宣等反夫人又皆討平之累封至譙國夫人卒謚誠敬廟在今電白之縣治東旁邑俱有行祠無不響應宋蘇軾詩

馮洗古烈婦　翁媼國于玆
策勲梁武后　開府隋文時
三世更險夷　一心無磷緇
錦繖平積乱　犀渠破余疑

本朝洪武初封為高凉郡夫人歲以仲冬月祭之

姚娘

姚氏名貞淑漢河平間居民女也廟在博羅縣東莫村歿而有神故祠於此宋陳堯佐

權守惠州攜潮士許申偕行艤舟於岍俄有介冑百萬指呼甚嚴云今夕丞相濟使會宿於此必有蹕處不肖堯佐異之明日訪其地有姚娘神廟在焉后堯佐拜相申任本路轉運使一如其言又博羅之西梁時陳氏女父應志年八十卒獨一女女哀毀過甚亦卒鄉人像而祠之漢封昌福夫人其神頗靈禱雨有應

曹娥

娥上虞人父名盱能絃歌為巫祝漢安初五月五日於縣江泝潮迎神溺死不得屍娥年十四乃沿江號哭晝夜不絕聲旬有七日遂投江而死元嘉中立廟於紹興之府城東邯鄲子作碑文蔡邕題云黃絹幼婦外孫齏臼即此廟着灵應鄉人崇祀之不置

又邑有朱娥者育於祖媼里人有欲殺媼者娥年十歲突前持救被刀十餘以死肖像配享曹娥云

二孝女

孝女唐時人金谿葛祐女也邑有銀場典其事者即祐銀耗竭産不能償二女不忍其父荼毒赴冶而死父得釋場亦為罷後有一少年讀書於邑之翠雲寺將漏下三更月明雲淡聞有笙鏞聲來自西北推户視之見祥雲瑞靄掩映迴環導從旌蓋一一如昭儀然有二女仙端坐其上少年急避之二女呼謂之曰毋恐我葛氏女也上帝嘉我孝行授以玉清宫正乙之職令將歷十洲謁王母善為我語家人少年異之人

為立廟最靈應云

五瘟使者　九月初三日生

隋文帝見五力士凌空三五丈長身披五方袍一人執杓子罐子一人執皮袋并劍一人執扇一人執鎚一人執火壺帝問太史居仁曰此何神注何災福張居仁奏曰此五方力士乃天之五鬼名曰五瘟使者現之則民有瘟疫帝曰可治而免乎居仁曰無法可治於是國人病死者衆帝乃立祠詔青袍力士封顯聖將軍紅袍力士封顯應將軍白袍力士封感應將軍黑袍力士封感成將軍黃袍力士封感威將軍隋唐皆用五月五日祭之

五盜將軍

五盜將軍者即宋廢帝永光年間五盜寇也於本地方作亂為盜後景和二年帝遣大將張洪破而殺之於新封縣之北後五人又作怪降祟於死之鄉祭之者皆呼為五盜將軍即今時之所謂賊神是也

一杜平　二李思　三任安　四孫立　五耿彥正

掠剩使

掠剩使者姓裴名璞杜陵韋元方外兄也璞任邠州新平縣尉元和五年璞卒於官長慶初元方下第將客於隴右出開遠門數十里抵偏店將憩見前武吏躍馬而來騎從數十而貌似璞見元方若識而急下馬避之入茶邸垂簾於小室中其徒御散坐簾外元方疑之亦入其邸及褰簾入見真裴璞也元方驚喜拜之曰兄去人間復効

武職何也陰吏之赳赳如此乎璞曰吾為陰官職掌武士故武飾耳元方曰何官曰隴右西川掠剩使耳曰何所典耶曰吾職司人剩財而掠之元方曰何謂剩財璞曰人之轉貨求丐也命當得此忽遇物之稍稀或主人深顧所得乃踰數外數外之財即謂之剩故掠之焉元方曰安知其剩而掠之璞曰主人一飲一酌無非前定況財寶乎陰司所籍其獲有限獲而踰數陰吏乃剩而掠之也元方曰所謂掠者奪之於囊耶竊之於懷耶璞曰非也當數而得一一有成數外之財為吾所運或令虛耗或索橫事或買賣不及常價殊不關身尔始吾之生也嘗謂商勤得財農勤得穀士勤得禄只歎其不勤而不得也然則覆舟之商旱歲之農屢空之士豈不勤乎而今乃知勤者德之基學者善之本德與善乃理身之道耳亦未足以邀財而求禄也子之逢吾亦是前定合得白金二斤遇此遺子又當復掠故不敢厚子之是行也故甚厚而分甚薄於涇殊無所得諸鎮平平尔人生有命時不參差以道靜觀無復躁撓勉之哉璞以公事須入城中陰冥幽寄不及多言乃冉冉而別

增福相公　九月十七日生

李相公諱詭祖在魏文帝朝治相府事白日管陽間決斷邦国冤滞不平之事夜判陰府是非枉錯文案兼管隨朝三品以上官人衣飲禄料及在世居民每歲分定合有衣食之禄至後唐明宗朝天成元年贈為

油桶

增福相公

福祿財門

福祿者本道州刺史楊公諱成字昔漢武帝愛道州矮民以為宮奴玩戲其道州民生男選揀侏儒好者每歲不下數百人使公孫父母與子生別自刺史楊公守郡以表奏聞天子云臣按部典本土只有矮民無矮奴也武帝感悟省之自后更不復選郡人德之立祠繪像供養以為本州福神後天下士庶皆繪像敬之以為福祿財門之神

門神

神即唐之秦叔保胡敬德二將軍也按傳唐太宗不豫寢門外拋磚弄瓦鬼魅號呼六院三宮夜無寧刻太宗懼以告群臣叔保奏曰臣平生殺人如摧枯積屍如聚蟻何懼小鬼乎願同敬德戎裝以伺太宗可其奏夜果無驚太宗嘉之謂二人守夜無眠因命畫工圖二人之像全裝怒髮一如平時懸于宮掖之左右門邪祟以息後世沿襲遂永為門神云西遊記小詞有本是英雄豪傑舊勳臣只落得千年稱戶尉萬古作門神之句

神荼　鬱壘

東海度朔山有大桃樹蟠屈三千里其卑枝向東北曰鬼門萬鬼出入也有二神一曰神荼一曰鬱壘主閱領眾鬼之出入者執以飼虎於是黃帝法而象之因立桃板之制也蓋其起自黃帝故後世畫神像於枝

上循於其下書左神荼右鬱壘以元日置之門户

鍾馗

唐明皇開元中講武驪山還宮疾作晝夢一小鬼絳衣犢鼻跣一足履一足盜太真繡香囊及上玉笛繞殿奔戲上叱問之小鬼曰臣乃虛耗也上曰何謂虛耗小鬼曰望空虛中盜人物耗人家喜事上怒欲呼武士忽一大鬼破帽藍袍角帶朝靴先刳小鬼目後擘而啖之上問何人奏曰臣終南山進士鍾馗應舉不捷羞歸故里觸殿階而死奉旨賜綠袍葬我感恩祭祀與王除天下虛耗妖孽言訖夢覺疾瘳詔吴道子圖其像

司命竈神 八月初三日生

神姓張名單字子郭狀如美女夫人字卿忌有六女皆名察即六癸女也白人罪狀大者奪紀二三百日小者奪算一二百日故為天地督使凡治竈於屋中央口向西竈四邊令去釜九寸以塼及細土構之勿令穿折竈神以壬子日死不可用此日治竈五月辰日猪頭祭竈令人治生萬倍利益雞毛入竈有非禍犬骨入竈出狂子正月巳巳日白雞祭竈宜蚕五月巳丑祭竈吉四月丁巳日祭竈吉神衣黄披髮從竈中出知其名呼之可除凶惡云

厠神

厠神者萊陽縣何氏女名媚字麗卿自幼讀書辨利唐垂拱三年壽陽刺史李景納為妾其妻妬之遂陰殺之置其屍於厠中魂

遠不散如厠每聞啼哭聲時隱隱出現且有兵刃呵喝狀自是大著靈異人為屍祝之懸箕而降能知禍福神死於正月十五故偏顯靈於正月也

開路神

神即周禮之方相氏是也相傳軒轅皇帝周遊九垓元妃嫘祖死於道令次妃好如監護因買相以防夜盖其始也俗名險道神一名阡陌将軍一名開路神

律令（令平聲）

雷部健兒善走與雷相疾速故符咒云急急如律令謂此

翁仲二神

魏明帝鑄銅為二神人號翁仲置司馬門外按古長人見為国亡長秋見臨洮為秦亡之禍始皇反以為祥鑄銅象之

搜神記終

大明萬曆三十五年歲次丁未上元吉日

正一嗣教凝誠至道闡玄弘教大真人

掌天下道教事張國祥　奉

旨校梓

搜神記卷之六

新編連相搜神廣記

新刻連相搜神廣記目錄

淮海　秦　晉

前集

後集

新編連相搜神廣記目錄 畢

盧六祖　三茅真君　薩真人
袁千里　傅大士　崔府君
普庵禪師　吳客三真君　昭靈侯
義勇武安王　清源妙道真君　威惠顯聖王
祠山張大帝　掠剩使　沿江遊奕神
常州武烈帝　揚州五司徒　蔣莊武帝
蠶女　威濟李侯　道元帥
杭州蔣相公　增福相公　蒿里相公
靈派侯　鍾馗　神荼鬱壘
五瘟使者　司命竈神　福神
五盜將軍　紫姑神

新編連相搜神廣記

儒氏源流

至聖文宣王魯曲阜昌平鄉鄹里其先宋人也先聖曾大父曰孔防叔避宋華督之難徙居于魯生伯夏伯夏生叔梁紇長子曰孟皮字伯尼有廢疾不任繼嗣次子則先聖也魯襄公二十二年冬十月庚子日先聖生是夕有二龍繞室五老降庭五老者五星之精也母顏氏之房聞奏鈞天之樂空中有聲云天感生聖子故降以和樂笙鏞之音生而首上圩頂故因名丘字仲尼幼而喪父葬於防山先聖身長九尺六寸腰大十圍凡四十九表反首洼面月角日準坐如蹲龍立如鳳峙望之如仆就之如升目有珠庭龜脊龍形虎掌駢脅參膺河目海口山臍林背翼臂肘洼頭隆鼻阜脥堤眉地足谷竅雷聲澤腹昌顏均頤

[illegible]駢齒眉有一十二彩目有六十四理其頭似[illegible]其[illegible]
其項類皐陶其肩類子產自腰以下不及禹三寸有大聖[illegible]
孝[illegible]天人道[illegible]祕與[illegible]之書已致五經[illegible]
之[illegible]堯舜周公之美[illegible]定公以[illegible]聖為中都宰一年四方諸侯
皆則焉[illegible]為邑宰十年為司空十一年為大司寇攝行相
事十四年誅魯大夫亂政者少正卯與聞國政三月[illegible]者
弗[illegible]男女行者別於塗塗不拾遺四方之客至乎邑者不求
有司皆予之以歸[illegible]魯十四年魯哀公[illegible]一年先聖[illegible]
刪詩書定禮樂[illegible]成六藝[illegible]而[illegible]易讀之韋編三絕為之[illegible]
言[illegible]以教其教弟子於洙泗北門從[illegible]千博從六[illegible]
者七十二人昔先聖夫子生時有麟吐玉書於闕里其文曰水精
之子係周衰而素王顏氏異之以繡紱繫麟角信宿而麟去至
哀公十四年西狩大野叔孫氏之車子鉏商獲麟[illegible]
傷之曰麟[illegible]胡為來哉胡為來哉反袂拭面[illegible]

之然後取之而繫周之紱尚存先聖曰吾道窮矣乃因魯史而
作春秋文加褒貶而修中興之教麟見而天告先聖之亡徵也
先聖病甚夢在兩楹之間子貢請見曰子方負杖逍遙於門曰賜
汝何來晚也先聖因嘆曰太山壞乎梁木摧乎哲人萎乎因以
涕下謂子貢曰天下無道久矣莫能宗予後七日薨年七十三歲
魯哀公十六年夏四月己丑葬於魯城北哀公十七年立廟於宅
積書守陵廟百戶弟子皆服心喪三年畢相訣而去則哭各盡哀
或復留唯子貢廬於冢者六年然後去弟子於廟藏先聖衣
冠琴瑟車書弟子及魯人往從冢而家者百有餘室因命曰孔里
魯世世相傳以歲時奉祠於冢子孫世襲不絕
聖朝崇奉追封尊號
大成至聖文宣王
聖室鄆國夫人
聖父封齊國公
聖母封魯國太夫人

釋氏源流

釋迦牟尼佛姓刹利父淨飯天母清淨妙位登補處生兜率天上名曰勝善天人亦名護明大士度諸天衆說補處行亦於十方界中現身說法普曜經云佛初生刹利王家放大智光明照十方世界地湧金蓮華自然捧雙足東西及南北各行七步分手指天地作師子吼声上下及四維無能尊我者即周昭王二十四年甲寅歲四月八日也至四十二年二月八日年十九欲求出家而自念言當復何遇即於四門遊觀見四等事心有悲喜而作思惟此老病死終可厭離於是夜子時有一天人名曰淨居於窓牖中叉手白太子言出家時至可去矣太子聞已心生歡喜即逾城而去於檀特山中修道始於阿藍迦藍處三年學不用處定知非便捨復至欝頭藍弗處三年學非非想定知非亦捨又至象頭山同諸外道日食麻麥經于六年故經云

以無心意無授行而悉摧伏諸外道先歷試邪法示諸方便發諸異見令至菩提故普曜經云菩薩於二月八日明星出時成佛號天人師時年三十當周穆王三年癸未歲也既而於鹿野苑中為憍陳如等五人轉四諦法輪而論道果說法住世四十九年後告弟子摩訶迦葉吾以清淨法眼涅槃妙心實相無相微妙正法將付於汝汝當護持并勑阿難副貳傳化無令斷絕而說偈言

法本法無法　無法法亦法
今付無法時　法法何曾法

爾時世尊說此偈已復告摩訶迦葉吾將金縷僧伽棃衣傳付於汝轉授補處至慈氏佛出世勿令朽壞摩訶迦葉聞偈頭面禮足曰善哉善哉我當依勑恭順佛故爾時世尊至拘尸那城告諸大衆吾今背痛欲入涅槃即往熙連河側娑羅雙樹下右脇累足泊然宴寂復從棺起為母說法特示雙足化婆耆并說

無常偈曰

諸行無常　是生滅法

生滅滅已　寂滅為樂

時諸弟子即以香薪競共[illegible]之燒後金棺如故爾時大衆即於

佛前以偈讚曰

凡俗諸結縛　何能致火燒

請尊三昧火　闍維金色身

爾時金棺從坐而舉高七多羅樹往反空中化火三昧須臾之頃

焚得舍利八斛四斗即時穆王五十二年壬申歲二月十五日涅

自出世尊滅後一千一十七年教至中夏後漢明帝夜夢金人

身長大頂有日月光以問群臣或曰西方有神其名曰佛陛下

所夢得無是乎於是遣使往天竺問其道得其書及沙門以來

沙門云佛長一丈六尺黃金色項佩日月光變化無方無所

不入能化通萬物而大濟群生

靈寶天尊
上清真境
道德天尊
太清仙境

道教源流

金闕玄元太上老君聖紀按洞玄靈寶[illegible]元始上帝真藏元存經
道君告皇帝曰昔天地未分陰陽未判象溟杳冥溟滓人方鴻
濛無光無結空自然中有百千萬重道氣化生妙無聖君號曰
號曰妙無上帝自然元始天尊一號太寶丈人經九億九萬九
千九百九十億萬劫次結百千萬億重真氣化生玄妙聖君自
稱妙有大帝號皇玉晨大道君一號靈寶丈人經八億八千八
百八十億劫次結百千萬重道氣化生混沌聖君紀號玄真大
帝萬變混沌玄元老君一號神寶丈人又按老君紀號曰太上
老君在太清境乃元氣之祖宗天地之根本於至極至虛之內
太初太始之先推數御運布氣敷精開化天地所歷成壞之劫
不可量計其化身周遍塵沙世界亦非筆墨所能極周[illegible]之[illegible]
歷代之跡尊隨時立教代為帝師降立[illegible]流九天[illegible]

[illegible]三皇五帝下歷代代爲帝王國師宗者爲萬神之祖天上天下[illegible]
[illegible]然之[illegible]之祖也垂儀萬法之法無不濟度百姓日用而不知[illegible]
[illegible]子曰吾乃生乎無形之先起於太初之前行於太素之元[illegible]
於太[illegible]之端浮游幽冥之中出入杳冥之門[illegible]周流微[illegible]
三八老子體自然而然生乎太無之先起乎無因經歷天地終始
不可稱載又云世人謂老子[illegible]殷代老子之號始於無數劫
甚[illegible]自老子[illegible]矣[illegible]渺邈久遠矣開闢已前復下爲帝師代代不絕人
莫能紀之按老子傳皆開闢之前下至殷湯代代爲國[illegible]師
皆化身降世當殷湯甲十七年庚申始示誕生之跡自太清
[illegible]之境乘太陽日精化五色玄黃大如彈丸時玉女晝寢流入口
中吞之有孕懷八十一歲至武丁九年庚辰剖玉女左腋而生
生而白首號曰老子生於李樹之下指樹曰此吾姓也名耳字
伯陽自殷武丁九年庚辰下至秦昭王九年酉昇崑崙計九百
九十六年矣

按李石續博物志云唐高祖武德三年晉州人吉善行於羊角
山見白衣父老呼善行曰爲吾語唐天子吾爲老君即汝祖也
高祖因立廟高宗追尊玄元皇帝明皇註道德眞經分文著尊
之兩京及諸州各置玄元皇帝廟京師號玄元宮諸州號紫極
宮尋改西京爲太清宮東京爲太微宮皆置學生尊號曰大聖
祖高上大道金闕玄元天皇大帝
宋国朝會要曰宋眞宗太平祥符六年八月十一日制詔奉上
尊號曰
太上老君混元上德皇帝

聖母尊號

唐武后光宅二年九月甲寅追尊
聖母曰先天太后
祖廟在亳州太淸宮是也

玉皇上帝

按聖紀所載云往昔劫世有國名號光嚴妙樂其國王者名曰淨德時王有后名寶月光王乃無嗣嘗因一日作是思惟我今將老而無太子身或崩殂社稷九廟委付何人作是念已即便敕下詔諸道衆於諸宮殿依諸科教懸諸旛蓋清淨嚴潔廣陳供養六時行道徧禱真聖已經半載一不退初心忽夜寶月光皇后夢太上道君與諸天帝真金姿玉質清淨之儔駕五色龍輿擁耀景旌旛蔭明霞蓋是時太上道君安坐龍輿抱一嬰兒身諸毛孔放百億光照諸宮殿作百寶色幢節前導浮空而來是時皇后心生歡喜恭敬接禮長跪道前白道君言今王無嗣願乞此子爲社稷主伏願慈悲哀憫聽許爾時道君答曰皇后言願特賜汝是時皇后禮謝道君而乃收之皇后收已便從夢覺覺而有孕懷一年于丙午歲正月九日午時誕于王宮當生之時[illegible]

一□容顏端正國色相好妙好見者無厭幼而敏慧[illegible]，其王宮中所有寶藏一切財寶悉皆散施窮乏困苦鰥寡孤獨無所依怙飢饉殘疾一切衆生仁愛和遜歌謠有道播及遐方天下仰從歸仁太子父王加慶當爾之後王忽崩太子治政俯念浮生告敕大臣嗣位有道遂捨其國於普明秀嚴山中修道功成超度過是劫已歷八百劫身常捨其國爲群生故割愛學道於此後經八百劫行藥治病拯救衆生令其安樂此劫盡已又歷八百劫廣行方便啟諸道藏演說靈章恢宣正化敷揚神功助國救人自幽及顯過此已後再歷八百劫亡身殞命行忍辱故捨己血肉如是修行三千二百劫始證金仙號曰清淨自然覺王如來

宋真宗讚徽曰太中祥符七年九月上對侍臣曰自元符之降朕欲與天下臣庶同上玉皇聖號至天禧元年正月辛丑朔帝詣太初殿奉上玉皇大天帝聖號曰

太上開天執符御歷含真体道玉皇大天帝

聖祖尊號

御製靈遇記曰景德初王中正遇司命真君傳藥金法上之四年十一月降劉承規之真君名五年始奉上徽號曰九天司命天尊宋真宗實錄曰大中祥符五年十月十七日上夢景德四年先降神人傳玉皇之命云令汝祖趙[illegible]此月二十四日降如唐貞元事至日天尊降延恩殿號十月巳巳加號聖祖上靈高道九天司命保生天尊

聖母尊號

國朝會要曰天禧元年三月六日冊上聖祖母懿號曰元天大聖后

先是大中祥符五年御制加上聖祖母號俟兗州太極觀[illegible]日奉上[illegible]詔十二日[illegible]行冊禮

東華帝君

東華帝君紹習在道含氣凝寂湛體無為將欲啟迪玄功生化万物先以東華至真之氣化而生木公焉木公生於碧海之上蒼靈之墟以主陽和之氣理於東方亦號王公焉與金母皆挺質太元毓神玄奧於東方溟溟之中分大道醇精之氣結而成形與王母共理二氣而育養天地陶鈞万物凡天上天下三界十方男子之登仙得道者悉所掌焉是方諸之上據璧外記方諸山在東海之內其諸司命二十五所以隸天上人間罪福帝君為大司命總統之山有東華青宮帝君常以丁卯日登真臺四望享道之者凡仙有九品一曰九天真皇二曰三天真皇三曰太上真人四曰飛天真人五曰靈仙六曰真人七曰靈人八曰飛仙九曰仙人凡此品次昇天之時先拜木公後謁金母受事既訖方得昇九天入三清拜太上而覲元始故漢初有四五小兒戲路中一兒

頌曰著青裙入天門揖金母拜木公時人皆莫之知此子房往拜焉曰此東王公之玉童也昔元始告十方天人曰吾自道立混沌化生二儀役御陰陽始封皇上元君自東華扶桑大帝等校量太上定千劫數中皇元年太上於玉清瑤房金闕上宮校帝寶經符圖玉訣使傳後學玉名合真之人故玄經云東華不秘於真訣是也紫府者帝君校功行之所夫海內有三島而十洲列其中上島三洲謂蓬萊方丈瀛洲也中島三洲謂芙蓉閬苑瑤池也下島三洲謂赤城玄關桃源也三島九洲乃時洪時學之中又有洲曰紫府踞三島之間乃帝君之別理統轄雲官職位較量羣仙功行自地仙而至神仙神仙而至天仙天仙而至真聖入虛無洞天凡三遷也皆帝君主之釋之名也東華者以帝君東華主扶桑之氣化而生也分治東極居東華之上也紫府者職居紫府統三十五司命遷轉雲官較品真仙也陽者主東方少陽九氣生化萬彙也帝君者位冠東方諸天之尊君牧羣聖

爲生物之主易曰帝出乎震是也故曰東華紫府少陽帝君又眞教元符經云昔二儀未分溟涬鴻濛如鷄子玄黄之中一自然有盤古眞人修古就今是曰盤古乃是天地之精自號元始天王游行虛空之中又有太元聖母化生天脊臍中經一刼天王行施聖母家生天皇號上皇元年始世三萬六千歳受元始上帝符命爲東宮太帝扶桑大君東皇公號曰元陽父君之所經或號東王公或號青童君或號方諸君或號青提帝君名蒙雖殊即一東華也

聖朝至元六年正月日上尊號曰

東華紫府少陽帝君

西王母

西王母者乃九靈大妙龜山金母也號太虛九光龜臺金母元君乃西華之至妙洞陰之極尊在昔道氣凝寂湛体无爲[illegible]

[illegible]
式[illegible]功生化萬物先以東華至真之氣化而生木公焉
[illegible]海之上蒼靈之墟以主陽和之氣理於東方亦[illegible]
王公焉又以西華至妙之氣化而生金母焉金母生神州伊川
厥姓緱氏生而飛翔以主元毓玄奧於渺莽之中分大道醇[illegible]
之氣結而成形与東王公共理二氣而養育天地陶鈞万物矣
柔順之本為極陰之元位配西方母養群品天上天下三界十
方女子之登仙得道咸所隸焉所居崑崙之圃閬風之苑其山
之下弱水九重洪濤万丈飛飈車羽輪不可到也周穆王三十
五年命八駿使西巡狩至崑崙賓謁祠見之持白璧重錦以為
王母壽時王母以瑤池珍饗紫府瓊漿九天仙樂与穆王[illegible]
於瑤池穆王国政不治宗廟荒廢歸至人間国已危矣

后土皇地祇
天地未分混而為一二儀既判陰陽定位故清氣騰而為陽天
濁氣降而為陰地為陽天者五太相傳五天定位上施日月

[illegible]陰地者五行相乘五氣凝結負載江海山林屋宇故

曰天陽地陰天公地母也[illegible]后土者乃天地初判[illegible]

故謂土母[illegible]廟在汾陰宋真宗朝大中祥符[illegible]

詔封后土皇地祇[illegible]親祀之今[illegible]州[illegible]

土祠地[illegible]前[illegible]花一株[illegible]

玄天上帝

按混洞赤文所載玄帝乃元始化身太極別體上三皇時下降為太始真人中三皇時下降為太素真人下三皇時下降為太素真人黃帝時下降為當上天開皇初劫下世紫雲元年歲建甲午三月甲寅庚午時於太陽之精托胎化生淨樂國王善勝夫人之腹孕秀一十四月則太上八十二化也淨樂國乃[illegible]奎婁之下海外國上應龍變梵度天玄帝降誕之時[illegible]瑞雲覆國異香芬然地土變金玉瑞應之祥莫可俱載[illegible][illegible]長而勇猛[illegible][illegible]

詔機心念道志氣太虛願輔上帝普福兆民父王不能抑志年十五辭父母尋幽谷內鍊元眞遂感玉清聖祖紫虛元君傳授無極上道元君告玄帝曰子可越海東遊歷於翼軫之下有山自乾兌起盤旋五萬里水出震宮自有太極便生冥[?]顯定極風天太安皇崖二天子可入是山擇衆峰之中指窮霄者是之當契太和昇舉之後五百歲當龍漢二劫中披髮跣足攝踐[?]精歸根復位上爲三境輔臣下作十方大聖方具顯名億劫與天地日月齊并是其果滿也告畢元君昇雲而去玄帝乃依師語越海東遊歷於翼軫之下果見師告之山山水藏八百皆符師言乃入觀眺見果有七十二峰之中有一峰聳翠上凌紫霄寶下有一岩當陽虛寂於是玄帝採師之誠目山曰太和山峯曰紫霄峯巖曰紫霄巖因卜居焉潛虛玄一默會萬眞四十二年大得上道於黃帝紫雲五十七年歲次甲子九月初九日丙寅清晨忽有祥雲天花自空而下迷漫山谷千云山四方各

三百六十靈響自然仙樂之音是時玄帝身長九尺面
如滿月龍眉鳳目紺髮美髯顏如冰清頭頂九氣玉冠身披松蘿
之服跣足拱手立於紫雲之上須臾雲散有五真群仙降于玄
帝之前導從甚盛非凡見聞玄帝稽首祗承迎拜五真曰吾奉
三清玉帝詔命令助滿道備昇舉金闕予之聖父形身已在九
霄矣玄帝俯伏恭諾五真乃宣詔畢可特拜太玄元帥領元和
遷校府公事賜九德偃月金晨之冠羽華飛精翠瑤寶七寶
飛雲金霞之帔紫龍衣絳綃之裙七寶長元
朱履飛紅雲爲珮太玄元帥玉冊乾元寶印南北二斗十二台
劍飛雲玉輅丹輿綠蓋羽九色節十絕靈幡前輔九
鳳從吹八鸞天丁五女傳乾九奏行文冉
佳捧誥易服記飛昇金闕拱元神玉曆記云至五十劫當上
天龍漢二劫下世洪水方息人民始耕紂上世淫心失道
侮上天聖方兄食心叛正道皆毒六

天魔王以邪鬼衆傷害衆生毒氣盤結上衝太空是時元始天
尊說法於玉清聖境天門震開下見惡氣彌塞天充於穢氣之
真人叩詣求請願救群黎元始乃命玉皇上帝降詔紫微陽間
以周武伐紂平治社稷陰則以玄帝收魔間分人鬼當斯時去
上賜玄帝披髮跣足金甲玄袍皂纛玄旗統領丁甲下降凡世
與六天魔王戰於洞陰之野是時魔王以坎離二炁化蒼龜巨
蛇變現方成玄帝以神力攝於足下鎖鬼衆於酆都大洞人民治
安宇宙清肅玄帝凱還清都面朝金闕元始敕命以玄帝功齊
五十萬劫德並三十三天九霄上賴於真武威十極仰依於神任
有大利施於下民積累聖德遍之于玉曆符教識上詔錄當與玄帝真玉
有徽崇何以明德特賜尊號拜玉虛師相玄天上帝領九天之
訪使聖父曰淨樂天君明真大帝聖母曰善勝太后瓊真上仙
下降天關曰太玄火精含陰將軍赤靈尊神地軸曰太玄水精
育陽將軍黑靈尊神並居右天一真要之

梓潼帝君

按清河内傳余本吳會間人生於周初後七十三代今身爲士大夫未嘗酷民虐吏性烈而行察同秋霜白日不可犯後西晉末降生於越之西嶲之南兩郡之間是時丁未年二月三日誕生祥光罩戶黃雲迷野居則地俯近海里人請清河曰君今六十而猶無嗣童稚時不喜嬉戲每[illegible]山澤往往[illegible]語若有所感[illegible]誦羣書夜[illegible]衆子自笑自樂身騎光射居民所謂則余時詣之長曰七十不死能衣人之衣食人之食享之而[illegible]護之而有倘我爲人而爲無靈乎自後或爲[illegible]或爲龍或爲[illegible]者天[illegible]或爲水府瀆自淮而不甚信爲吉兆二豐[illegible]旱[illegible]禾無[illegible][illegible][illegible]欲神悟然無驗余思曰林中要治水府令久當驗夜往水際以遊中宮幽牒河伯而鑒冤屈泥不能忽爾之間陰雲四合風飛雷震一吏[illegible]余前曰運判從居余曰非我也我乃

張元老之子名亞蠡本清河人得罪霈夫吏曰奉命促子余曰家人知否
吏曰先到治所余惶懼未決吏揖上一白驢而去恍首里聞風
雨声中頭尖鋤地到一山連劍嶺而撐參宿星地若鳳凰之體
下有古湫引余入一巨穴門有一石碑吏曰民之禱雨祝此若
而有應名曰雷柱吾乃襲衣入穴吏又曰君讖周室為人七世
三作儒德俱家而返余不得余方大悟君夢覺地吏曰君往天人
得神之品於人世界在有知之者莫不日有中興之兆君可[illegible]
而頂化余曰謝天使遲身根地入穴則見若雕壬仍之雌蛇而
有化若騰身凌空有巨首之宮中有甚懷守入遂見家人
其間改日依儒士往咸陽講誦長之故事清河內傳
遷任劍州梓潼縣唐玄宗幸蜀神迎於萬里橋追封
左丞相僖宗播遷亦有陰助之功加封順濟王
宋太祖初得蜀以以仁取之以仁守之亦亦神除隨顛相之
國五仁中感應至剛神加封英顯

聖父[illegible]武孝德聖烈王　　聖后[illegible]

聖[illegible]孫祐仁裕王　　聖母[illegible]淑妃

聖子嗣德王　　聖婦[illegible]夫人

聖子昌德王　　聖婦順貞助惠[illegible]夫人

聖孫繼德昭靈侯　　聖孫婦[illegible]

聖孫承德宣靈侯　　聖孫婦惠懿[illegible]夫人

佐神英惠忠烈[illegible]福安王即振嘉太尉也

元石桂祿二籍仙官

聖朝延祐三年七月日加封聖號

輔元開化文昌司祿宏仁帝君

帝君數往九曲之上蓋九曲水來朝九折而去經行山嶺路[illegible]

七曲真殿有降筆亭亭中以金索懸一五色飛鸞鸞口銜筆[illegible]

金花牋數百番常留筆[illegible]畢皆具學門本府差官封鎖[illegible]

以防欺偽之弊降筆[illegible]內有銅鐘自鳴廟史聞于本府[illegible]

差官啓鑰取書以觀根源其降筆多勸人以忠孝爲本賢達
曉借偽蜀王之日見讖性設姐石磨深益觀詣　帝君廟設醮
角欲行礼黑風驟起滅燭撒香逆曦震撼俯伏殿下須臾開明
視祝夜已碎作兩片矣　帝君奉
玉帝寄佐南斗注生由是求嗣者多禱焉

上天聖號

金闕昊天撿校洞照通真元始生九天開化主宰靈應大天帝君
僊元皇君　統僊班語補崇聖號
混元內輔三清內宰大都省府都統三界陰兵行使冥吏
冊三界獄事收五嶽四瀆真形虎符龍券總諸天星曜
録籍上僊元皇真人司祿職貫真君領編修飛鸞列籍
混元大造化輪回總持天尊九天應化元保生天教開化主宰長樂
永福靈應大帝宏慧普界慈靈慧鎮　張

三元大帝

上元一品九炁天官[illegible]紫微大帝即延生之符始陽之氣結成至真處玄都元陽七寶紫微上宮總主上宮諸天帝王上聖高真參羅萬象星君

中元二品七炁地官清虛大帝九土無極世界洞空清虛之宮總主五岳帝君并二十四治山九地土皇四維八極神君

下元三品五炁水官洞陰大帝洞元風澤之氣晨浩之精結成水晶洞陰之宮總主九江水帝四瀆神君十二溪真三河四海神君

每至三元日三官考籍大千世界之内十方國土之中上至諸天神仙升降之籍星宿照臨國土分野之簿中至人品考限之期下至魚龍變化飛走萬類蠢動生化之期並於三官[illegible]之日錄奏分別善惡形隨禍受報隨劫輪轉隨業生死[illegible]緣無復差別可不恐知之（正月十五日上元　七月十五日中元　十月十五日下元）

東嶽

泰山者乃羣山之祖五嶽之宗天地之孫神靈之府也在兗州奉符縣今泰安州是也以梁父山為儲副東方朔神異經曰昔盤古氏五世之苗裔曰赫天氏赫天氏曰胥勃氏胥勃氏曰玄英氏玄英氏子曰金輪王金輪王弟曰少海氏少海氏妻曰彌輪仙女也彌輪仙女夜夢吞二日覺而有娠生二子長曰金蟬氏次曰金虹氏金虹氏者即東嶽帝君也金蟬氏即東華帝君也金虹氏有功在長白山中至伏羲氏封為古歲為太華真人掌天仙六籍淺以歲為姓諱崇岳古歲泰乃五太之前元上七西所都之地今之泰高是也其治乃水一天尊之女至神農朝賜天符都官號名府君至漢明帝封泰山元帥掌人世界貴賤高下之分祿料長短之事十八地獄六案簿籍七十五司生死之期聖帝自堯舜禹湯周秦漢魏之世只有[illegible]天郊[illegible]

[illegible]曰武后垂拱二年七月初一日封東嶽為神嶽天
中王武后萬歲通天元年四月初一日尊為天齊君玄宗開元
十三年加封天齊王宋真宗大中祥符元年十月十五日詔封
東岳天齊仁聖王
至祥符四年五月日尊為帝號
東嶽天齊仁聖帝
淑明皇后
聖朝加封大生二字餘封如故
帝五子
宣靈侯
惠靈侯　和惠夫人
至聖炳靈王　永泰夫人
居仁靜鑒尊師
佑靈侯　淑惠夫人

帝一女

玉女大仙即岱山岳太平頂玉仙娘娘是也

至聖炳靈王

炳靈王者東嶽帝第三子也唐太宗加威雄將軍至宋太宗殿號炳靈公大中祥符元年二月二十五日封至聖炳靈王

佑聖真君

佑聖真君者真君姓許諱遜本長安咸陽人也自幼出家訪名山洞府遇王君賜長生之術得道錫為天仙至漢明帝朝末朔三年天書勑降皆玉篆龍文云太帝保命真君与北帝同參死生考校冥府之事宋太宗封佑聖真君至真宗加封九天同命□御賜福佑聖真君

南嶽

南嶽衡山衡州衡山縣是也以霍山爲儲副東方朔神異經云神姓崇諱覃南嶽主於世界星辰分野之地兼鱗甲水族龍魚之事大中祥符四年五月二十五日追尊帝號

司天昭聖帝　景明皇后

聖朝加封大化二字餘封如故

西嶽

西嶽華山在華州華陰縣是也以太白山爲儲副東方朔神異經云神姓善諱躳西嶽者主世界金銀銅鐵五金之屬陶鑄坑冶兼羽毛飛鳥之事大中祥符四年五月日追尊帝號

金天順聖帝　肅明皇后

聖朝加封大利二字餘封如故

北嶽

北岳恒山在定州曲陽縣是也以嵱㟠山爲儲副東方朔神異經云神姓晨諱鄂西嶽者主於世界江河淮濟兼虎豹走獸之類蛇虺昆虫等屬太中祥符四年五月日追尊帝号

安天玄聖帝　　靜明皇后

聖朝加封大貞二字餘封如故

中嶽

中岳嵩山在西京河南府登封縣是也以少室山爲儲副東方朔神異經云神姓惲諱善中岳者主於世界地澤川谷溝渠山林樹木之屬太中祥符四年五月日追尊帝号

中天崇聖帝　　正明皇后

聖朝加封大寧二字餘封如故

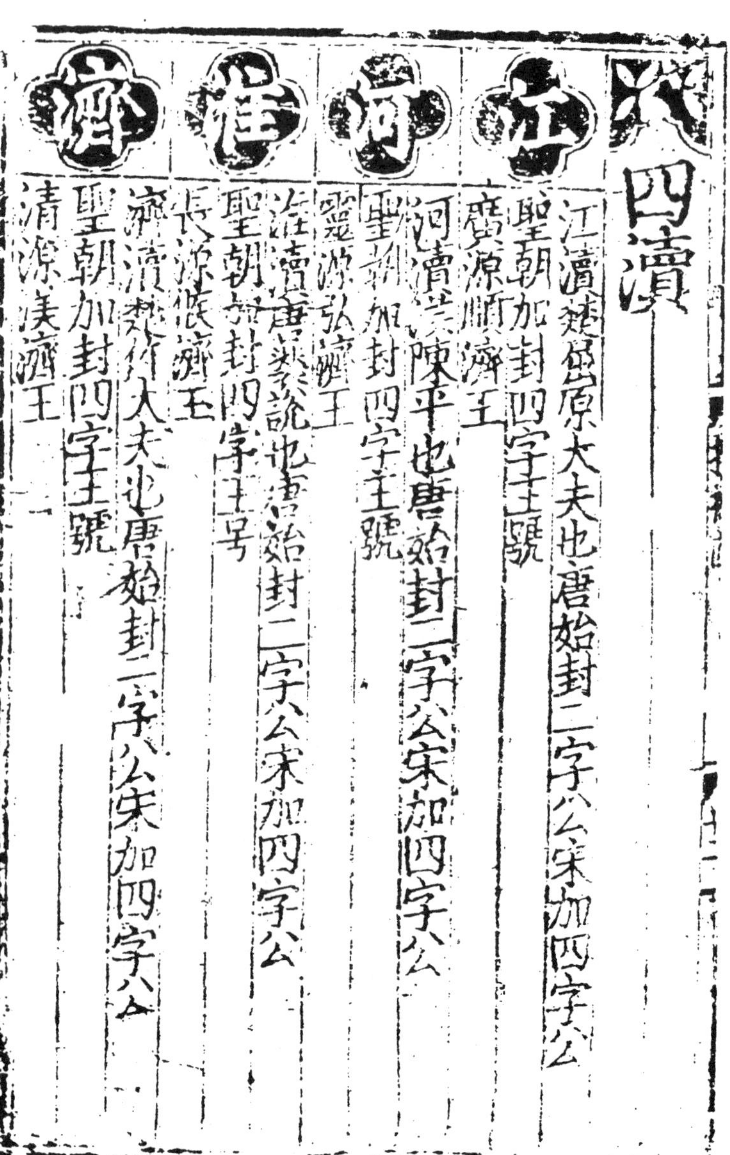

四瀆

江瀆楚屈原大夫也唐始封二字公宋加四字公
聖朝加封四字王號
廣源順濟王

河瀆漢陳平也唐始封二字公宋加四字公
聖朝加封四字王號
靈源弘濟王

淮瀆唐裴說也唐始封二字公宋加四字公
聖朝加封四字王号
長源溥濟王

濟瀆楚伍大夫也唐始封二字公宋加四字公
聖朝加封四字王號
清源善濟王

泗州大聖

泗州僧伽大師者，世謂觀音大士應化也。推本則過去阿僧祇殑伽沙劫值觀世音如來，從三慧門而入道，以音聲為佛事。謂以此有緣之眾，乃謂大師自西國來。唐高宗時至長安、洛陽行化，歷吳楚間，手執楊枝，混于緇流。或問師何姓，即答曰：我姓何。又問師是何國人，師曰：我何國人。尋於泗上欲構伽藍，因宿州民賀跋氏捨所居。師曰：此本為佛宇。令掘地，果得古碑，云香積寺，即齊李龍建所創。又獲金像，眾謂然燈如來，師曰普光王佛也。因以為寺額。景龍二年，中宗遣使迎大師至輦轂，深加禮異，命住大薦福寺。帝及百官咸稱弟子，度慧儼、惠岸、木叉三人。御書寺額普光王寺。三年三月二日，大師示滅，敕令就薦福寺漆身起塔。忽臭氣滿城，帝祝送師歸臨淮，言訖異香騰馥。帝問萬迴曰：僧伽大師是何人耶？曰：觀音化身也。乾符中，謚證聖大師。

五聖始末

按祖殿靈應集云五顯公之神在天地間相與爲本始六合唐光啟中乃降于茲邑圖籍莫有登載故後來者無所考據於邑何出耆口以相傳言邑民王瑜有園在城北偏一夕園中紅光燭天邑人望之見神五人自天而下導從威儀如王侯狀黃衣皂絛坐胡床呼瑜而言曰吾授天命當食此方福佑斯人將庇此邑請於邑而求至止我廟食此則福汝亦無窮瑜拜首曰唯命言訖祥雲四合神昇天矣明日邑人來相宅於其東偏小丘其西左環杳嶂右䖍城內北兩峰盡布前後大溪北來縈紆回下兩峰峙秀巉然水口良佳處也乃相與掌來斬竹植竿代爲華屋立祠肖貌揭虔妥靈四遠聞之雲集奏自是祈禱有功於國福佑斯民然時未顯號名五通大觀中始賜廟額曰靈順宣和年間封兩字侯紹興中加四字侯乾道

加八字侯淳熙初封兩字公甲辰間封四字公十一年加六字
公慶元六年加八字王嘉泰二年封兩字王嘉定元年封四字
王寶有陰助于江左封六字王六年十一月告下封八字王
理宗改封八字王下寫
第一位顯聰昭應靈祐廣惠濟王　顯慶協惠昭助夫人
第二位顯明昭烈靈護廣祐王　顯貺協靈嘉助夫人
第三位顯正昭順靈衛貴應王　顯濟協佑正助夫人
第四位顯聖昭佑靈貺福澤王　顯佑協濟嘉和夫人
第五位顯德昭利靈助廣成王　顯福協愛靜淑夫人
神眷
王祖父啓佑靈應敷澤侯　祖妣衍慶助順慈貺夫人
王父應惠慈濟方義侯　母崇福淑慈嘉善夫人
長妹嘉應孝惠淑顯夫人　次妹懿順淑感靖顯夫人
王有史下二神者蓋五公既貴不欲以禍福驚動人之耳目而

右是一神司之職

黃衣道士　紫衣周堯九大師

輔靈翊善使侯　輔順翊惠士佐侯

翊應助順翊侯　令狐寺丞

王念二元帥　打供高太保

打供胡百二檢察　鄧打供胡靖一總管

打供胡太保　打供王太保

金吾一大使　崇善罰惡判官

天獄管轄鍾山所作神傳知安察公之名本於雲居惜其未詳大獄將作翁應建昌特往訪問丘山遇老具述其事云昔有司馬頭陀至山之南與瑶田見道路禪師謂曰吾那此山凡十五洞南嶽龍衣其間而來若獲勝其類與神常聞揚佛教是夜夢五神人來曰求珠高入九霄之渊欲宅公資方偈之請上有像將平地固傳誤祭明然與司馬命進人開道登山見一白鹿隨之

前臨□□援蘿而上又數百步地平如掌忽見五神人曰此□之
谷岸草木爲□所居與安佛許得今願舍此然佛□□如□□
曰某等于公借人□□即其地營建寺後三日復見五神□□
現於璘問曰舍此何往神答曰後山有□甚可居也璘一日往
謝之神人果從岩□樹中出璘問曰安樂否神以曰弟子蒙
安樂從此石神及樹皆得安樂之名璘乃馬祖弟子也唐憲宗
元和初寺成名曰龍□□□□中和三年有洪齊□師□道傳入山
開堂□□法席□五老人□聽一日洪齊問曰公何人答曰山前
□□□言□□而□□齊令人觀其所往至山側小池遂入其中遂
不見至今人呼爲五龍池云
癸巳綏定六年二月日宋承節郎張仁猷謹書
按明計□宅源志所載大升爲漢□□□見之一小碑載其事因
□□臨德鄉□祖廟□□□全不知所存或曰本朝神祠見□
□□安作氏□□可考惟此神無刻氏何耶□曰莫□爲而爲者此

所謂鬼神也周禮小宗伯兆五帝於四郊漢儀祠五祀宋均注
章露五方帝并于昊天之側從之以五人帝五官神皆五行之官
氣也蓋五行為天地間至大之物必有為之主宰者故曰句芒曰
祝融曰勾芒曰蓐收曰后土皆指水火金木土而言之物今五
神之降于此豈非默助五行之造化以福生民乎或者又以五
顯為五通非正神也呼名失不究典故不知徒昇為議論亦云
矣盖本朝政和元年正月詔毀五通及石將軍妲己淫祠至宣
和五年我五聖適有通貺等之封前後十餘年間默彼之不可
崇此之正昭然甚明尚可得而[illegible]乎亦緣鄉曲前此崇偶像
會佛有六通弟子五通之說以為[illegible]每歲四月八日大
照澄建七若无碍大齋四方淮海列[illegible]而來[illegible]
形應接遠而使之然本朝褒封勅誥並藏[illegible]二年中
頒降御書五本并置尊閣在廟收藏

宋迪功郎國史院編校文字胡升謹書

萬迴虢國公

万迴公者虢州閿鄉人也姓張氏唐貞觀六年五月五日生生而嬉遊至八九歲方能語兼傲婦紅鄉黨莫測一日令家人無掃云有勝客至是日三藏玄奘自西國還訪公問印度風景了如所見奘作禮圍繞稱是菩薩乃兄以征遼左母程氏思其音信公曰此甚易爾乃告母而往至暮而還及持書鄉里驚異其能號曰萬迴時沙門大明少而相狎公來往明師之家[illegible]羣有丑諫大夫明崇儼夜過寺見公左右神兵侍衛崇儼驚之詰旦言於明師[illegible]旋令繪作禮而大敬[illegible]西[illegible]高宗召入內武后賜號法雲公[illegible]作有扶風僧[illegible]家而老[illegible]多處云先在內每曰[illegible]迴來及公卒又曰昔[illegible]當去白日而至呂[illegible]雲一年十二月八日卒於長安醴泉坊壽年八十時異香氛氳舉体柔輭特贈司徒虢國公敕葬[illegible]五[illegible]正月十五日[illegible]于京西香積寺

許真君

許真君名遜字敬之汝南人也祖父世慕至道真君弱冠師大洞真君吳猛傳三清法要舉孝廉拜蜀旌陽令以晉乱棄官与吳君同遊江左會王敦作乱二君乃假符呪謁敦欲止敦而存晉室一日同郭璞候敦敦蓄怒而見曰孤昨夢將一木上破天璞示佳果十仝孚請先主圓之許曰此夢非吉矣曰木上破天是未字明公未可妄動又令璞筮之曰事无成問壽曰若起事禍將不久若居武昌壽不可則敦怒曰卿壽幾何曰予壽尽今日敦令武士執璞斬之二君同敦飲常聞乃隱形去至廬江口召舟偕往金陵舟師辭以无人力駕舡二君曰但載我我自行但戒舟師曰汝宜堅閉戶隱君聞舟行声慎勿竊覷於是入舟頃刻間舟行間聞舟搖撼不禁声遂潛窺見二龍駕舟在虛紫霄峰頂龍知人竊覩委舟而去二君曰汝不信吾戒今至此奈何之

術[illegible]曰丹隱此[illegible]服靈甞投以神[illegible]

君後於豫章遇一少年容儀修整自稱愼郎貞君與之語知非

人類[illegible]謂門人曰適少年非蛟蜃精吾念江西累遭洪水

害若不翦戮恐致逃遁蛟精道眼一識見蜃精潛于[illegible]

北眞君謂弟子施大玉曰彼蛟化黃牛我今化黑牛仍以白巾與膊

汝見之當以劍截彼俄頃一牛奔逐大玉以劍中黃牛之左股

因投入城西井中黑牛亦入井蜃精從井走在潭州化一

聰明少年人多珍寶娶刺史賈玉女常託遊江湖必多獲寶貨

而歸至是空眞自云被盜所傷須臾典客報云有道流許敬之

見使君賈[illegible]出言眞君曰聞君得佳壻畧請見之愼郎託疾不

出眞君厲聲曰蛟精老魅焉敢遁形蛟乃化本形至堂下命空

中神兵殺之又令將二兒來眞君以水噀之即成小蜃妻賈氏投

變父母力懇乃止又令穿宅下丈餘地皆无水際又令並移俄頃

官舍沉沒爲潭蹤跡皆死然眞君後於東晉太康二年八月一

日於洪州西山李家白日上昇真君自飛昇之後里人與其昆
族人就其所居立祠以所遺詩一百二十首寫竹簡之上載之巨
函令人探取以決休咎名曰聖籤宋徽宗政和二年五月十七
日上尊号曰 神功妙濟真君改觀為宮賜額曰玉隆万壽宮
因看書畢于崇政殿恍然以夢見東華門北有一道士戴九華冠
披絳章服從卓從者甚衆至丹墀起居揖帝二 因問曰卿是何人
不謝而至對曰吾乃許旌陽擢掌九天司戒上帝詔往拯救西
聞卿因經臣故因復問曰朕患目良久漸昏不能愈真君有何藥
否即取小瓢子傾藥一粒以緑豆大呵呪抹於瞼上真君乃隱
攉納入骨清涼遂揖而去 帝覺後迴省曰吾眼昔昏久已安
願聖皇舉眼一看 帝嘉賞歎而齋詔畫像如夢中所見
上清儲祥宮崇奉詔真君舊遊去處未有宮觀即取木
建造如宮觀舉行指揮如已有觀宇則換額常住則撥近便官田供贍
聖朝崇奉加至曰應門宗一依制封如故

寶誌禪師

寶誌禪師宋泰始中見形於東陽鎮古木鷹巢中朱氏聞巢中兒啼遂收育之因以朱為姓施宅為寺焉公自少出家依于鍾山道林寺常持一錫杖懸刀尺及鏡拂之類或掛一兩尺帛數日不食無飢容時或歌吟詞多讖記士庶皆共事之齊建元中武帝謂師惑衆收付建康獄既旦人見其入市及檢獄如故建康尹以事聞帝延於宮中之後堂師在華林園忽一日重著三布帽亦不知於何所得之俄豫章王文惠太子相繼薨齊亦以此衰矣由是禁師出入梁高祖即位下詔曰誌公迹拘塵垢神遊冥寂水火不能燋濡蛇虎不能侵懼語其佛理則聲聞以上談其隱淪則遁仙高者豈以俗士常情空相拘制何其鄙陋至於此自今勿得復禁師或一日對帝食鱠帝曰朕不知味二十餘年師何為爾師乃吐出小魚鱗尾依然今建康尚有鱠[illegible]

元也皇后郗氏崩數月帝常追悼之晝則忽忽不樂宵則耿耿不寐居寢殿聞外騷窣之聲視之乃見一蟒盤躃上殿睒睛呀口以向於帝帝大驚駭無所逃遁不得已蹶然而起謂蟒曰朕宮殿嚴警非爾蛇類所生之處必是妖孽欲祟朕耶蟒為人語啓帝曰蟒則昔之郗氏也妾以生存嫉妬六宮其性慘毒怒一發則火熾矢射損物害人死以是罪謫為蟒耳無飲食可實口無窟穴可庇身飢窘困迫力不自勝又鱗甲有蟲唼嚙肌肉痛苦其劇若加錐刀焉蟒非常蛇亦復變化而至不以皇居深重為阻耳感帝平昔眷妾之厚故託醜形陳露於帝祈一功德以見拯拔也帝聞之嗚唈感激既而求蟒不復見帝明日大集沙門於殿庭宣其由問善之最以贖其苦誌公對曰非禮佛懺滌悃款不可帝乃然其言搜索佛經錄其名號兼親抒睿思灑聖翰撰悔文共成十卷皆採摭佛語削去閑詞為其懺禮又一日聞宮室內異香馥郁良久轉美初不知所來帝因仰視乃見一天

人容儀端嚴謂帝曰此一貝勝隨後身也營帝功德已得生忉利天今呈本身以為明驗也啟敕致謝言訖而去此見梁武懺序中于梁天監十三年冬誌公忽告衆僧令移寺金剛神像出置寺外乃密謂人曰菩薩將去矣未及旬日無疾而終亡體香軟在世九十七年帝以錢二十万易定林寺前岡獨龍阜以葬師永定公主以湯沐之資造浮圖七級於其上帝命陸倕製銘賜號塚珠以飾塔表南唐保大七年加號妙覺塔名道林宋太宗太平興國七年舒民樹誓遇老僧往寓幾山指古松下掘之得石像乃寶公記聖作綱遷之文於是遣使致謝諡曰寶公妙覺道平初更諡道林真覺大師按建康大錄開善寺有誌公錫杖遺龍初鄭克俊取之以歸長安今洗缽池尚在塔西二里法雲寺基右池是也

新編連相搜神廣記

新編連相搜神廣記

盧六祖

盧六祖名能廣東新州人李佛見曹溪水香遂於其地擇一道場求之地主但云只得一袈裟地足矣地主從之遂以袈裟鋪設方圓八十里今南華山六祖道場是也從坐化自唐宣宗時至今六百有餘年肉身俱存香烟薰其面如漆光至元丙子年韃軍以利刃劈其腹見心肝如生人於是不敢犯衣鉢尽藏之此今已發回有宣宗御賜袈裟織成淡山水有西天鉢非銅非鐵非木石有西天經非革非木竟不知何物有貝葉經十六七葉有佛牙以小鐵合載之元有一尊龍攝深潭不時害六祖曰只怕尔変小其龍果変小遂以鉢盂載之在寺中乾[illegible]歸[illegible]龍尚存以公矣

三茅真君

太玄真人內傳略曰眞人姓茅名盈咸陽南關人也聖祖諱熹字世倫仕秦莊襄王爲廣信侯其父乃廣信侯第六子諱祚字奕世有三子長子諱盈字叔申次子諱固字季偉小子諱衷字思和盈年十八棄家入恒山讀老子及周易傳採取山朮而餌服之積六年夜忽夢太玄玉女把玉札而授之曰西城王君得眞道可爲師矣明晨整到西城齋戒三月乃見王君駕神龍一騎躑迎於緣岩之陰於是越涉艱難縱阻不覺以前君乃使衛官引迎還王君洞臺之中親侍旦夕執巾履之役如是十七年王君見君謹密乃使王頭衣素視錄之章後三年乃命駕造白玉龜山詣王母於清虛宮君得從焉西王母曰總爾今乃拔肉人以登昆臺不亦樂乎王君爲言而不答因目君起再拜自陳願賜長生之術王母曰吾昔先師元始天王及扶桑大帝君時乃能賜於玄

經之高孫寳之玄說玄玄之道見其道以要言所謂五[illegible]
道太極玄真之經也君拜授所言王母勅五君一經解[illegible]
之經又自數歲金壇之文以[illegible]於君也受命言訖上君遊
歸西城按而行之三年之中得一女子其有流光面上五岳[illegible]
君以賜君力博遂册之劑乃神方一首與之曰道已成可以[illegible]
不復百年求我於南岳將授汝仙任於吳越也督不辭而[illegible]
時年四十九君父母尚在見之大怒曰爲子不孝[illegible]
設姦亡流走四方欲杖罰之君長跪謝曰蒙受命度當[illegible]道今
道已成不可杖擊恐三官考察非小故也父不信於是[illegible]杖向
君過欲笞杖杖即摧折成數段段段皆飛揚如弓矢[illegible]中
壁穿中柱二陷父語不凡打意乃止父又曰汝言得道[illegible]
人否君曰死人有罪重積惡不可復生有横死短折者[illegible]
起也乃召社公問此村中已死者誰可召還促約所[illegible]發
[illegible]至日入之後社公來曰事已決了便可[illegible]

擲地發聲，容華而出之，三日能坐語，言了了如此，發數一人家皆驚
生活，然異邈延成，衛君爲神明之人。君後十餘年，君兄文欲乃止
茹禮中弟固，漢景帝時舉孝廉，遷至武威太守。弟衷少以篤
行顯名，從梁國爲孝王上賓。宣帝地節二年，遷西河，後拜爲
五更大夫，轉西河太守。固昇時爲執金吾，並當二官，鄉里父老
及至迎相送者已數百人。時君亦在座，自言吾雖不作二千石
卿亦有神靈之職，來年四月三日當之官，諸君能來顧迎，
今日會集，不張宴具，皆相然。至期門前數頃地忽自平治，無復
寸草，皆有青縑帳幄屋，下客數百人坐，遠近翁耕諸來者甚衆
待會共弄五盃，奇肴異果，金石絲竹之聲動一地，莫不驚歎，及各辭去
里人曰：善欲以此道誘勸之，奠之追慕也。言訖乃發羽車而去
而去。二弟乃休官去家，以漢元帝永光五年三月六日至西王母
兄於東山，歲終相見於白石下，二弟服青牙，始生咽氣之道
各賜九轉還丹一劑，神方一卷，服之。一仙道仙書成，乃啓天帝

冬以十五夜□□使二弟□服□食之畢□□與二弟心□□月
詣□□方□書各□□詣西城洞宮朝□□真□□□
山之宗臺謁太虛赤真人歸方諸請也仙二真之館□赤城受
真要神符又之羅酆求□□□□登九宮詣金闕之下受
聖君之書見□有□真□□定錄神君之號和有司□
官保命仙君之位焉漢平帝時元壽二年八月己酉天□太□
授君以□璽玉章太微天帝賜君以八龍錦輿紫羽華衣太上
大道君賜君以□虎真符流金之鈴金闕聖君與君以四節
昭□流明神□長□□□飛夜光洞草使□而食之五帝君衙太□
之命□君位為太元真人領東嶽上卿司命神君治宮赤城玉
洞之府

薩真人

薩真人名守堅南華西河人也少有濟人利物心嘗學醫誤用藥殺人遂棄醫從道聞虛靖張天師及建昌王侍宸福州林侍宸三人道法高欲往從之蜀至峽行囊已盡坐于石上[illegible]

大又真人問此去信州遠近道人問所欲言真人曰欲訪虛靖天師又亲法道人曰天師死矣復問王侍宸曰亦死矣復問林靈曰亦死矣真人方悵恨一道人曰今天師道法亦高吾与之有舊當爲作字可往訪之吾有一法相授日畫可以自給遂授以一呪棗之術曰呪一棗可取七文一日但呪十棗得七十文則有一日之資矣一道人曰吾亦有一法相授吾之棕扇一柄曰有疾者則搧之即愈一道人曰吾亦有一法相授乃雷法也真人受之用之皆驗一日凡呪自餘棗上授七十文爲日用餘者復以濟貧及至信州見天師投信至家皆哭乃虛靖天師親筆也信中言吾與王侍宸林天師遇薩若名以一法還之矣可爲參錄奏名真人從後法愈大顯嘗經潭州人鬪神語問真人提刑來日至次日人伺之只見真人擁轎至有提點刑獄之牌人異之繼至湘陰縣浮梁見人用童男童女生祀本處廟神真人曰此等邪神好焚其廟言訖雷火飛空廟立焚矣人莫能救但聞

空帝有云願法官常如今日自後廣宗不復與真人至龍興府近
潔濯足見水有神影方面黃巾金甲左手拽袖右手執鞭真人
曰爾何神也答曰吾乃湘陰廟神王喜被真人焚吾廟後今相
隨二十二載只候有過則復前讎今真人功行已高職隸天樞
望保奏以為部將真人曰汝兇惡之神坐吾法中必須吾法予
神即立誓不敢背盟真人遂奏帝放戢收係為將其態如舊從
真人至漳州忽一日諸將環拱擁侍告曰天詔將臨召真人歸
天樞領位真人方起身而即立化後容顏輕如常木衆異而啓
視則已空棺且如真人得蛻解之道矣

袁千里

袁將仕千里南豐人王侍宸婿氏子也行斬勘雷法長於鬼得男氏之
端平間寓戴顧家一日謂戴顧曰吾逝矣可焚我言畢而卒識
焚之火及發煙焰中湧旗現金字曰雷霆第三判官袁千里

傅大士

傅大士名翕，婺州義烏人也。自幼聰慧，通二教之書，自号善慧大士。梁普通元年，遇天竺僧嵩頭陀語曰：爾弥勒化身，盍令鑒於水，乃見圓光寶蓋，即悟前因。因問修道之地，頭陀指松山下雙檮樹，示曰：此可矣。大士於此結庵。大通三年，建寺雙檮間，即今雙林寺。寺有法華經，梁武帝所賜鐵犁、鐵鉢、水晶數珠、七佛銅冠，至今存。大士雖釋家者流，而不剃髮，或以為有先知能免繫士之冠門一云。又有餘粮在義烏縣南二十五里雲黃山頂。山多猛獸，大士齋竟，每持餘飯飼之，自此悉伏，因是立名。後化石，青白而紫，可作數珠，皆有隨氏實玩給大士。大士視之曰：他日化石青紫色，可琢數珠，贈汝。爾自茲授記，唯此一家能之相傳，他人效劾，石即列碎。兩浙錢忠獻王往婺州，發大士塔，取骨殖至龍山，彩之不動，即其地建龍華寺，以骨殖塑大士像，作塔。

崔府君

崔府君者乃祁州鼓城人也父護世爲巨農純良德義鄉里推重年將知命未立繼嗣護與妻議之曰我平日所爲常存濟物之心今何乏嗣不若与汝共發虔誠禱於北岳妻從其言同詣北岳祠下禱祝祈嗣畢歸邸中安下是夜夫妻夢一仙童手擎一合崔護問之童曰帝賜合中之物今君夫妻吞之言訖夢合蓋視之見美玉二枚夫妻各吞其一忽然而覺自後有娠腹懷十月滿足於隋大業三年六月六日降生一子神彩秀美異於常人幼而從學日誦千言不窺群子之戲因名子玉凡事過人鄉人咸謂積善之家天賜也時唐太宗貞觀七年詔舉天下賢良赴都朝廷任用府君亦在內焉名賜縣令出身惟府君除潞州長子縣令正直無私察同神明鄉人皆言知縣晝理陽間夜斷陰府時五月初間知縣省諭邑人此月望日及望後一日無

得殺死及獵射如犯者皆中決斷陰府理問時有善射者宋進

晉等二人嘗出郭外射得兔一隻入城門吏搜住解於庭下問

之曰不曾故犯欲以縣庭受罰訊陰府受罰其人云乞於陰府受

罰訖以爲陰遣遲遠言訖各放還家是夜方就枕俄有一黃衣吏

與二人至于公庭一所聽之去見崔知縣王者冠服揖諸人罪

狀或促其壽或削其子孫或減其食祿汝能善惡自當戒之今

還本家遂蘇醒而覓其人乃異之忽一日門吏報曰謁黃頓有虎

虎攔路傷人公遣首吏王孟完賫符牒至小廟勾虎其虎出告衙

符牒隨吏而至公廳俯伏公責之曰汝乃異類所食者有分定輒

敢違其天意食啖人命罪當如何其虎聞之觸階而死自此邑

人立生祠而祀之時潞州太守奏申朝廷貞觀十七年府君任

磁州滏陽縣令整大宗陰府君在之事決楊叟二子負債之冤

後任衛州衛縣令與本縣人楊叟同赴任所西南五里有河時

夏月水泛漂淹民田公于河上設壇以詞奏于上帝少頃間見

一巨蛇浮于水面而卒水漸散去郡人亦立生祠祀焉有一日
公与楊叟飲甚歡公忽起楊叟亦起公云亦見否忽有黃衣數輩
執符而言曰吾奉上帝命云云次有玉珪玉帶紫服冠冕喬衣
玉帛儀衛又有百餘人皆拜畢而立奏簫韶絲竹之音樂爆首
一律取白馬至府君曰汝輩少待之遂呼二子曰吾將去留此矣人
無得大慟取紙筆寫百字銘以訓其子二子泣拜而授命言訖
而卒春秋六十四年後至玄宗值禄山兵亂帝夜夢神人告之
曰願陛下加篤不可別有此賊不久而滅矣又何避之於是帝問
姓名三臣乃磁州滏陽縣令崔子玉前驚而覺焉後果如其言
駕歸闕下建廟封靈聖護國侯至唐武宗大下大水漲活民之
乃止加封護國威應公宋真宗東封岱嶽加封王號
護國西齊王至宋高宗之避狄難自領走鍳鹿馬數百㸔獨行
暮宿老嫗家嫗為帝濯衣洗足進粥飯且告曰當借一疋騎早
去約五鼓以徒渡我有置馬匕請行稍前遇三岔路感焉紹興

[illegible]帝異之命[illegible]馬[illegible]至[illegible]廟下有土馬一匹汗如雨因[illegible]
見青衣方袍人執鞭擊此馬其馬亟行驚起遲明[illegible]
云磁州郡土地崔府君[illegible]闡致[illegible]入[illegible]中所
寂無人唯几上有合內有酒食帝食之將出焉白馬復前導至
斜橋谷[illegible]經三不見盖異之而從臣取南仲將民兵數千來迎又
南渡駐蹕於杭州帝首為立廟焉賜廟額曰顯應

普庵禪師

普庵禪師名印肅袁州宜春縣余氏子也當宋徽宗政和五年十一月二十七日辰時生乍六歲夢一僧點其心曰汝它日當自省語於以意白母視之當心有一點紅紫大如世之櫻珠父母因此許投壽隆院賢和尚出家年二十七歲落髮越明年受戒師容貌奇智性巧慧賢師每勉之令誦經師曰嘗聞諸佛元旨以貴了悟于心數墨行何益於事遂辭師遊湖湘謁大潙牧庵忠公因問萬法歸一一歸何處忠公竪起拂子師遂省

后八

然後歸鄉業龍發西歲有隣寺慈化者衆請住持寺額常住師
布衣紙衣晨游暮息兼學外唯閱華嚴經論一日大悟遂就法
謔喜曰我今親契華嚴境遂述頌曰

　　捏不成一團撥不開　何須南岳又天台
　　六根門首無人會　惹得胡僧特地來

自此之後發而言句動悟幽顯有不期然者一日忽有僧名道
存冒雪至師目擊之而喜曰此乃吾不請友矣遂相與寂坐交相
問答或笑或喝僧曰師再來人也非久當大興吾教乃指雪峯
須而行師乃潛隱湖湘其號曰普侍者忘懷于世因四縣巡檢丁
君驛者長行列次明同議出山願助營費實為慈化修建佛殿
師辭不獲竟從請往則慕道向風者衆師乃隨宜為說或與偈頌
言之有病患者折求藥言之即愈或有蠱毒人跡不相往來
者師言之頃咸得士全云工於祈晴伐妖木毀淫祠靈應非一由
是工役大興富者施財貧者施力巧者施藝寺宇因茲鼎新延

又數千里之間闢路建橋爲善事皆師之化或問師修何行
而得此師乃嘗書空書云還會麼其人云不會師云止止不須說
其峻機元辯多如此而歌頌讚語遍傳人間如證道歌判源鏡
已盛行於時矣一日索筆書頌於方丈西壁云

作雨作晴宗家明　東西南北亂雲深
失珠無限人遭㤪　忽憶撈摝爲汝清

○枯木救度頌畢示衆曰諸佛不出世亦無有涅槃入吾室者
必能元契大宗善自護持無令退失索浴更衣跏趺而寂時則乾
道五年七月二十一日也享年五十五僧臘二十八十一月
日全身入塔是時四衆雲集悲号之聲振動山谷盖師之終始
大槩如此

普庵寂感妙濟真覺昭貺禪師

聖朝大德四年歲次庚子秋七月加封

大德二字餘封如故

吳客三真君

昔周厲王有三諫官唐葛周也王荒昵讒失政三官諫曰先王以仁義守国以道德化民而天下咸服未聞荒也累諫弗听三官棄職南遊於吳之王夫差會楚侵吳王甚憂之三官遂自臣等致身以死事太宰自有安邦之謀但大王無慮耳三官迎敵各用神策楚国皆降吳王賞三官拜辭奏曰臣等客臣也不敢受賜後知厲王薨宣王立復歸周国宣王錫賚甚厚乃其爵位後救太子請王降王大位皆以非災補缺宣王遷三官於東袞撫治安慰民受其賜商請其資所至無乏其國大治三官既昇加封侯号

唐宏字文明号靈威侯七月二十一日誕

葛雍字文度威靈侯三月十一日誕

周武字文剛淡靈侯十月初二日誕

宋祥符元年真宗東封岱岳至天門忽見三仙自空而下帝設禱

[illegible]之三儷曰臣奉天命護儷聖駕帝君三儷曰
上元道化眞君　中元護正眞君　下元定志眞君同判
岱岳冥司

讚曰應變之聖道德之君從周寄吳濟世救民周而烈極吳
封客臣宋遇眞宗天門顯身帝親問之方得其因唐葛周氏
天池水神上奉王詔保駕聖朝御製妙讚勅載姓名祠封奉
號建三靈

昭靈侯

昭靈侯南陽張公諱路斯隋之初家于潁上縣百社村年十六
中明經第唐景龍中爲宣城令以才能稱夫人石氏生九子自
宣城罷歸常釣于焦氏臺之陰一日顧見釣處有宮室樓殿遂
入居之自是夜出旦歸歸輒體寒而濕夫人驚問之公曰我龍
也蓼人鄭祥遠者亦龍也與我爭此居明日當戰使九子助我

領有緋綃者我也青綃者鄭也明日九子以弓矢射青綃者中之怒而去公亦逐之所過爲谿谷以達于淮而青綃者投于合淝之西山以死爲龍穴山九子皆化爲龍而石氏葬關洲公之兄爲馬步使者子孫散居穎上山其墓皆存焉事見于唐布衣趙耕之文而傳于淮穎間父老之口載于歐陽文忠公之集古錄云自景龍以來穎人世祠之于焦氏臺乾寧中刺史王敬蕘始大其廟有宋乾德中蔡州大旱其刺史司超聞公之靈築祠于蔡既雨翰林學士承旨陶穀爲記其事盖自淮南至于陳蔡許汝皆奔走奉祠景德中諫議大夫張秉奏詔益新穎上祠宇而熙寧中司封郎中張徽奏乞爵號詔封公昭靈侯石氏柔懿夫人廟有穴五往往見變異出雲雨或投器穴中則見于池而近歲有得蛻骨于池者金声玉質輕重不常今藏廟中元祐六年秋旱其郡守龍圖閣學士左朝奉郎蘇軾迎致其骨于西湖之行祠与吏民禱焉其應如響乃益治其廟

義勇武安王

義勇武安王姓關名羽字雲長蒲州解良人也當漢末從涿郡張飛佐刘先主起義兵後于南陽卧龍崗三謁茅廬聘諸葛孔明宰割山河三分天下同号為蜀先主命關公為荊州牧不幸后呂蒙設計公乃不屈節而亡追贈大將軍葬于玉泉山土人感其德義歲時奉祀焉宋真宗祥符五年十月十七日夜有神人自空而降奏曰臣乃上天 真符使者玉帝有勑後八日有聖祖軒轅降于宫闕言訖而去帝次日與群臣議之洒掃宫室設祭禮至日聖降于延恩殿帝拜于前聖曰吾往昔人皇氏也其後為軒轅即汝趙宋之始祖也吾以汝善修國政撫育下民而來言訖聖昇天矣帝大畏之帝與群臣觀之聖降之跡由存天香未散群臣賀曰陛下盛德所感聖祖降于宮闕帝詔天下琳宮並建聖祖宝殿至祥符七年解州刺史奏云鹽池自古生鹽

悛號宣課自去歲以來諸池減水有虧課額於是發運使奏
聞帝遣使特詔至解州城隍廟祈禱焉使者夜夢一神若曰吾城
隍神也鹽池之患乃蚩尤也往昔與蚩尤爲軒轅帝爭戰帝殺之于
此地鹽池之側至今尚有其跡近聞朝廷創立聖祖殿蚩尤不
忿故竭鹽池之水以困而欲得此報讎使還奏于帝帝與羣臣議
之王欽若奏曰地神見報當設法以禱之帝遣呂夷簡持詔詣
鹽池致祭之祭畢是夜夷簡夢一神人絨服金甲持劍叱而言曰吾乃
蚩尤神也奉上帝命王此鹽池也於民有功以國有益今朝廷崇
以軒轅立廟于天下吾與一世之讎也此上不平故竭鹽池水
朝廷若能為毀軒轅之廟吾令鹽池如故若不從竭絕鹽池五
穀不收又使西戎為邊境之患言訖而去夷簡馳驛而歸具夢
中之事迴奏於帝帝以夢告王欽若欽若奏曰蚩尤乃邪神也陛下
可遣使往信州龍虎山詔張天師可以伏此怪帝從之乃遣使
詔天師至闕下帝曰朕因立聖祖軒轅殿致蚩尤神怒涸絕鹽

池之水即今為患召將治之天師奏曰臣奉一將最英雄蜀關將軍也臣當召之可討其虐必成其功言訖師召關將軍至矣現形於帝前帝云今召卿為絕鹽池之事將軍奏曰陛下聖命敢不奉行之理臣當會五嶽四瀆名山大川所有陰兵盡往解州討此妖邪若臣與蚩尤對戰必待七日方勤除得伏願陛下先令解州管內居民三百里內盡閉戶不出三百里外盡布告行人勿得往來待七日之期必成其功然後開門如往來恐觸犯神色則致死亡帝從之關將軍乃授命而退遂下詔解州居民悉知忽一日大風陰晦白晝如夜陰雲四起雷電交作似有鐵馬金戈之聲鬧空中叫噪如此五日至七日雲收霧散天晴日朗鹽池水如故皆關將軍力也其護國祐民如此帝加其功遣王欽若齎詔往玉泉山祠下致享以謝神貺復新其廟賜額曰義勇追封二字王號曰武安王宋徽宗加封尊號曰崇寧至道真君

清源妙道真君

清源妙道真君姓趙名昱從道士李珏隱青城山隋煬帝知其賢起為嘉州太守郡左有冷源二河內有犍為老蛟春夏為害甚水汛漲漂渰傷民昱大怒時五月間設舟船七百艘率甲士千餘人及民萬餘人夾江鼓譟聲振天地昱持刀入水有頃其水赤石崖半崩吼聲如雷昱右手持刀左手持蛟首奮波而出時有佐昱入水者七人即七聖是也公斬蛟時年二十六隋末天下大亂棄官隱去不知所終後因嘉州江水漲溢蜀人見青霧中乘白馬引數人鷹犬彈弓獵者波面而過乃昱也民感其德立廟於灌江口奉祀焉俗曰灌口二郎太宗封為神勇大將軍明皇幸蜀加封赤城王宋真宗朝益州大亂帝遣張乖崖入蜀治之公詣祠下求助於神果克之奏請于朝追尊聖號曰清源妙道真君

威惠顯聖王

神姓伍名員字子胥楚大夫伍奢之子也平王聽費無極讒殺奢奢兄尚子胥奔吳言伐楚之利欲以報仇吳與楚戰吳果勝蓋吳遂入郢員掘平王出其尸鞭之三百乃雪父仇吳伐越越王勾踐擊傷闔廬死子夫差立立二年而報越勾踐棲于會稽使大夫種厚幣遺太宰嚭以請和求委國爲臣妾吳王許之子胥諫不聽退而告人曰吳其爲沼乎十一年夫差將伐齊勾踐率其衆而朝王及列士皆有賂吳人皆喜子胥獨懼曰是豢吳也不如早從事焉員屬其子於齊鮑氏太宰嚭因讒之曰員恨其計不用將以爲亂王使賜之屬鏤以死將死曰樹吾墓以檟檟可材也吳其亡乎三年其始弱矣吳王聞之怒乃取員尸盛以鴟夷革浮之江中吳人憐之爲立祠江上命曰胥山吳王既誅員乃伐齊大敗齊人於艾陵十四年會諸侯于黄池越入吳

宋□十二年丙越卒歲吳唐元和間封惠應王　宣和年忠武英烈
聖發福王
宋□間宣賜王号
忠孝威惠顯聖王

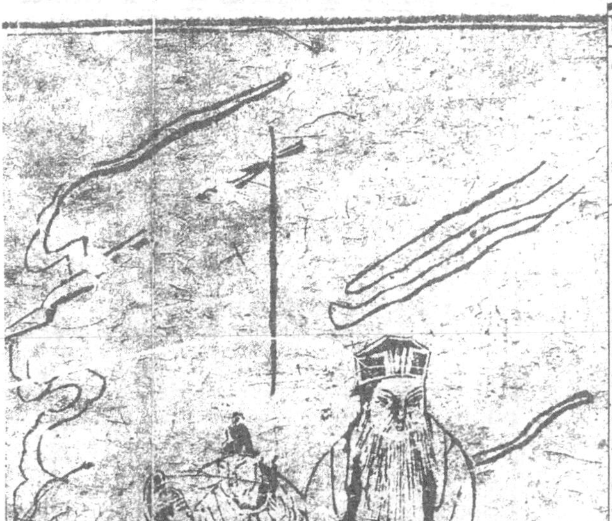

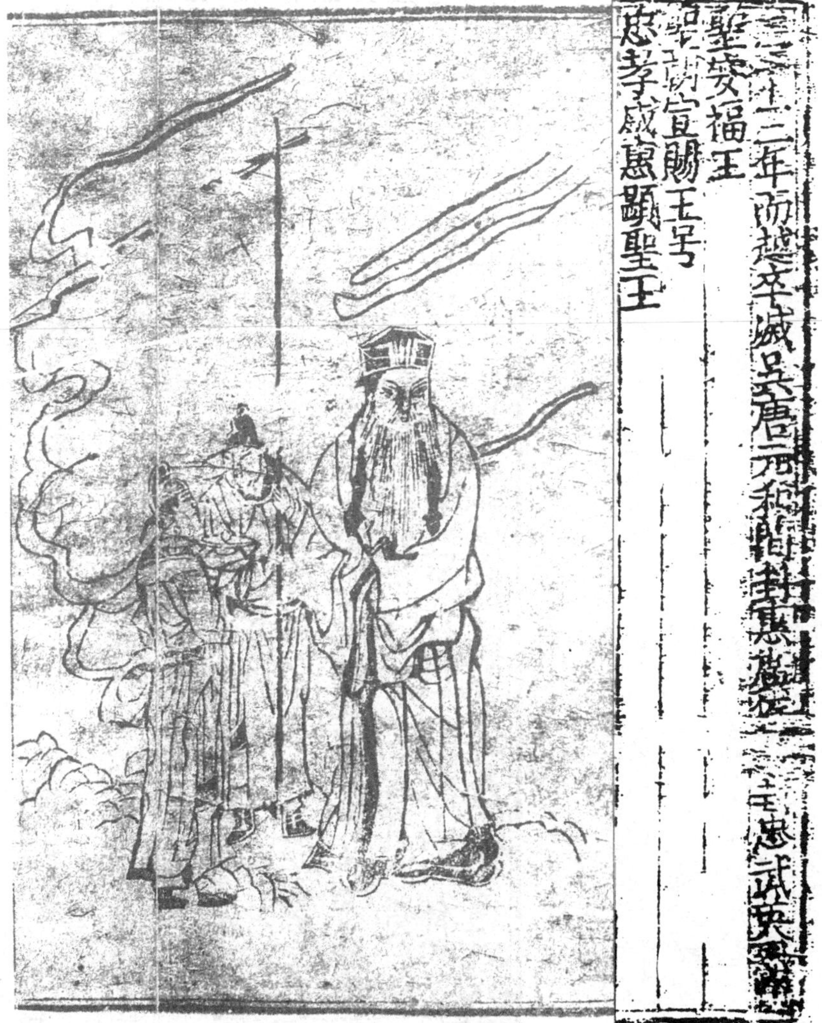

祠山張大帝

祠山聖烈真君姓張諱勃字伯奇武陵龍陽人也父曰龍陽君母曰張媪其先龍陽君與媪遊於太湖之陂正晝見風雨晦冥雲霧晝晦其上五采青黃雷電並起忽失媪所在俄頃開霽媪言見天女謂曰吾汝祖也賜以金丹已而有娠懷胎十四個月當西漢神雀三年二月十一日夜半生長而奇偉嘗見一大鹿望吾怒突形於色身長七尺隆準修髯髮垂委地深知水火之道有神告以此地荒僻不足建家命行有神獸前導形如白馬其聲如牛遂與夫人李氏東遊吳會稽渡浙江至苕霅之白鶴山山有四水會流其下公止而居焉於白鶴得柳氏於烏程桑近得趙氏於

婦人金主九弟五子一女八孫[illegible]於吳興[illegible]靈濟[illegible]
[illegible]陰[illegible]自長興荊溪[illegible]長十五里岸高七丈至十五丈
總三十里[illegible]遊於廣德也[illegible]於後村藏保小山稻樹之
側爲祖鼓壇[illegible]與夫人李氏密議爲期每鳴鼓三聲王
即自至不令夫人至[illegible]所[illegible]後因夫人遺食於鼓乃爲鳥
啄王以鳴鼓而[illegible]詣鼓壇乃知爲鳥所誤[illegible]至鳴
其鼓王反以爲[illegible]不至夫人遂詣其功之所見王爲大
豨役陰兵[illegible]夫人變形未及變不與夫人相見[illegible]
貴亭[illegible]功息於[illegible]廣德縣西五里橫山之頂居民思之立[illegible]於
山西南隅夫人李氏亦至縣東一里而化時人亦立[illegible]
之河瀆爲[illegible]田即[illegible]兵池爲湖灌[illegible]之田[illegible]甚
溉魯不廢[illegible]不[illegible]唐天寶中[illegible]
郎橫山改爲祠山[illegible]賜[illegible]封廣[illegible]
唐封爲司徒[illegible]封廣德公後晉封廣德王宋仁宗封靈濟王[illegible]

宗朝累加至八字十二至理宗淳佑五年改封正佑聖烈真君至

咸淳二年十一月十二日準告加封

正佑聖烈昭德昌福真君一月十一日誕生

封正順昭助靈惠順聖妃李氏二月二十一日誕生

封協惠淑慈昭順懿夫人康氏 協順承休協慈佑廣助夫人

神　者

王祖顯慶垂休昭遠靈惠侯　王祖母壽應起家昭靈夫人

王父慈應濟光崇祉衍靈侯　王母慈惠顯衍聖善夫人

九弟

靈祀普濟昭助侯　靈德昭惠嘉懿夫人

善利通濟顯助侯　善德助惠正懿夫人

順成孚應顯助侯　順德衍惠昭懿夫人

康衛昭應廣助侯　康德順惠顯懿夫人

靖鎮豐利安助侯　靖德淑惠靈懿夫人

休宗[illegible]子勳侯　休宗勳惠[illegible]懿夫人

明宗[illegible]勳侯　孝[illegible]貞昌懿夫人

昭宗[illegible]勳侯　昭宗[illegible]懿夫人

嘉惠[illegible]勳侯　嘉[illegible]夫人

王子

承烈顯濟聰佑王五月二十五日[illegible]　承祀[illegible]貞[illegible]元[illegible]雋夫人

嗣德昭佑公正月初四日誕生　嗣[illegible]福昭[illegible]

濟美崇祐公三月十五日誕生　濟[illegible]順保福恭[illegible]

紹休質祐公十二月十二日[illegible]　紹[illegible]崇福[illegible]

善繼孚祐公正月十二日誕生　善[illegible]瑞穆夫人

一王女

淑顯[illegible]嘉令儀夫人[illegible]

八王孫

第一位永福侯

第二位衍祉侯

第三位銜茹侯　第四位銜澤侯
第五位銜瑞侯　第六位銜渥侯
第七位銜夢侯　第八位銜憲侯
佐神丁壬二聖者
打供万使者封協靈侯

掠剮使

按幽怪錄云杜陵韋元方外兄裴璞任邠州新平縣尉元和五年璞卒于官長慶初元方下第將客于隴右出開遠門數十里抵偏店將憩逢武吏躍馬而來騎從數十而貌似璞見元方若識而急下馬避之入茶肆垂簾于小室中其徒御散坐簾外元方知其必璞也及褰簾入見真璞也元方驚喜拜之曰兄夫人間復効武職何也從吏之趨趨焉裴璞曰吾爲陰官職亦武士故武飾耳元方曰何官曰隴右三川掠剮使元方曰何謂掠

錢亦吾職所畢人剩財而掠之元方曰何謂剩財吏曰人之受得
衆寡之分皆有定分當即時忽遇物之稍稀或士人之頤所得乃贓瀆
之則竊謂之剩故掠之焉元方曰安知其剩而掠之吏曰此大
一錢一物之的有定非前定況財寶乎陰司所籍其獲有限獲而溢
除分外乃刻而掠之也元方曰所謂掠者於何事而掠之於懷
耶吏曰非也當數而得一一有成數外之財爲吾所掠或全盡
盗或災禍或賈貴不及常價殊不關身今始吾之生也常謂
勤勤得財無勤得財士勤得祿只歎其不勤而不得也夫勤得
之商皐農工之事豈不勤乎而今乃知勤者德之基
者善之本德之興吾人理身之道耳亦未足以邀財而求祿也
子之逢吾亦是前定合得白金二斤過此遺子又當復掠故云
顧子矣子之是行也故甚厚而其等於淫殊無所得諸頌平平
不以人生有命將不以道觀後踪哉吏以公事
須入城中陰司其限數不可違越遂以白金二斤授之指示

遠方國請因與別多年忽此使會欽言兵發又隔瀚明何處安置
此璞日本司厭暑置在浙瀧間吐蕃將來慮其侵軼當与渡頂
京安其共議會盟雖非遠圖斯亦紓患亦猶安邊之計也或曰之
犯是弭不諱事非奇謀不可為備且去且去上馬殺昔政不復
見頡兵所遺乃安其白金也振然而西所歷之獲無差其說彼邀
天知命者蓋知主上皆前定矣俄而番渾騷動朝廷知之又詔署
瀕邊憂監司以為甜謀相蒞盟相國崔公不欲臨境遂為城下之
盟率而其說也

公江游遇笑神

翰林名敬一者陳善洛泊舟三山磯有老叟曰來日午有大風舟
行必覆宜避之來日天晴乃里無片雲行人請解纜公曰更待
之同行舟一時離岸公托以事日午天色忽然俄黑雲起於江
未大風暴至折木飛沙怒濤若山同行舟多沉溺公驚懼又見

[illegible]吾督鬼發乃江之遊弈將也以公能自當位宰相吾來告公何以報德曰吾不求報貴人能發誓願神祇當護持願得金光明經一部其果其力可得免此職公許之至京以金光明經三部遣人詣三山磯投之其夕前吏曰荷蒙公賜以三今得升數秩再拜而去

常州武烈帝

忠佑武烈大帝陳姓諱杲仁字世威常州晉陵人也聖祖曾舉學元皎仕陳爲[illegible]侍郎洪州建昌縣令父季明字玄通仕隋爲[illegible]州司馬籍南[illegible]團採訪使景拜給事中帝於梁大[illegible]二年己巳二月望日午時誕生英姿照人有駢角匿犀之異然皆[illegible]爲文十二歲通經史人皆咸謂再生東家丘陳太帝天康[illegible]舉進士第對策[illegible]五階年甫十有八上曰朕與卿大丘之[illegible]自然不同特授監察御史任江西道巡察大使帝智勇[illegible]深韜略有經綸天下之志仕陳二十有五載事親以孝[illegible]

怨懟惠乃邑邑憾名論天下復生[illegible]遷于隋家[illegible]

不仕以田園爲終老計[illegible]高祖[illegible]

並起帝聞其名詔令討擒[illegible]

爲年撥秉義尉平長白[illegible]

至朝請大夫九年[illegible]樂伯通叛從十萬[illegible]

光祿大夫十三年改號義寧[illegible]奉詔[illegible]二

於[illegible]加之位入拜大司徒大業末法興[illegible]

帝[illegible]之又[illegible]爲是　帝輸衆[illegible]杭部赤[illegible]

不[illegible]帝[illegible]陽[illegible]依附[illegible]大欲加害[illegible]

子通[illegible]屯江北與法興[illegible]爲讎援懼　帝感[illegible]

至[illegible]高祖武德二年庚辰五月十八日法興[illegible]

帝不得已往問疾飲酒中毒馳歸時有高僧禪師以[illegible]

至子[illegible]治療[illegible]當[illegible]人[illegible]水[illegible]腸[illegible]毒　帝[illegible]

爲虎儸之[illegible]深切痛心至迄上[illegible]帝自知不可[illegible]

碣附輿碑師文靳張二妣御施所居宅恭南嶽寺為精舍奉祀香火
嵩響觀音記而薨享年七十有二法因時之意欲除諸得生
鄉帝英烈如在史節度勛一日忽黑雲蔽空風雨晦冥忽見天威
發一神矢射斃賊魁衆四潰其護國威靈有如此者唐天子
欲旌其功乃下詔詢訪本郡耆老故陳司徒身備八絕何謂
八絕等條奏曰忠孝文武信義謙讓是謂八絕事唐封忠烈公累
封福順武烈王後周加以帝號宋宣和四年賜廟額曰福順
武烈顯靈昭德大帝
武烈沇后　懿后　妃妹鄭張二夫人
神眷
神父沇督靈侯
神母懿德段夫人　神繼母嘉德伊夫人
神長子孝懿濟美侯　次子協應濟祐侯　神孫鳳上
佐神史氏大尉名沆宏封翊靈將軍

揚州五司徒

揚州英顯司徒姓許、祝、蔣、吳、五姓，是邦血食久矣。[illegible]五神居揚州，日結為兄弟，好畋獵。其地舊多狼虎，人罹其害。山深畔遇一老婦，五神詢問，蝎然無親，乞食於泉。五神請于所居之廬，事為母侍養。未久，或出獵而歸，不見其母，五神曰：多被虎噉。俱齋身緣捕山間，有虎迎前伏地就降，由此虎患始息。後人思其德義，立廟祀之。凡所祈禱，隨求隨應。廟今在江都縣東興鄉。

山[illegible][illegible]公隋煬帝時皆諱[illegible]有功者言從唐[illegible][illegible][illegible]宋[illegible][illegible]
定[illegible][illegible]李[illegible][illegible][illegible][illegible]于[illegible]不占以神學[illegible][illegible]之[illegible]
日公[illegible][illegible][illegible]新[illegible][illegible][illegible][illegible]神皆[illegible]平[illegible]
公[illegible][illegible]萬[illegible]享祠[illegible]神[illegible]其[illegible]之[illegible]
助之功奏[illegible]于朝賜[illegible]額[illegible][illegible]封至八字[illegible]後平[illegible]
以[illegible][illegible]來[illegible]有[illegible]神[illegible]則[illegible]復[illegible]
楚[illegible][illegible]則[illegible]其[illegible]民無時不[illegible]奏請加封
王號

第一位靈[illegible]惠[illegible]順王　第二位靈[illegible]王
第三位[illegible]助忠衛[illegible]順王　第四位靈佑[illegible]王
第五位靈[illegible]忠烈[illegible]順王

蔣莊武帝

建康府蔣莊武帝諱子文揚州人也漢末為秣陵尉逐賊至鍾

[illegible]而死而為神至吳先主之初其故吏見子文於道乘白
執白羽扇侍從如平生故吏見而驚走子文追之曰[illegible]
為土地神以福爾下民為吾立廟不爾使蟲入人耳為災孫主未之信
以為妖言後果有蟲入人耳死者甚眾醫不能治又云若不祀
我當有大火是歲數有火災又云不祀我當有大疫吳主患之
封中都侯加印綬立廟堂下鍾山更名曰蔣山以表其靈異[illegible]
之蘇峻之亂蔣侯曰蘇峻為逆當助我討之後果斬峻加封相國
太元中苻堅入寇謝玄見土師部陣甚整又見八公山上草木皆
類人形既而有靈應祀典增崇至[illegible]入寇以威儀鼓吹求助
於蔣山神又年號之若有助焉是 延興一云宋高帝永初二年[illegible]
晉禁淫祠自蔣子文以下皆絕之 [illegible]國大都督中外諸軍事
齊封蔣王齊永明中崔慧景之逆祈 [illegible]帝座以求福助事平[illegible]
進帝號復新廟宇以蔣山門為靈光門 門為興吉明外殿[illegible]
山東門神居梁武帝常禱而不應[illegible] 又詔焚其廟未及[illegible]

怒目因大振動宮殿帝懼召之乃上南臺謁曰莊□帝□神遂宇修飾奉勅候牌備載其事因朱家翁□日謝宗八年廟□紀熙四年重建景祐二年賜原公鉅中增修請于朝賜廟額曰嘉烈

蚕女

高辛時蜀有蚕女不知姓氏父為人所掠惟所乘馬在女念父不食其母因誓於衆曰有得父還者以此女嫁之馬聞其言驚躍振迅絕其物絆而去數日父乃乘馬而歸自此馬嘶鳴不肯飲齕母以誓衆之言告父父曰誓於人不誓於馬安有人而偶非類乎能脫我之難功亦大矣所誓之言不可行也馬跑父怒欲殺之馬愈跑父射殺之曝其皮於庭皮蹶然而起卷女飛去旬日皮復棲於桑上女化為蚕食桑葉吐絲成繭以衣被於人間一日蚕女乘雲駕此馬謂父母曰上帝以我心不忘義授以九天仙嬪矣

威濟李侯

侯姓李諱係安吉州長興縣童莊人也於宋徽宗崇寧二年五月十八日申時生長而異果皆資穎悟不茹葷酒鄉社之人遇有休咎禍福之將至輒能前知而告戒之年十八嘗曰宣和三年三月忽預告鄉里鄉社云吾將往山東膠西為国家幹事迄須數年方歸家端坐而逝遠近相傳莫不異之其後數有灵跡見于七處加年歲之豊凶蚕桑之得失皆以傳之巫覡不知君印共契矣鄉人差尊靈於是公私相率為立香火之地而祠祭之至寧宗開禧二年十一月日通直郎知長興縣繇進狀申奏忠顯靈應實跡所陳申州備申朝廷賜廟額曰顯應至理宗寶慶元年本縣寄居朝散郎賜緋魚袋陳為等列狀云諸路州縣境內有因雨暘不時祈禱感應實有利惠及民列須保明聞奏更合特賜封爵以彰神之功烈以慰一方士民之望奉勅封威濟侯

趙元帥

元帥姓趙諱公明終南山人也自秦時避世山中精修至道功行圓成奉　玉帝旨召爲神霄副帥按元帥乃皓庭霄度天慧覺昏梵炁化生其位在乾金水合炁之象也其服色頭戴鐵冠手執鐵鞭者金遇水炁也面色黑而鬍鬚者北炁也跨虎者金象也故此以水中金之義躰則爲道用則爲法法則非雷霆无以彰其威泰華西臺其府乃元帥之主掌而帥以金輪執亦西方金象也元帥上奉　天門之令策役三界巡察五方提點九州爲直殿大將軍爲北極侍御史　昔漢祖天師修煉大丹龍神奏帝請威猛神吏爲之守護由是元帥上奉　玉旨授正一玄壇元帥正則乃魁不干一則純一不二之職至重　天師飛昇後永鎮龍虎名山敵今三元開壇傳度其趨善建功謝過之人及頑冥不化者皆元帥掌之授右部龍虎玄壇無賞罰之一司部

上行八王猛將者以應八卦也有六毒大神者以乍官殺地煞
年煞月煞日煞時煞也五方雷神五方使者以應五行二十八
將以應二十八宿天和地合二將以應天門地戶六闢水
火二營將所以象春牛耕煞之往來驅雷掣電致雨收風除萬
新祭保病禳災元帥之功蓋夫大法為之主如公訟究拘神能使之一斷
釋公平當責求財公能使之宜利和合以有公私之事可以斷
神禱無不如意　上天聖號　高上神霄玉府大都督五方巡
察使九州社令都大提點直殿大將軍主領雷霆都司元帥北
極侍御史三界大都督應元昭烈侯掌士定命帳設使二十八
宿都總管上清正一玄壇飛虎金輪執法趙元帥

杭州蔣相公

神姓蔣出為杭州人生宋建炎間淳熙歲每秋成必散穀於貧乏其則賤糶於市價歲歉或捐以予飢者死之日囑其二弟曰尔存仁心力行好事里人相與塑其像以報仁心所施靈應如響首祈卜者有相應咸淳初賜廟額曰廣福六年安撫潜說友請于朝封神及二弟皆列侯曰孚順孚應孚祐侯

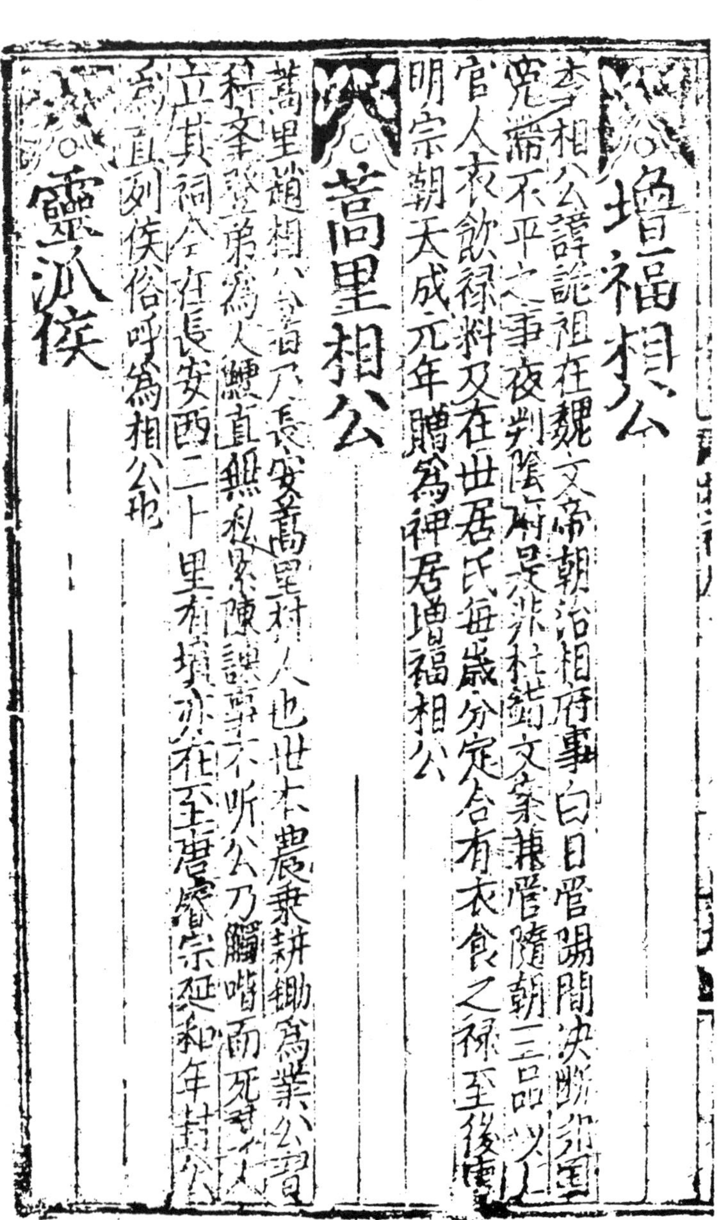

增福相公

李相公諱詭祖在魏文帝朝治相府事白日管陽間決斷分理冤滯不平之事夜判陰府是非枉曲文案兼管隨朝三品以上官人衣飲祿料及在世居民每歲分定合有衣食之祿至後唐明宗朝天成元年贈爲神居增福相公

蒿里相公

蒿里趙相公當日乃長安蒿里村人也世本農業耕鋤爲業公習科舉從弟爲人鯁直無私因陳諫言不聽公乃觸階而死其人立其祠公在長安西二十里有墳亦在至唐睿宗延和年封公爲直烈侯俗呼爲相公也

靈派侯

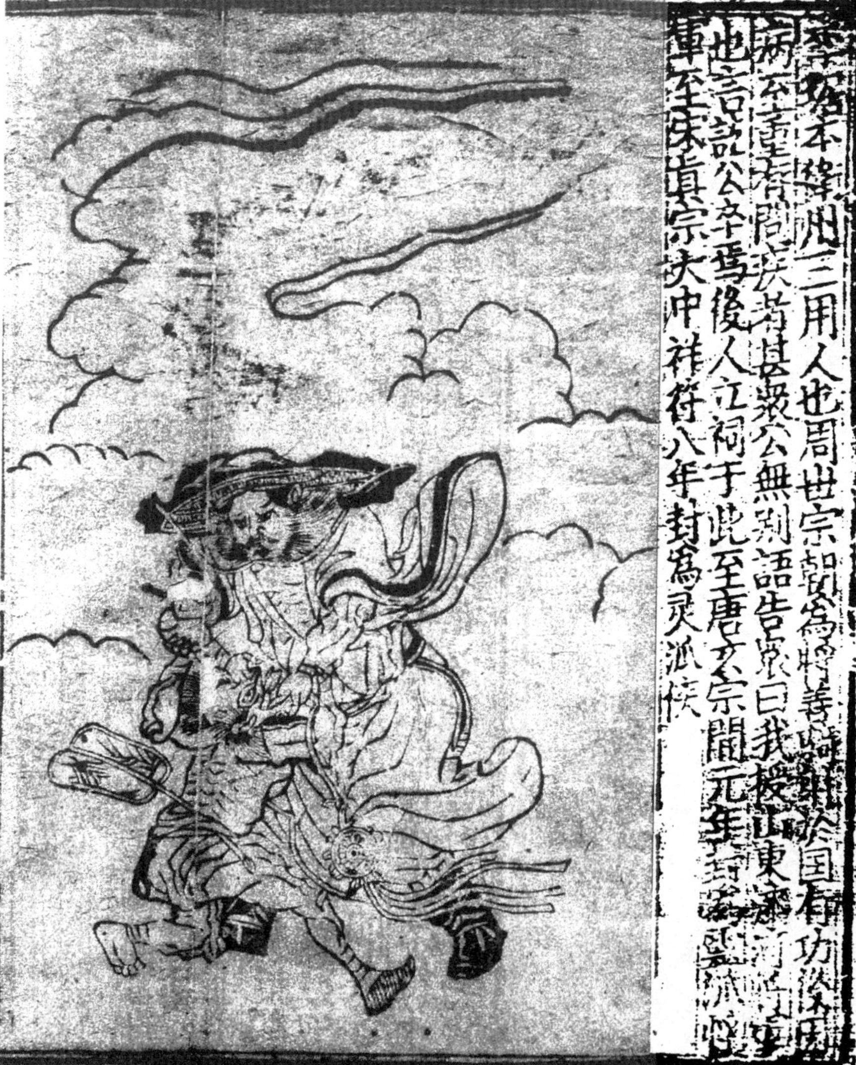

蔡將軍本鄭州人也周世宗朝以為將善騎戰於國有功後因
病至垂危時問疾者甚眾公無別語告眾曰我授山東濟河將軍
也言訖公卒焉後人立祠于此至唐玄宗開元年封為監濟將
軍至宋真宗大中祥符八年封為灵派侯

鍾馗

明皇開元講武驪山幸翠華還宮上不懌因痁疾作晝夢一小鬼衣絳犢鼻跣一足屨一足腰懸一屨搢一筠扇盜太真繡香囊及上玉笛繞殿奔戲上前上叱問之小鬼奏曰臣乃虛耗也上曰未聞虛耗之名小鬼奏曰虛者望空虛中盜人物如戲耗即耗人家喜事成憂上怒欲呼武士俄見一大鬼頂破帽衣藍袍繫角帶靸朝靴徑捉小鬼先刳其目然後擘而啖之上問大者爾何人也奏云臣終南山進士鍾馗也因武德中應舉不捷羞歸故里觸殿階而死是時奉旨賜綠袍以葬之感恩發誓與我

除天下虛耗妖孽之事言訖夢覺而疾頓瘳乃詔畫工吳道子曰試與朕如夢圖之道子奉旨恍若有覩立筆成圖

神荼鬱壘

東海度朔山有大桃樹蟠屈三千里其卑枝向東北曰鬼門萬鬼出入也有二神一曰神荼一曰鬱壘主閱領衆鬼之出入者執以飼虎於是黃帝法而象之因立桃板於門戶上畫神荼鬱壘以禦凶鬼此則桃板之制也蓋其起自黃帝故今世畫神像於板上猶於其下書左神荼右鬱壘以元日置之門戶也

五瘟使者

昔隋文帝開皇十一年六月內有五力士現於凌空三五丈於身披五方袍各執一物一人執杓子并罐子一人執皮袋并劍一人執扇一人執鎚一人執火壺帝問太史居仁曰此何神主

何災福也張居仁奏曰此是下方力士乃天上五鬼名曰五瘟使者如現之者主国民有瘟疫之疾此爲天行正病也帝曰何以治之而得免矣張居仁曰此行病者乃天之降疾无法而治之於是其年国人病死者甚衆是時帝乃立祠於六月二十七日詔封五方力士爲將軍青袍力士封爲顯聖將軍紅袍力士封爲顯應將軍白袍力士封爲感應將軍黑袍力士封爲感成將軍黄袍力士封爲感威將軍隋唐皆用五月五日祭之

司命竈神

按酉陽雜俎云竈神姓張名單字子郭一作隗狀如美女又夫人字卿忌有六女皆名察郎六癸女也白人罪狀大者奪紀紀三百日小者奪算算一百日故為天帝督使下為地精己丑日日出卯時上天禺中下行署此日祭得福其屬神有天帝嬌孫天帝大夫天帝都尉天帝長兄硎上童子突上紫宮君太和君玉池夫人

卷四 二

[illegible]於屋古央口向西[illegible]令夫人盆九寸以[illegible]土塗
之立[illegible]物令安折神竈之法也竈神以壬子日死不可用此日
治竈當以五月辰日猪頭祭竈令人治生万倍用犬祭竈凶敗
雞毛入竈中至非禍犬骨入竈出狂子正月巳丑日白雞祭竈
宜蚕五月巳丑卯祭竈吉四月丁巳日祭竈百倍神衣[illegible]拔髮
從竈中出知其名呼之可得除凶惡云

[illegible]福神

福神者本道州刺史楊公諱成字昔漢武帝愛道州矮民以為
宮奴玩戲其道州民生男多選矮侏儒好者每歲不下貢數百人
使公孫父母子生别[illegible]刺史楊公守郡以表奏聞天子云臣
按五典本土只有矮民無矮奴也武帝感悟省之自後更不復
取其郡人立祠繪像供養以為本州福神也後天下士庶黎民
皆繪像敬之以為福禄之神也

五盜將軍

世略曰五盜將軍者即宋廢帝永光年間五盜寇也發於一方之地作亂為盜後於景和年間遣大將張洪破而殺之於新封縣之北其五人今又作怪祥于此祭之者皆呼為五盜將軍也

杜平　李思　任安　孫立　耿彥正

紫姑神

紫姑神者乃萊陽縣人也姓何名媚字麗卿自幼讀書辯利唐垂拱三年壽陽刺史李景納為妾其妻妬之遂陰殺之於廁自此始也紫姑神死於正月十五日故顯靈於正月也

新編搜神廣記　後集

繪圖三教源流搜神大全（外二種）

神仙名索引例言

一、本索引收録《繪圖三教源流搜神大全》、《搜神記》、《新編連相搜神廣記》三書中傳述的神仙名及神眷、屬神名。

二、神仙名包括本名、字號、法名、法號、道號、歷代封號及寺觀祠廟名等等，今以通用的神仙名（一般即書中作爲標目的名稱）爲主條，下列文中所見其他名號，其他名號並另立參見條。例如：

太上老君（李耳、伯陽、老聃、老子、
金闕玄元太上老君、老君、玄元皇帝、
大聖祖高上大道金闕玄元天皇大帝、
太上老君混元上德皇帝、玄元宫、紫
極宫、太清宫、太微宫）

其中"太上老君"爲主條，"李耳"、"伯陽"等十三條爲其他名號，其他名號均另立參見條：

李耳　見太上老君
伯陽　見太上老君
……

三、三書於同一神仙標目或有異，如《三教源流搜神大全》及《新編連相搜神廣記》"清源妙道真君"，《搜神記》作"灌口二郎神"，今以《三教源流搜神大全》所標爲主條。

四、集合性神仙名如"四瀆"、"五聖"等，如原書中分别敘述，則合名、分名均出條，如"四瀆（神）"既有：

四瀆（神）（江瀆（神）、河瀆（神）、淮
瀆（神）、濟瀆（神））

又有

江瀆（神）（屈原，廣源順濟王）
……

如原書中未分别敘述，則單出合名條，如：

五聖（五顯公之神、五通、靈順，顯聰
昭應靈格廣濟王、顯明昭列靈護廣祐
王、顯正昭順靈衛廣惠王、顯直昭佑
靈貺廣澤王、顯德昭利靈助廣成王）

五、神眷限收有封號者，如梓潼帝君父先稱"張户老"、"清河叟"，後有封號曰"顯慶慈祐仁裕王"，出條：

顯慶慈祐仁裕王（張户老、清河叟、梓潼帝君父）

六、三書於同一神仙名號文字往往有異同，今略作校勘，並在〔〕中加以說明，凡確知有正有誤者，以正者為主，如西靈王母的姓氏，《三教源流搜神大全》和《搜神記》均誤作"緱氏"，《新編連相搜神廣記》作"緱氏"不誤，則寫作

緱〔一誤作"緱"〕氏

凡一時不能確知正誤的，則以《三教源流搜神大全》為主，作異同校，如梓潼帝君的字：

霈夫〔一作"需美"，一作"需夫"〕

凡有三書均刻誤而可考定者，則加注，如五聖輔神《新編連相搜神廣記》有"史下二神"，餘二書均作"吏下"二神，"史"字不誤，"吏"字誤，"下"字亦誤，今出條作：

史〔一誤作"吏"〕下二神（五聖輔神）

"下"加一注，說明"下"字當作"卞"字。

七、各主條下注三書簡稱、卷數、頁數，如：

蔣莊武帝（蔣子文、中都侯、蔣山神、蔣王、惠烈）

三教二/135
搜神四/406上
廣記後/556

其中"三教"代《三教源流搜神大全》、"搜神"代《搜神記》、"廣記"代《新編連相搜神廣記》，"三"、"四"為卷數，"後"為集數（"廣記"分前、後集），"上"為欄數（"搜神"版面有上下欄）。

八、本索引以四角號碼順序排列。

0010_4 童

40 童壽　見鳩摩羅什禪師

0021_1 鹿

77 鹿門廟　見蘇嶺山神

龐

20 龐喬　見混炁龐元帥

0021_6 兗

32 兗州太極觀　見聖母

0021_7 亢

80 亢金大神　見孚祐溫元帥

廬

22 廬山匡阜先生（匡續、君平、匡阜先生、南極大明公）

三教七/324

搜神三/404上

0022_3 齊

60 齊國公（叔梁紇、孔子父）

三教一/8

搜神一/359下

廣記前/450

0022_7 方

04 方諸君〔一作"東方諸"〕見東華帝君

46 方相氏　見開路神君

高

10 高元帥（員、九天降生高元帥）

三教五/217

21 高上神霄玉府大都督五方之巡察使九州社令都大提點直殿大將軍主領雷霆副元帥北極侍御史三界大都督應元昭烈侯掌士定命設帳使二十八宿都總管上清正一玄壇飛虎金輪執〔"執"一作"敕"〕法趙元帥　見趙元帥

30 高涼郡夫人　見誠敬夫人

87 高銅　見王高二元帥

商

80 商羊　見雨師神

0023_1 應

44 應世塔　見寶誌禪師

0023_2 康

10 康元帥（仁聖元帥）

三教五/240

21 康衛昭應廣助侯（祠山張大帝弟）

三教三/120

搜神二/384下

廣記後/544

24 康德順惠顯懿夫人（祠山張大帝弟廣助侯婦）

三教三/120

搜神二/384下

廣記後/544

36 康澤侯　見耿七公

0024_7 夜

37 夜郎王之神　見竹王

夜郎侯　見竹王

慶

40 慶友尊者　見十八尊阿羅漢

變

53 變成王石　見十地閻君

0026_1 磨

28 磨嵯神（磨嵯大王）

搜神五/429上

磨嵯大王　見磨嵯神

0026_7 唐

30 唐宏（文明、孚靈侯、上元道化真君）
三教二/103
搜神二/379上
廣記後/530

唐宏　見吳客三真君
44 唐世旻　見零陵王

0028_6 廣

10 廣平呂神翁（呂翁）
搜神五/419下

24 廣德王　見祠山張大帝
廣德侯　見祠山張大帝
廣德公　見祠山張大帝
31 廣福　見杭州蔣相公
廣源順濟王　見江瀆(神)
50 廣惠慈濟方義侯（五聖父）
三教二/66
搜神二/387上
廣記前/495

0040_0 文

00 文度　見葛雍
67 文明　見唐宏
72 文剛　見周斌

0040_1 辛

77 辛興苟元帥（新興、震宇、雷門苟元帥）
三教五/230

0063_1 譙

60 譙國夫人　見誠敬夫人

0068_2 該

00 該　見西海之神

0071_4 亳

32 亳州太清宮　見聖母

0073_2 玄

00 玄〔一作"文"〕帝　見玄天上帝
10 玄元皇帝　見太上老君
玄元宮　見太上老君
玄天上帝（玄〔一作"文"〕帝、太始真人、太元〔"元"一作"朴"一作"素"〕真人、太乙〔"乙"一作"素"〕真人、當上天、王虛師相玄天上帝、太玄元帥）
三教一/33
搜神二/374上
廣記前/470

24 玄化慈濟真君　見劉天君
玄奘禪師（陳禕）
三教六/278

37 玄冥　見北海之神

0121_1 龍

60 龍　見后土神

0128_6 顔

40 顔真卿　見北極驅邪院

0261_8 證

16 證聖大師　見泗州大聖

0292_1 新

60 新羅山神
搜神三/404下

77 新興　見辛興苟元帥

0365_0 誠

48 誠敬夫人（冼氏、馮寶妻、譙國夫人、高涼郡夫人）
搜神六/436上

0460_0 謝

10 謝天君（謝士榮，雷行火德天君）
三教四/181
40 謝士榮 見謝天君
0463₁誌
80 誌公 見寶誌禪師
0464₇護
60 護國庇民妙靈昭應弘仁普濟天妃 見天妃娘娘
護國西齊王 見崔府君
護國威應公 見崔府君
67 護明大士 見釋迦牟尼
0466₄諾
61 諾距羅尊者 見十八尊阿羅漢
0512₇靖
24 靖德淑惠靈懿夫人（祠山張大帝弟宏助侯婦）
三教三/120
搜神二/384下
廣記後/544
84 靖鎮豐利安助侯（祠山張大帝弟）
三教三/120
搜神二/384下
廣記後/544
0712₀蝴
00 蝴應助順周侯（五聖輔神）
三教二/67
搜神二/387下
廣記前/496
10 蝴靈將軍（柴大尉、柴克宏、常州武烈帝佐神）
三教三/130
搜神四/408下
廣記後/552
0742₇郭
48 郭姒 見華山之神
0864₀許
00 許 見揚州五司徒
08 許旌陽 見許真君
32 許遜 見許真君
40 許真君（許遜、敬之、神功妙濟真君、許旌陽、至道玄應神功妙濟真君、玉隆萬壽宮）
三教二/73
搜神二/379下
廣記前/502
1000₀一
21 一行禪師（張遂、大慧禪師）
三教六/288
1010₀二
00 二帝將軍（大奶夫人輔神）
三教四/184
44 二孝女（葛祐女、玉清宮正乙）
搜神六/437下
1010₁三
10 三元大帝（上元一品九氣天官紫微大帝、中元二品七氣地官清虛

大帝、下元三品五氣水官洞陰大帝，上元一品天官賜福紫微帝君、中元二品地官赦罪青靈帝君、下元三品水官解厄暘谷帝君）

三教一/43
搜神一/368上
368下
369上
廣記前/480

40 三十六員第一總領使 見那吒太子

44 三茅真君（茅盈、茅固、茅衷）

三教二/83
搜神二/382上
廣記後/512

67 三眼靈光 見靈官馬元帥

正

10 正一玄壇元帥 見趙元帥

21 正順顯佑夫人 見寨將夫人

24 正佑聖烈真君 見祠山張大帝

正佑聖烈昭德昌福真君 見祠山張大帝

30 正寧昭助靈惠順聖妃（李氏、祠山張大帝妻）

三教二/119
搜神二/384上
廣記後/544

50 正東二七神 見田華畢元帥

67 正明皇后（正明大寧皇后、中嶽帝后）

三教一/59
搜神一/371下
廣記前/488

10103 玉

21 玉虛師相玄天上帝 見玄天上帝

26 玉皇上帝（清淨自然覺王如來、太上開天執符御曆含真體道昊天至尊玉皇大天帝、太上開天執符御曆含真體道玉皇大天帝）

三教一/18
搜神一/363下
廣記前/460

35 玉清宮正乙 見二孝女

40 玉女大仙（東嶽女、岱嶽太平頂玉仙〔"仙"一作"女"〕娘娘）

三教一/47
搜神一/370下
廣記前/484

77 玉隆萬壽宮 見許真君

10104 王

00 王高二元帥（王鐵、高銅，虎丘長）

三教四/197

王文卿 見王侍宸

王褒 見華山之神

10 王元帥（王惡、東嶽、酆洛王元帥）

三教四/178

王惡 見王元帥

24 王侍宸（王文卿、金門

羽客、鍍神殿侍宸）
三教七/322
搜神二/388上
31 王池夫人（司命竈神輔神）
三教四/159
廣記後/572
80 王念二元帥（五聖輔神）
三教二/67
搜神二/387下
廣記前/496
王公 見東華帝君
85 王鈇 見王高二元帥

1010_4至

16 至聖文宣王（大成至聖文宣王、先聖、孔丘、孔子、仲尼、儒氏）
三教一/6
搜神一/358上
廣記前/448
至聖炳靈王（東嶽子，威雄將軍、上吳〔"吳"一作"殿"〕炳靈公）
三教一/47
二/49
搜神一/370上
二/387下
廣記前/483
484
38 至道玄應神功妙濟真君 見許真君
40 至真大帝萬變混沌玄元老君 見混沌聖君

1010_7五

00 五瘟使者（春瘟張元伯、夏瘟劉元達、秋瘟趙公明、冬瘟鍾士貴、總管中瘟史文業，青袍力士、紅袍力士、白袍力士、黑袍力士、黃袍力士，顯聖將軍、顯應將軍、威應將軍、威成將軍、威威將軍）
三教四/157
搜神六/438上
廣記後/570
五方之神（南海之神、北海之神、東海之神、西海之神、河伯）
三教四/167
搜神一/372上
10 五雷之長 見石元帥
五雷神（雷神、陳文玉、雷種、霹震、威化）
三教七/334
搜神一/373上
16 五聖（五顯公之神、五通、靈順，顯聰昭應靈格廣濟王、顯明昭烈靈護廣祐王、顯正昭順靈衛廣惠王、顯直昭佑靈貺廣澤王、顯德昭利靈助廣成王）
三教二/65
搜神二/385下
廣記前/494
30 五官王黃 見十地閻君
37 五盜將軍（杜平、李思、任安、孫立、耿彥正）
三教四/163
搜神六/438上
廣記後/574
五通 見五聖

46 五猖大將（大奶夫人輔神）　三教四/184

61 五顯公之神　見五聖

1010_8 靈

00 靈貺忠利輔順王　見揚州五司徒

16 靈聖護國侯　見崔府君

17 靈勇忠烈孚順〔"孚順"一作"捷頊"〕王，見揚州五司徒

21 靈順　見五聖

24 靈德昭惠嘉懿夫人（祠山張大帝弟昭助侯婦）　三教三/120　搜神二/384下　廣記後/544

靈佑忠濟助順王　見揚州五司徒

30 靈濟王　見祠山張大帝

靈官馬元帥（三眼靈光、靈燿）　三教五/220

靈寶丈人　見妙有聖君

31 靈源弘濟王　見河瀆神

32 靈派將軍　見靈派侯

靈派侯（李琚、靈派將軍）　三教三/151　搜神四/414上　廣記後/566

36 靈澤夫人（孫氏）　搜神六/435上

50 靈惠　見竹王

靈惠夫人　見天妃娘娘

53 靈威忠惠翊順王　見揚州五司徒

66 靈貺普濟昭助侯（祠山張大帝弟）　三教三/120　搜神二/384下　廣記後/544

74 靈助忠衛佐順王　見揚州五司徒

80 靈義侯（苟氏，安佑）　搜神五/421上

97 靈燿　見靈官馬元帥

1012_7 霈

50 霈夫〔一作"需美"，一作"需夫"〕　見梓潼帝君

1014_1 聶

00 聶六官　見聶家香火

10 聶二官　見聶家香火

聶三官　見聶家香火

聶五官　見聶家香火

30 聶家香火（聶大官、聶二官、聶三官、聶四官、聶五官、聶六官、聶九舍人）　搜神四/418上

40 聶九舍人　見聶家香火

聶大官　見聶家香火

60 聶四官　見聶家香火

1021_1 元

10 元天大聖后　見聖母

14 元珪禪師（李氏）　三教六/281

24 元帥李先鋒　見李元帥

76 元陽〔父〕　見東華帝君

1021_4 霍

22 霍山（南嶽儲副）
三教一/53
搜神一/370下
廣記前/486
90 霍光　見金山大王

1022_7雨

21 雨師神（商羊）
三教七/336
搜神一/373下

需

50 需夫　見梓潼帝君
80 需美　見梓潼帝君

1023_0下

10 下元三品五氣水官洞陰大帝　見三元大帝
下元三品水官解厄暘谷帝君　見三元大帝　又見下元三品大帝
下元三品大帝（下元三品五氣水官洞陰大帝）
搜神一/369上
下元定志真君　見周斌
12 下水府　見洋子江三水府
下水府（金山）
三教七/340
搜神三/401上

1023_2震

30 震宇　見辛興苟元帥

1024_7夏

00 夏盜劉元達　見五瘟使者

1030_7零

74 零陵王（唐世旻、昌圖）
搜神四/410上

1040_9平

88 平等王于　見十地閻君

1043_0天

00 天齊王　見東嶽
天齊君　見東嶽
天齊仁聖王　見東嶽
10 天王（毘留勒義天王、毘留博義天王、提頭賴吒天王、毘沙門天王）
三教七/350
搜神三/392下
26 天和合梓元帥（風火院田元帥輔神）
三教五/243
30 天寶丈人　見妙無聖君
35 天神　見太乙
44 天地大夫（司命竈神輔神）
三教四/159
廣記後/572
天地嬌孫（司命竈神輔神）
三教四/159
廣記後/572
天地都尉（司命竈神輔神）
三教四/159
廣記後/572
天地長兄（司命竈神輔神）
三教四/159
廣記後/572
47 天妃娘娘（林氏、靈惠夫人、護國庇民妙靈昭應弘仁普濟天妃）
三教四/186

搜神六/432下

天都府君 見東嶽
80 天人師 見釋迦牟尼
88 天符都官 見東嶽

10600石

10 石元帥(石槐、五雷之長)
三教五/207
27 石龜
搜神五/426上
35 石神
搜神五/425下
石神 見石元帥
60 石固 見江東靈截

西

10 西王母 見西靈王母
西靈王母(西王母、九靈大妙龜山金母、太虛九光龜臺金母、緱[一誤作"緞"]氏)
三教一/29
搜神一/367上
廣記前/466
22 西嶽真人(馮長)
搜神二/388下
西嶽(華山、善聖["聖"一作"坐"]、金天順聖帝、金天太利順聖帝)
三教二/55
搜神一/370下
廣記前/486
38 西海之神(蓐收、該)
三教四/167
搜神一/372上
西海之神 見五方之神
43 西域僧禪師
三教六/304
44 西楚霸王(項王、項羽)
搜神四/409下

10603雷

10 雷霆第三判官袁千里 見袁千里
21 雷行 見謝天君
22 雷種 見五雷神
35 雷神 見五雷神
77 雷門苟元帥 見苹興苟元帥
雷門畢元帥 見田華畢元帥

10716電

00 電 見東王公
35 電神 見電母神
77 電母神(電神)
三教七/336
搜神一/368上
(題誤作"東王公")
373上

10731雲

71 雲長 見義勇武安王

10806賈

72 賈氏 見慧速禪師

10900不

24 不動尊大忿怒明王 見十大明王

11110北

22 北嶽(恒山、晨¬\u200b䯀、安天玄聖帝、安天大真["真"一作"貞"]玄聖帝)
三教二/57
搜神一/371上

廣記前/498

38 北海之神　見五方之神

北海之神（玄冥、熙）

三教四/167

搜神一/372上

41 北極驅邪〔院〕左判官

見北極驅邪院

北極驅邪院（顏真卿、左判官、北極驅邪院左判官）

三教七/328

搜神二/376上

11186 項

10 項王　見西楚霸王

17 項羽　見西楚霸王

11232 張

10 張亞　見梓潼帝君

張元帥（張健）

三教五/228

張天師（張道陵）

三教七/320

搜神二/381下

11 張麗英　見金精

22 張將軍（張孝忠）

搜神五/422下

25 張健　見張元帥

32 張巡　見斬鬼張真君

34 張渤　見祠山張大帝

38 張遂　見一行禪師

張道陵　見張天師

40 張七相公

搜神五/421下

44 張孝忠　見張將軍

60 張果　見張果老

張果老（張果）

搜神二/388下

66 張單　見司命竈神

67 張昭烈

搜神五/421上

張路斯　見昭靈侯

72 張氏　見智璪禪師

張氏　見蕭迴雜國公

11211 麗

77 麗卿　見紫姑神

11732 裴

08 裴說　見淮瀆〔神〕

裴璞　見掠剩使

12230 水

00 水府靈通廣濟顯應英佑侯　見蕭公爺爺

35 水神（罔强河伯）

三教七/338

搜神五/404上

36 水澤　見湖瀆很

12410 孔

17 孔子　見至聖文宣王

72 孔丘　見至聖文宣王

12413 飛

00 飛廉　見風伯神

12493 孫

00 孫立　見五通將軍

22 孫將軍（孫山）

搜神五/422上

孫山　見孫將軍

72 孫氏　見靈澤夫人

12600 副

00 副應元帥（泰字）

三教五/209

硎

21 硎上童子（司命竈神輔神）

三教四/159

廣記後/572

神仙名索引

14647破

00 破產靈童（大奶夫人輔神） 三教四/184

16104聖

37 聖祖（司命真君、九天司命天尊、聖祖上靈高道九天司〔"司"一作"赦"〕命保生天尊） 三教一/21 搜神一/364下 廣記前/462

聖祖上靈高道九天司〔"司"一作"赦"〕命保生天尊 見聖祖

77 聖母（先天太后、元天大聖后、亳州太清宮、兗州太極觀） 三教一/23 搜神一/365上 廣記前/458 462

聖母（杜氏） 搜神六/434上

16601碧

27 碧雞神 見金馬碧雞

17107孟

10 孟元帥（孟山、酆都元帥） 三教五/245

22 孟山 見孟元帥

17232承

00 承應宣靈侯（梓潼帝君孫） 三教一/40 搜神二/378下 廣記前/477

10 承天效法厚德光大后土皇地祇 見后土皇地祇

12 承烈顯濟啟佑王（祠山張大帝子） 三教三/120 搜神二/384下 廣記後/545

37 承祀贊福元穆協應夫人（祠山張大帝子啟佑王婦） 三教三/120 搜神二/385上 廣記後/545

17407子

07 子郭 見司命竈神

10 子玉 見崔府君

子玉 見孚祐溫元帥

17 子胥 見潮神

子胥 見威惠顯聖王

40 子真 見壽春真人

17527那

36 那迦犀那羅尊者 見十八尊阿羅漢

64 那吒太子（李那吒、通天太師威靈顯赫大將軍、三十六員第一總領使） 三教七/330

17567君

10 君平 見廬山匡阜先生

17620司

司三官保命仙君 見茅衷

司天大化昭聖帝　見南嶽

司天昭聖帝　見南嶽

80 司命竈神(張單、子郭)

三教四/159

搜神六/441上

廣記後/572

司命真君　見聖祖

1780_1 翼

10 翼靈照武將軍兵馬都部署　見孚祐温元帥

1780_6 頁

77 頁局先生

搜神二/391上

1790_4 柔

00 柔應夫人(石氏、昭靈侯夫人)

三教三/107

搜神五/424下

廣記後/532

1863_2 磁

32 磁州都土地崔府君　見崔府君

1918_0 耿

00 耿彥正　見五盜將軍

耿七公(康澤侯)

搜神五/422上

2010_4 重

00 重　見東海之神

2040_7 孚

孚應侯　見杭州蔣相公

10 孚靈侯　見廣崇

21 孚順侯　見杭州蔣相公

34 孚祐侯　見杭州蔣相公

孚祐温元帥(温瓊、子玉、亢金大神、翼靈照武將軍兵馬都部署、温太保、東嶽統兵天下都巡檢五嶽上殿奏事急取罪人案玉皇殿前左亢金翊靈照武雷王佑侯温元帥)

三教五/223

50 孚惠　見仰山龍神

季

24 季偉　見茅固

2090_4 采

10 采石　見中水府

2090_7 秉

03 秉誠　見王元帥

2091_3 統

21 統儀班證佛果聖號(混天內輔三清內宰大都督府都統三界陰兵行便宜事管天地水三界獄事收五嶽四瀆真形虎符龍券總諸天星耀判桂祿二籍上儀元皇真人司祿職貢舉真君預〔"預"一誤作"須"〕編修飛還列籍掌混天造化輪迴救苦天尊九天定元保生扶教開化主〔"主"一誤作"生"〕宰長樂永祐靈應大帝定慧證果伽釋梵鎮如來佛〔"佛"一作"張"〕)

三教一/41
廣記前/478

2108$_6$ 順

24 順德行惠昭懿夫人（祠山張大帝弟顯助侯婦）
三教三/120
搜神二/384下
廣記後/544

30 順濟王 見梓潼帝君
順濟王（小龍）
搜神五/423上

47 順懿夫人（陳氏）
搜神六/435下

53 順成〔"成"一誤作"戒"〕孚應顯助侯（祠山張大帝弟）
三教三/120
搜神二/384下
廣記後/544

74 順助惠懿夫人（梓潼帝君子婦）
三教一/40
搜神二/378下
廣記前/477

2110$_0$ 上

10 上元一品帝（上元一品九氣天宮紫微大帝）
搜神一/368上
上元一品天官賜福紫微帝君 見三元大帝
上元一品九氣天官紫微大帝 見三元大帝；又見上元一品帝
上元道化真君 見唐宏
上天聖號（金闕昊天檢校洞照通真先生九天開化主宰幽應大天帝上僊元〔"元"一誤作"無"〕皇后）
三教一/41
廣記前/478

12 上水府 見洋子江三水府
上水府（馬當）
三教七/340
搜神三/401上

26 上吳〔"吳"一作"殿"〕炳靈公 見至聖炳靈王

2121$_0$ 仁

16 仁聖元帥 見康元帥

2121$_7$ 伍

40 伍大夫 見濟瀆（神）
60 伍員 見威惠顯聖王

虎

72 虎丘長 見王高二元帥

盧

00 盧六祖（惠能）
三教二/81
搜神三/396下
廣記後/510

2122$_0$ 何

47 何媚〔"媚"一誤作"婿"〕見紫姑神
72 何氏 見九鯉湖仙
80 何公三九承事（風火院田元帥輔神）
三教五/543

2122$_1$ 衍

00 衍慶侯（祠山張大帝孫）
三教三/121
搜神二/385上

廣記後/546

00 衍慶助順慈貺夫人（五聖祖母）

三教二/66
搜神二/387上
廣記前/495

12 衍瑞侯（祠山張大帝孫）

三教三/121
搜神二/385上
廣記後/546

31 衍祉侯（祠山張大帝孫）

三教三/121
搜神二/385上
廣記後/545

34 衍祐侯（祠山張大帝孫）

三教三/121
搜神二/385上
廣記後/546

36 衍澤侯（祠山張大帝孫）

三教三/121
搜神二/385上
廣記後/546

37 衍渥侯（祠山張大帝孫）

三教三/121
搜神二/385上
廣記後/546

50 衍惠侯（祠山張大帝孫）

三教三/121
搜神二/385上
廣記後/546

2122₁ 衡

22 衡山 見南嶽

2122₇ 儒

72 儒氏 見至聖文宣王

2123₄ 虞

72 虞氏 見梁將夫人

2124₁ 處

40 處士（常州武烈帝孫）

三教三/130
搜神四/408下
廣記後/552

2125₃ 歲

22 歲崇 見東嶽

2190₃ 紫

00 紫衣圓〔"圓"一作"員"〕覺大師（五聖輔神）

三教二/66
搜神二/387下
廣記前/496

41 紫極宮 見太上老君

44 紫姑神（廁神、何媚〔"媚"一誤作"婿"〕麗卿）

三教四/165
搜神六/441下
廣記後/574

2191₀ 紅

37 紅袍力士 見五瘟使者

2200₀ 川

72 川后 見波神

2221₄ 任

30 任安 見五盜將軍

崔

00 崔府君（子玉、靈聖護國侯、護國威勝公、護國西齊王、顯衛、磁州都土地崔府君）

三教二/95
搜神四/414下
廣記後/522

催

25 催生聖母（大奶夫人輔

神）

三教四/184

2222₇ 嵩

22 嵩山　見中嶽

72 嵩岳破竈墮和尚　見嵩岳伏僧禪師

嵩岳伏僧禪師（嵩岳破竈墮和尚

三教七/310

2290₁ 崇

00 崇應　見道州五龍神

22 崇嵬〔"嵬"一作"覃"、又作"豐"〕　見南嶽

30 崇寧至道真君　見義勇武安王

31 崇福慈濟慶善夫人（五聖母）

三教二/66
搜神二/387上
廣記前/495

2290₄ 巢

37 巢湖太姥

搜神三/402下

2299₃ 縣

17 縣君（刁春喜、風火院田元帥母）

三教五/243

2324₀ 代

17 代那跋斯尊者　見十八尊阿羅漢

2324₂ 傅

40 傅大士（傅翕、善慧大〔"大"一作"八"〕士）

三教二/93
搜神三/399上
廣記後/520

80 傅翕　見傅大士

2325₀ 伐

77 伐闍弗多羅尊者　見十八尊阿羅漢

2371₁ 崆

27 崆〔"崆"一作"嵱"〕峒山（北嶽儲副）

三教一/57
搜神一/371上
廣記前/488

2376₈ 嵱

27 嵱峒山　見崆峒山

2420₀ 射

40 射木山神（射木山祠、儲休儀、李符）

搜神三/405上

射木山祠　見射木山神

2421₁ 先

10 先天太后　見聖母

16 先聖　見至聖文宣王

佐

35 佐神丁任二〔"二"一誤作"三"〕使者（祠山張大帝輔神）

三教三/121
搜神二/385上
廣記後/546

2426₀ 佑

10 佑靈侯（東嶽子）

三教一/47
搜神一/370下
廣記前/483

16 佑聖真君（茅盈、大帝保命真君、九天司命上卿〔"卿"一作"部"〕賜福佑聖真君）

三教一/51
搜神二/387下
廣記前/484

儲

24 儲休侯 見射木山神

24290 休

00 休應豐（"豐"一誤作"豊"）澤孚助侯（祠山張大帝弟）
三教三/120
搜神二/384下
廣記後/545

24 休德敷惠靖懿夫人（祠山張大帝弟孚助侯婦）
三教三/120
搜神二/384下
廣記後/545

24806 贊

22 贊幽張夫人（常州武烈帝妃）
三教三/129
搜神四/408下〔注〕
廣記後/552

50 贊惠濟美侯（常州武烈帝長子）
三教三/130
搜神四/408下
廣記後/552

25206 仲

77 仲尼 見至聖文宣王

25207 律

60 律呂神
搜神二/391下

80 律令 見法術呼律令

25227 佛

〔注〕此處誤以"彰后"与"贊幽張夫人"相連。

60 佛 見釋迦牟尼

73 佛陀耶舍禪師（覺名）
三教六/256

佛駝跋陀羅禪師（覺賢）
三教六/261

25240 健

77 健兒
三教七/346

25900 朱

00 朱彥矢 見朱元帥

10 朱元帥（朱彥矢、體元）
三教五/226

40 朱木蘭 見孝烈將軍

43 朱娥
搜神六/437上
"曹娥"條

72 朱氏 見寶誌禪師

26000 白

12 白水素女
搜神六/433下

22 白彪山馬跑泉之神 見潤濟侯

37 白袍力士 見五瘟使者

26200 伯

40 伯奇 見祠山張大帝

76 伯陽 見太上老君

26430 吳

00 吳 見揚州五司徒

30 吳客三真君（唐宏、葛雍、周斌）
三教二/103
搜神二/378下
廣記後/530

26900 和

50 和事老人（風火院田元帥輔神）

神仙名索引

三教五/243

和惠夫人（東嶽子婦）

三教一/47
搜神一/370上
廣記前/483

2693₀總

88 總管中瘟史文業　見五瘟使者

2694₁釋

36 釋迦牟尼（佛、剎利、勝善天人、護明大士、天人師、世尊、釋氏）

三教一/10
搜神一/360上
廣記前/452

72 釋氏　見釋迦牟尼

2713₂黎

00 黎　見南海之神

2722₀向

10 向王（向輔）

搜神五/430上

53 向輔　見向王

仰

22 仰山龍神（孚惠　大仰山之神）

搜神五/425上

2724₇殷

07 殷郊　見太歲殷元帥

2729₂你

60 你羅難拏忿怒明王　見十大明王

2730₃冬

00 冬瘟鍾士貴　見五瘟使者

2760₃魯

60 魯國太夫人（顏氏，孔子母）

三教一/8
搜神一/359下
廣記前/450

2772₀勾

44 勾芒　見東海之神

2790₄槃

42 槃瓠（狗神）

三教五/211
搜神五/430下

2793₄縑

72 縑〔一誤作"縱"〕氏　見西靈王母

2794₀叔

50 叔申　見茅盈

2796₂紹

00 紹應昭靈侯（梓潼帝君孫）

三教一/40
搜神二/378下
廣記前/477

24 紹休廣祐公（祠山張大帝子）

三教三/121
搜神二/385上
廣記後/545

48 紹姒崇福交穆夫人（祠山張大帝子廣祐公婦）

三教三/121
搜神二/385上
廣記後/545

2826₆僧

26 僧伽大師　見泗州大聖

2998₀秋

00 秋瘟趙公明　見五瘟使者

30106 宣

10 宣靈侯（東嶽子）
三教一/47
搜神一/470上
廣記前/483

30114 注

44 注茶半託尊者 見十八尊阿羅漢

淮

34 淮瀆〔神〕 見四瀆〔神〕
淮瀆〔神〕（裴說、長源廣〔"廣"一作"候"〕濟王）
三教三/61
搜神一/371下
廣記前/490

30123 濟

21 濟順保福恭穆夫人（桐山張大帝子崇祐公婦）
三教三/120
搜神二/385上
廣記後/545

24 濟德綏惠昌懿夫人（桐山張大帝弟善助侯婦）
三教三/120
搜神二/384下
廣記後/545

34 濟瀆〔神〕 見四瀆〔神〕
濟瀆〔神〕（伍大夫、清源漢濟王
三教三/61
搜神一/372上
廣記前/490

80 濟美崇祐公（桐山張大帝子）
三教三/121
搜神二/385上
廣記後/545

30227 肩

10 肩吾
搜神一/372下

30232 永

31 永福侯（桐山張大帝孫）
三教三/121
搜神二/385上
廣記後/545

50 永泰夫人（東嶽子婦）
三教一/47
搜神一/370上
廣記前/483

30342 守

77 守堅 見薩真人

30404 安

10 安天玄聖帝 見北嶽安天大真〔"真"一作"貞"〕玄聖帝

24 安佑 見靈義侯

30433 突

21 突上紫官君（司命竈神輔神）
三教四/159
廣記後/572

30606 宮

00 宮亭湖神
搜神三/403上

30806 賓

00 賓度羅跋羅墮闍尊者 見十八尊阿羅漢

11 賓頭羅尊者 見十八尊阿羅漢

寶

04 寶誌禪師（朱氏、誌公、

妙覺、寶公妙覺、道林真覺大師、應世塔)
三教二/77
搜神三/394下
廣記前/506
22 寶山忠靖景佑福德真君 見斬鬼張真君
80 寶公禪師
三教六/271
寶公妙覺 見寶誌禪師

賽
07 賽郭賀三太尉(風火院田元帥輔神)
三教五/243

3090$_4$ 宋
00 宋帝王龐 見十地閻君
40 宋大憲 見火精
宋大夫 見火精
80 宋無忌 見火精

寨
22 寨將夫人(虞氏、冥助、正順顯佑夫人)
搜神六/436上

3111$_0$ 江
34 江瀆[神] 見四瀆[神]
江瀆[神](屈原、廣源順濟王)
三教二/61
搜神一/371下
廣記前/490
50 江東靈籤(石固)
搜神五/420上

3112$_0$ 河
26 河伯 見五方之神
河伯(馮修)
三教四/167
搜神一/372上
34 河瀆[神] 見四瀆[神]
河瀆[神](陳平、靈源弘濟王)
三教二/61
搜神一/371下
廣記前/490

3112$_7$ 馮
27 馮修 見河伯
30 馮寶妻 見誠敬夫人
71 馮長 見西嶽真人

3126$_6$ 福
21 福順武烈帝 見常州武烈帝
福順武烈王 見常州武烈帝
福順武烈顯靈昭德大帝 見常州武烈帝
35 福神(楊成、福祿財門之神)
三教四/161
搜神六/440上
廣記後/573
37 福祿財門之神 見福神

3128$_6$ 顧
72 顧氏 見大志禪師

3214$_7$ 浮
72 浮丘翁 見華山之神

3390$_4$ 梁
80 梁父山(東嶽儲副)
三教一/46
搜神一/369下
廣記前/482

3400$_0$ 斗
50 斗中楊耿二仙使者(風火院田元帥輔神)

三教五/243

3411_1 洸

72 洸氏 見誠敬夫人

3411_2 沈

72 沈后（常州武烈帝后）

三教三/129

搜神四/408上

廣記後/552

3411_4 灌

60 灌口二郎 見清源妙道真君

灌口二郎神 見清源妙道真君

3413_1 法

17 法勇 見曇無竭禪師

21 法術呼律令（律令）

三教七/346

搜神六/442上

3413_8 浹

10 浹靈侯 見周斌

3414_7 波

35 波神（川后）

三教七/338

搜神三/404上

3430_4 達

00 達磨

搜神三/397上

3510_6 冲

10 冲天風火院田太尉昭烈侯 見風火院田元帥

3512_7 清

31 清源漢濟王 見濟瀆（神）

清源妙道真君（趙昱、灌口二郎、灌口二郎神、神勇（“勇”一作“舅”）大將軍、神勇赤大將軍、赤城王）

三教三/113

搜神三/400上

廣記後/538

37 清淨自然覺王如來 見玉皇上帝

3520_6 神

10 神霄副帥 見趙元帥

14 神功妙濟真君 見許真君

17 神勇（“勇”一作“舅”）大將軍 見清源妙道真君

神勇赤大將軍 見清源妙道真君

神君（“君”一作“居”）增福相公 見增福相公

30 神寶丈人 見混沌聖君

44 神荼 見神荼鬱壘

神荼（“荼”一誤作“茶”）鬱壘（神荼、鬱壘）

三教四/155

搜神六/440下

廣記後/569

72 神岳天中王 見東嶽

3610_0 泗

32 泗州大聖（僧伽大師、證聖大師）

三教二/63

搜神三/398下

廣記前/492

湘

17 湘君（堯女舜妃）

搜神三/402上

3611_1 混

10 混天內輔三清內宰大都督府都統三界陰兵行便宜事管天地水三界獄事渡五嶽四瀆真形虎符龍券總諸天星耀判桂祿二籍上僊元皇

真人司祿職貢舉真君預（“預”一誤作“須”）編修飛遊列籍掌混天造化輪迴救苦天尊九天定元保生扶教開化主（“主”一誤作“生”）宰長樂永祐靈應大帝定慧證果伽釋慧鎮如來佛（“佛”一作“張”） 見統佛班證佛果聖號

35 混沌聖君（至真大帝萬變混沌玄元老君、神寶丈人）
三教一/14
搜神一/361下
廣記前/456

71 混炁龐元帥（龐喬、長清）
三教四/189

3611₇ 溫

17 溫瓊 見孚祐溫元帥

40 溫太保 見孚祐溫元帥

44 溫孝通
搜神六/434下

3621₀ 祝

00 祝 見揚州五司徒

15 祝融 見南海之神

3630₀ 迦

04 迦諾迦跋蹉尊者 見十八尊阿羅漢

迦諾跋釐墮闍尊者 見十八尊阿羅漢

66 迦哩迦尊者 見十八尊阿羅漢

3712₀ 洞

00 洞庭君（洞庭湖神）
搜神三/402上

洞庭湖神 見洞庭君

潮

35 潮神（子胥）
三教七/338
搜神三/404上

潤

30 潤濟侯（賀廣將軍、賀原、水澤、白彪山馬跑泉之神）
搜神四/413下

3714₀ 淑

00 淑應夫人（梓潼帝君孫婦）
三教一/40
搜神二/378下
廣記前/477

50 淑惠夫人（東嶽帝婦）
三教一/47
搜神一/370下
廣記前/483

61 淑顯柔嘉令儀夫人（祠山張大帝女）
三教三/121
搜神二/385上
廣記後/545

67 淑明皇后（淑明大生皇后、水一天尊之女、東嶽帝后）
三教一/47
搜神一/370上
廣記前/483

3715₇ 淨

22 淨樂天君明真大帝（淨樂國王、玄天上帝父）

三教一/36
搜神二/376上
廣記前/473

3716₁沿

31 沿江遊奕神
三教三/126
搜神三/401下
廣記後/548

3718₁凝

35 凝神殿侍宸 見王侍宸

3721₀祖

22 祖將軍
搜神四/417上

3722₀祠

22 祠山張大帝(祠山聖烈真君、張渤、伯奇、横山、廣德侯、廣德公、廣德王、靈濟王、正佑聖烈真君、正佑聖烈昭德昌福真君)
三教三/118
搜神二/383上
廣記後/542

祠山聖烈真君 見祠山張大帝

3730₂通

00 通玄禪師(李氏)
三教六/285

10 通天太師威靈顯赫大將軍 見比干太子

3752₇鄆

60 鄆國夫人(孔子妻)
三教一/8
搜神一/359下
廣記前/450

3780₀冥

74 冥助 見寨將夫人

3815₁洋

17 洋子江水府(上水府中水府、下水府)
三教七/340
搜神三/401上

3815₇海

35 海神(海若)
三教七/338
搜神三/403下

44 海若 見海神

60 海口破廟李三夫人(大奶夫人妹)
三教四/184

3824₀啟

10 啟靈侯(陳季明、玄渙、常州武烈帝父)
三教三/130
搜神四/408下
廣記後/552

24 啟佑喜("喜"一作"嘉")應敷澤侯(五聖祖父)
三教二/66
搜神二/387上
廣記前/495

3830₃送

34 送婆大忿怒明王 見十大明王

44 送夢報夢孫喜(風火院田元帥輔神)
三教五/243

3830₆道

32 道州五龍神(崇應)
搜神五/423下

44 道林真覺大師 見寶誌禪師

38668 谿

37 谿洛王元帥　見王元帥

40000 十

40 十大明王（十大忿怒明王，焰鬘得迦忿怒大明王、無能勝大忿怒明王、鉢訥鬘得迦大忿怒明王、尾覲難得迦大忿怒明王、不動尊大忿怒明王、吒枳大忿怒明王、你羅難拏忿怒明王、大力大忿怒明王、送婆大忿怒明王、嚩日羅播多羅大忿怒明王）

搜神三/393下

十大忿怒明王　見十大明王

44 十地閻君（秦廣王蕭、楚江王曹、宋帝王康、五官王黃、閻羅王韓、變成王石、泰山王畢、平等王于、都市王薛、轉輪王薛）

搜神三/394上

80 十八尊阿羅漢（賓度羅跋羅墮闍尊者、迦諾迦跋蹉尊者、迦諾跋釐墮闍尊者、蘇頻陀尊者、諾距羅尊者、跋陀羅尊者、迦哩迦尊者、代闍弗多羅尊者、戍博迦尊者、半託迦尊者、羅怙羅尊者、那迦牟那羅尊者、因揭陀尊者、代那跋斯尊者、阿氏多尊者、注荼半託尊者、慶友尊者、賓頭羅尊者）

搜神三/394下

40017 九

10 九靈大妙龜山金母　見西王母

九天司命天尊　見聖祖

九天司命上卿〔"卿"一作"部"〕賜福佑聖真君　見佑聖真君

九〔"九"一誤作"从"〕天仙嬪　見蠶女

九天降生高元帥　見高元帥

26 九鯉湖仙（何氏）

三教七/318

搜神三/403下

40030 大

00 大帝保命真君　見佑聖真君

16 大聖祖高上大道金闕玄元天皇大帝　見太上老君

17 大司命　見東華帝君

27 大仰山之神　見仰山龍神

40 大力大忿怒明王　見十大明王

大志禪師（顧氏）

三教六/276

大真　見太素真仙
44 大雄真人　見東極
47 大奶夫人（陳四夫人、陳進姑、都天鎮國顯應崇福順懿大奶夫人）
三教四/183
53 大成至聖文宣王　見至聖文宣王
55 大慧禪師　見一行禪師
80 大慈大悲救苦救難南無靈感觀世音菩薩　見觀音菩薩
大善文殊菩薩青獅騎座（妙清、觀音菩薩大姐）
三教四/176
大善普賢菩薩白象騎座（妙音、觀音菩薩次姐）
三教四/176

太

00 太玄元帥　見玄天上帝
太玄水精育陽將軍黑靈真神（地軸，玄天上帝輔神）
三教一/36
搜神二/376上
廣記前/473
太玄真人　見茅盈
太玄火精含〔"含"一誤作"命"〕陰將軍赤靈尊神（天關，玄天上帝輔神）
三教一/36
搜神二/376上
廣記前/473
10 太元〔"元"一作"朴"、一作"素"〕真人　見玄天上帝
17 太乙（天神、太乙之精）
搜神一/372下
太乙之精　見太乙
太乙〔"乙"一作"素"〕真人　見玄天上帝
21 太上老君（李耳、伯陽、老聃、老子、金闕玄元太上老君、老君、玄元皇帝、大聖祖高上大道金闕玄元天皇大帝、太上老君混元上德皇帝、玄元宮、紫極宮、太清宮、太微宮）
三教一/14
搜神一/361下
廣記前/456
太上老君混元上德皇帝　見太上老君
太上開天執符御曆真體道昊天至尊玉皇大天帝　見玉皇上帝
太虛九光龜臺金母　見西王母
太歲殷元帥（唫吒吸、唫哪吒、殷郊、地司九天遊奕使至德太歲殺伐威權殷元帥）
三教五/235
太山開天執符御曆含真體道玉皇大天帝　見玉皇上帝
26 太白山（西嶽儲副）

三教一/55
搜神一/370下
廣記前/486
太和君（司命竈神輔神）
三教四/159
廣記後/572
28 太微宮 見太上老君
35 太清宮 見太上老君
43 太始真人 見玄天上帝
50 太素真人（周亮、太真森隴真人）
搜神二/389上

4010₀ 土

77 土母 見后土皇地祇

4010₁ 左

17 左丞相 見梓潼帝君
92 左判官 見北極驅邪院

4010₇ 直

12 直列侯 見蕭望相公

4021₁ 堯

40 堯女舜妃 見湘君

4022₇ 南

22 南嶽（衡山、崇嶠〔"嶠"一作"草"、又作"嶋"〕司天昭聖帝、司天大化昭聖帝）
三教一/53
搜神一/370下
廣記前/486
南嶽杜靈安邊之神 見艷雄神石
38 南海之神 見五方之神
南海之神（祝融、黎）
三教四/167
搜神一/372上
南海普陀岩之主 見觀音菩薩
41 南極大明公 見廬山匡阜先生
44 南華莊生（莊子、姬周莊周、協天翊運全真保氣護國庇民慈惠無量大德玄師）
三教四/171
80 南無觀世音菩薩 見觀音菩薩

4033₁ 赤

43 赤城王 見清源妙道真君
赤城玉洞之府 見茅盈

4040₇ 李

07 李誼祖 見增福相公
10 李耳 見太上老君
李元帥（李封、元帥李先鋒）
三教四/192
17 李琚 見靈派侯
李那吒 見那吒太子
37 李禄 見威濟李侯
44 李封 見李元帥
46 李相公 見增福相公
60 李思 見五盜將軍
72 李氏 見元珪禪師
李氏 見通玄禪師
李氏 見曇無竭禪師
88 李符 見射木山神

4046₅ 嘉

24 嘉德柔惠光懿夫人（祠山張大帝弟順助侯婦）
三教三/120
搜神二/384下
廣記後/545

嘉德伊夫人(常州武烈帝繼母
三教三/130
搜神四/408下
廣記後/552

30 嘉濟侯(田鐫、風火院田元帥父)
三教五/243

50 嘉惠孚直順助侯(祠山張大帝弟)
三教三/120
搜神二/384下
廣記後/545

40600 古

21 古〔"古"一作"太"〕歲 見東嶽

40605 喜

00 喜〔一作"嘉"〕應贊惠淑顯夫人(五聖長妹)
三教二/66
搜神二/387上
廣記前/495

40641 壽

50 壽春真人(梅福、子真梅將軍)
搜神二/390下

40732 袁

20 袁千里〔袁勝、雷霆第三判官袁千里〕
三教二/91
搜神二/388上
廣記後/518

79 袁勝 見袁千里

40900 木

77 木居士
搜神五/429上

80 木公 見東華帝君

40917 杭

32 杭州蔣相公(廣福、孚順侯,孚應侯,孚祐侯)
三教三/145
搜神四/416下
廣記後/564

40941 梓

30 梓潼帝君(張亞、霈夫〔一作"霈美",一作"需夫"〕、左丞相、順濟王、忠文〔"文"一作"烈"〕仁武孝德聖烈王、輔元開化文昌司祿宏仁帝君)
三教一/38
搜神二/376下
廣記前/475

41412 姬

77 姬周 見南華莊生

41990 杯

30 杯渡禪師
三教六/265

42122 彭

10 彭元帥(彭廷堅)
搜神四/413上

12 彭廷堅 見彭元帥

42413 姚

21 姚貞淑 見姚娘

43 姚娘(姚貞淑)
搜神六/436下

42900 剎

22 剎利 見釋迦牟尼

44027 協

00 協應德惠妃(梓潼帝君妻)

三教一/39
搜神二/378下
廣記前/477

協應濟順侯（常州武烈帝次子）
三教三/130
搜神四/408下
廣記後/552

協應濟惠慈昭廣懿夫人（趙氏、祠山張大帝妻）
三教三/119
搜神二/384上
廣記後/544

10 協天翊運全真保氣護國庇民慈惠無量大德玄帥 見南華莊生

21 協順承濟慈佑廣助夫人（柳氏、祠山張大帝妻）
三教三/119
搜神二/384上
廣記後/544

30 協濟公（曾氏兄弟）
搜神五/420下

44112 地

17 地司九天遊奕使至德太歲殺伐威權殷元帥 見太歲殷元帥

26 地和合柳元帥（風火院田元帥輔神）
三教五/243

44 地藏王菩薩（目犍連）
三教七/308
搜神三/393上

44214 花

48 花敬定 見花卿

77 花卿（花敬定）
搜神四/417下

莊

17 莊子 見南華莊生

77 莊周 見南華莊生

薩

40 薩真人（守堅）
三教二/88
搜神二/389下
廣記後/516

44222 茅

00 茅［知勝］ 見揚州五司徒

茅衷 見三茅真君

茅衷（思和、司三官保命仙君）
三教二/83
搜神一/382上
廣記後/512

17 茅盈 見三茅真君

茅盈 見佑聖真君

茅盈（叔申、太玄真人、東嶽上卿司命神君、赤城玉洞之府）
三教二/83
搜神二/382上
廣記後/512

60 茅固 見三茅真君

茅固（季偉、口真上僊定錄神君）

三教二/83
搜神二/382上
廣記後/512

4422_7 蒿

60 蒿里相公(趙氏、直列侯)
三教三/149
搜神四/417上
廣記後/566

勸

80 勸善菩薩(伯牙氏、觀音菩薩母)
三教四/176

蕭

10 蕭天任(蕭公爺爺孫)
三教七/342
搜神三/400下

26 蕭伯軒　見蕭公爺爺

38 蕭祥叔(蕭公爺爺子)
三教七/342
搜神三/400下

80 蕭公　見蕭公爺爺

蕭公爺爺(蕭公、蕭伯軒、水府靈通廣濟顯應英佑侯)
三教七/342
搜神三/400下

4424_2 蔣

00 蔣　見揚州五司徒

10 蔣王　見蔣莊武帝

17 蔣子文　見蔣莊武帝

22 蔣山神　見蔣莊武帝

44 蔣莊武帝(蔣子文、中都侯、蔣山神、蔣王惠烈)
三教三/135
搜神四/406上
廣記後/556

4434_3 蓐

28 蓐收　見西海之神

4439_4 蘇

21 蘇頻陀尊者　見十八尊阿羅漢

22 蘇嶺山神(蘇山神祠、鹿門廟)
搜神三/404下

蘇山神祠　見蘇嶺山神

4440_7 孝

12 孝烈將軍(朱木蘭)
搜神六/435上

4442_7 萬

16 萬迴聖僧(風火院田元帥輔神)
三教五/543

萬迴虢國公(萬迴公、張氏)
三教二/71
搜神四/411下
廣記前/500

萬迴公　見萬迴虢國公

4450_4 華

22 華山　見西嶽

華山之神(華蓋三仙、浮丘翁、王褒、郭媼)
搜神四/417下

44 華蓋三仙　見華山之神

4453_0 英

50 英惠忠烈翼濟福安王(報喜太尉、梓潼帝君佐神)
三教一/40
搜神二/378下

廣記前/477

4462_{7}荀

72 荀氏 見鑑義候

4471_{1}老

15 老聃 見太上老君

17 老子 見太上老君

老君 見太上老君

4471_{7}世

53 世威 見常州武烈帝

30 世尊 見釋迦牟尼

447 $_{7}$葛

00 葛雍 見吳客三真君

葛雍（文度、威靈侯中元護正真君）

三教二/103
搜神二/379上
廣記後/530

34 葛姑女 見二孝女

72 葛氏夫人（大奶夫人母）

三教四/184

4474_{2} 欝

60 欝壘 見神荼欝壘

4480_{1}楚

31 楚江王曹 見十地閻君

40 楚雄神石（南嶽杜靈宏邊之神）

搜神五/426上

4480_{6}黄

00 黄魔神

搜神五/429下

黄衣道士（五聖輔神）

三教二/66
搜神二/387下
廣記前/396

10 黄石公

搜神五/425上

22 黄仙師（黄七公）

三教七/326
搜神五/420上

25 黄牛廟 見黄陵神

37 黄袍力士 見五瘟使者

40 黄七公 見黄仙師

74 黄陵神（黄牛廟）

搜神五/419下

4491_{0}杜

10 杜平 見五盜將軍

72 杜氏 見聖母

4498_{6}横

22 横山 見桐山張大帝

33 横浦龍君

搜神五/423上

4499_{0}林

72 林氏 見天妃娘娘

4621_{0}觀

00 觀音菩薩（南無觀世音菩薩、妙善、大慈大悲救苦救難南無靈感觀世音菩薩、南海普陀岩之主）

三教四/173
搜神二/392下

4680_{6}賀

21 賀廣將軍 見潤濟侯

31 賀源 見潤濟侯

4692_{7}楊

10 楊元帥（楊彪）

三教五/214

22 楊彪 見楊元帥

53 楊成 見福神

4702_{7}鳩

00 鳩摩羅什禪師（童壽）

三教五/251

4713_8 懿

21 懿順福淑靖顯夫人（五聖次妹）
三教二/66
搜神二/387上
廣記前/495

24 懿德段夫人（常州武烈帝母）
三教三/130
搜神四/408下
廣記後/552

4721_7 猛

12 猛烈元帥 見鐵元帥

4722_0 狗

35 狗神 見槃瓠

4748_6 嬾

13 嬾殘禪師
三教六/301

4762_0 胡

48 胡敬德 見門神二將軍

4762_7 都

00 都市王薛 見十地閻君

10 都天鎮國顯應崇福順意大奶夫人 見大奶夫人

26 都和合潘元帥（風火院田元帥輔神）
三教五/243

51 都打供〔"供"一作"拱"〕胡靖一總管（五聖輔神）
三教二/67
搜神二/386上
廣記前/496

4816_6 增

31 增福相公（李相公、李諡祖、神君〔"君"一作"居"〕增福相公）
三教三/147
搜神六/439下
廣記後/566

4864_0 敬

30 敬之 見許真君

4895_7 梅

22 梅將軍 見壽春真人

31 梅福 見壽春真人

44 梅花小娘（風火院田元帥輔神）
三教五/543

4942_0 妙

40 妙有聖君（妙有大帝虛皇玉晨大道君、靈寶丈人）
三教一/14
搜神一/361下
廣記前/456

妙有大帝虛皇玉晨大道君 見妙有聖君

77 妙覺 見寶誌禪師

80 妙無聖君（妙無上帝自然元始天尊、天寶丈人）
三教一/14
搜神一/361下
廣記前/456

妙無上帝自然元始天尊 見妙無聖君

妙善 見觀音菩薩

4980_2 趙

10 趙元帥（趙公明、神霄副帥、正一玄壇元帥、高上神霄玉府大都督、

五方之巡察使九州社令都大提點直殿大將軍主領雷霆副元帥北極侍御史三界大都督應元昭烈侯掌士定命設帳使二十八宿都總管上清正一玄壇飛虎金輪執〔"執"一作"勅"〕法趙元帥）
三教三/142
搜神四/412上
廣記後/562
60 趙昱　見清源妙道真君
72 趙氏　見蕭史相公
80 趙公明　見趙元帥

5000$_6$ 中

10 中元護正真君　見葛雍
中元二品大帝（中元二品七氣地官清虛大帝）
搜神一/368下
中元二品七氣地官清虛大帝　見三元大帝，又見中元二品大帝
中元二品地官赦罪青靈帝君　見三元大帝
中天崇聖帝　見中嶽
中天大寧崇聖帝　見中嶽
12 中水府　見洋子江三水府
中水府（采石、顯靈順聖忠佑平江王）
三教七/340
搜神三/401上
22 中嶽（嵩山、惲善、中天崇聖帝、中天大寧崇聖帝）
三教二/59
搜神一/371上
廣記前/488
47 中都侯　見精柱武帝

史

10 史〔一誤作"吏"〕下二神（五聖輔神）〔注〕
三教二/66
搜神二/387上
廣記前/495

5009$_6$ 掠

72 掠刷使（裴璞、隴右三〔"三"一作"西"〕川掠刷使）
三教三/123
搜神六/438下
廣記後/546

5013$_2$ 泰

〔注〕《三教》《搜神》俱云："至有吏下二神者，蓋五公既貴，不欲以禍福驚動人之耳目，而委是二神司之歟？"惟《廣記》此段首句作"王有史下二神者"，三本三列五聖諸輔神中有"輔德明善史侯"和"輔順明惠卞侯"，應即所謂"史下二神"，"下"當作"卞"，"吏下"二字俱誤。

22 泰山 見東嶽
泰山元帥 見東嶽
30 泰宇 見副應元帥

5022_7 青

00 青童君 見東華帝君
青衣童子（風火院田元帥輔神） 三教五/243
青衣神（蠶叢氏） 三教七/316 搜神六/433上
37 青袍力士 見五瘟使者
53 青蛇神 搜神五/427上
56 青提帝君 見東華帝君

肅

67 肅明皇后（肅明太〔"太"一作"大"〕利皇后、西嶽帝后） 三教一/55 搜神一/371上 廣記前/486

5023_0 本

32 本淨禪師 三教六/306

5033_3 惠

00 惠應王（歐陽祐） 搜神四/410下
惠應夫人（梓潼帝君孫婦） 三教一/40 搜神二/378下 廣記前/477
惠廣侯 見威惠顯聖王
10 惠靈侯（東嶽子） 三教一/47 搜神一/370上 廣記前/483
21 惠能 見盧六祖
惠烈 見蔣莊武帝

5033_6 忠

00 忠文〔"文"一作"烈"〕仁武孝德聖烈王 見梓潼帝君
12 忠烈公 見常州武烈帝
13 忠武英烈顯聖安福王 見威惠顯聖王
24 忠佑武烈大帝 見常州武烈帝
44 忠孝威惠顯聖王 見威惠顯聖王

5060_3 春

00 春瘟張元伯 見五瘟使者

5090_4 秦

00 秦廣王蕭 見十地閻君
22 秦山王畢 見十地閻君
27 秦叔寶 見門神二將軍
71 秦隴真人 見太素真人

5090_6 東

10 東王公 見東華帝君
東王公（電） 搜神一/368上〔注〕
22 東嶽天齊仁聖帝 見東嶽
東嶽天齊大生仁聖帝 見東嶽

〔注〕此《東王公》題下文與卷末《電神》條及《三教源流搜神大全》卷七《電母神》條同，實係衍文，題亦誤。

東嶽統兵天下都巡檢五嶽上殿奏事急取罪人案王皇殿前左亢金冏靈照武當王佑侯溫元帥 見孚佑溫元帥
東嶽上卿司命神君 見茅盈
東嶽(泰山、東岳帝君、金虹氏、古〔"古"一作"太"〕歲、大華真人、歲崇、天符都官、泰山元帥、天都府君、神岳天中王、天齊君、天齊王、天齊仁聖王、東嶽天齊仁聖帝、東嶽天齊大生仁聖帝)
三教一/46
搜神一/369上
廣記前/482
26 東皇公 見東華帝君
30 東宮大帝 見東華帝君
38 東海之神 見五方之神
東海之神(勾芒、重)
三教四/167
搜神一/372上
44 東華帝君(木公、王公、大司命、東華紫府少陽帝君、東宮大帝、扶桑大君、東皇公、元陽〔父〕、東王公、青童君、方諸君〔一作"東方諸"〕青提帝君)
三教一/25
搜神一/365下
廣記前/464
東華紫府少陽帝君 見東華帝君
72 東岳帝君 見東嶽

5102_0 打

24 打供〔"供"一作"拱"〕方使者(協靈侯、桐山張大帝輔神)
三教三/121
搜神二/385上
廣記後/546
打供〔"供"一作"拱"〕高太保(五聖輔神)
三教二/67
搜神二/387下
廣記前/496
打供〔"供"一作"拱"〕王太保(五聖輔神)
三教二/66
搜神二/386上
廣記前/496
打供〔"供"一作"拱"〕黄太保(五聖輔神)
三教二/67
搜神二/386上
廣記前/496
打供〔"供"一作"拱"〕胡百二檢察(五聖輔神)
三教二/67
搜神二/386上
廣記前/496

5202_1 斬

26 斬鬼張真君(張巡、寶山忠靖景佑福德真君)
三教五/238

5302_7 輔

10 輔靈翊善史侯(五聖輔

神)

三教二/66
搜神二/387下
廣記前/496

10 輔元開化文昌司祿宏仁帝君 見梓潼帝君

21 輔順翊忠大侯(五聖輔神)

三教二/66
搜神二/387下
廣記前/496

5320₀ 戍

43 戍博迦尊者 見十八尊阿羅漢

威

10 威靈侯 見葛雍

威靈林九夫人(大奶夫人姊)

三教四/184

24 威化 見五雷神

30 威濟李侯(李祿、顯應)

三教三/140
搜神四/413下
廣記後/560

40 威雄將軍 見至聖炳靈王

46 威相公(大奶夫人父)

三教四/184

50 威惠顯聖王(伍員、子胥、惠廣侯、忠武英烈顯聖安福王、忠孝威惠顯聖王)

三教三/115
搜神四/410下
廣記後/540

感

00 感應將軍 見五瘟使者

53 感威將軍 見五瘟使者

感成將軍 見五瘟使者

5503₀ 扶

77 扶桑大帝 見東華帝君

5504₃ 轉

58 轉輪王薛 見十地閻君

5533₇ 慧

34 慧遠禪師(賈氏)

三教五/248

5560₆ 曹

43 曹娥

搜神六/437上

5602₇ 揚

32 揚州五司徒(揚州英顯司徒,茅(知勝)、許、祝、蔣、吳,靈威忠惠翊順王、靈應忠利輔順王、靈助忠衛佐順王、靈佑忠濟助順王、靈勇忠烈孚順("孚順"一作"捷項")王)

三教三/132
搜神四/408下
廣記後/554

揚州英顯司徒 見揚州五司徒

揚州蕃釐(一誤作"玄妙")觀后土祠 見后土皇地祇

5608₁ 提

11 提頭賴吒天王 見天王

5725₇ 靜

67 靜明皇后(靜明大真("真"一作"貞")皇后、北嶽

帝后）
三教一/57
搜神一/371上
廣記前/488

5762₇ 鄷
47 鄷都元帥　見孟元帥

5802₂ 軫
72 軫后（常州武烈帝后）
三教三/129
搜神四/408下
廣記後/552

6000₀ 口
40 口真上僊定録神君　見茅固

6010₁ 目
25 目犍連　見地藏王菩薩

6021₀ 四
34 四瀆（神）（江瀆（神）、河瀆（神）、淮瀆（神）、濟瀆（神））
三教二/61
搜神一/371下
廣記前/490

6023₂ 晨
22 晨鸮　見北嶽

6033₀ 思
26 思和　見茅衷

6033₁ 黑
12 黑水將軍
搜神五/428下
37 黑袍力士　見五瘟使者

6040₀ 田
10 田二尉昭佑侯　見風火院田元帥
田三尉昭寧侯　見風火院田元帥
田雨　見田呂元帥
34 田洪義　見風火院田元帥
44 田華　見田華畢元帥
田華畢元帥（田華、正東二七神、雷門畢元帥）
三教四/200
田苟留　見風火院田元帥
60 田呂元帥（田雨、全靈）
三教四/202
86 田智彪　見風火院田元帥

6040₄ 晏
53 晏戍仔　見晏公爺爺
80 晏公爺爺（晏戍仔、顯應平浪侯）
三教七/344
搜神三/400下

6042₇ 禺
16 禺强河伯　見水神

6043₀ 因
06 因竭陀尊者　見十八尊阿羅漢

6060₀ 呂
80 呂翁　見廣平呂神翁
昌
24 昌德王（梓潼帝君子）
三教一/40
搜神二/378下

廣記前/477

31 昌福夫人（陳氏女）

搜神六/436下 "洮眼"條

60 昌圖 見岑陵王

6071_1 毘

39 毘沙門天王 見天王

77 毘留博義天王 見天王

毘留勒義天王 見天王

6073_1 曇

80 曇無竭禪師（法勇、李氏）

三教六/259

6080_6 貟

00 貟 見高元帥

6090_6 景

67 景明皇后（景明大化皇后、南嶽帝后）

三教一/53

搜神一/370下

廣記前/486

6091_4 羅

94 羅怙羅尊者 見十八尊阿羅漢

6138_6 顯

00 顯應 見威濟李侯

顯應平浪侯 見晏公爺爺

顯應將軍 見五瘟使者

顯應起家昭靈夫人（祠山張大帝祖母）

三教三/119

搜神二/384下

廣記後/544

顯慶垂休昭遠靈惠侯（祠山張大帝祖）

三教三/119

搜神二/384上

廣記後/544

顯慶協惠昭助夫人（五聖第一位夫人）

三教二/66

搜神二/386下

廣記前/495

顯慶慈祐仁裕王（張尸光、清河叟、梓潼帝君父）

三教一/39

搜神二/378下

廣記前/477

10 顯正昭順靈衛廣惠王 見五聖

顯靈順聖忠佑平江王 見中水府

顯震 見五雷神

16 顯聖將軍 見五瘟使者

顯聰昭應靈格廣濟王 見五聖

21 顯衛 見崔府君

24 顯德昭利靈助廣成王 見五聖

顯佑協濟喜〔"喜"一作"嘉"〕助夫人（五聖第四位夫人）

三教二/66

搜神二/387上

廣記前/495

30 顯濟協佑正助夫人（五聖第三位夫人）

三教二/66

搜神二/387上

廣記前/495

31 顯福協愛靜助夫人（五

聖第五位夫人）
三教二/66
搜神二/387上
廣記前/495
40 顯直昭佑靈貺廣澤王 見五聖
50 顯忠 見金山大王
顯惠協慶善助夫人（五聖第二位夫人）
三教二/66
搜神二/386下
廣記前/495
67 顯明昭列靈護廣祐王 見五聖

62014 吒
46 吒枳大忿怒明王 見十大明王

63147 跋
60 跋日羅菩提 見金剛智禪師
73 跋陀羅尊者 見十八羅阿羅漢

65043 嚩
60 嚩日羅播多羅大忿怒明王 見十大明王

67020 明
30 明濟福謙善助侯（桐山張大帝弟）
三教三/120
搜神二/384下
廣記後/545

67062 昭
10 昭靈侯（張路斯）
三教三/106
搜神五/424上
廣記後/531
24 昭德積慶慈淑妃（梓潼帝君母）
三教一/39
搜神二/378下
廣記前/477
昭德靜惠明懿夫人（桐山張大帝弟信助侯婦）
三教三/120
搜神二/384下
廣記後/545
30 昭濟侯（風火院田元帥三伯公）
三教五/243
34 昭祐通濟信助侯（桐山張大帝弟）
三教三/120
搜神二/384下
廣記後/545

67220 嗣
00 嗣應昭佑公（桐山張大帝子）
三教三/120
搜神二/385上
廣記後/545
24 嗣德王（梓潼帝君子）
三教一/40
搜神二/378下
廣記前/477
43 嗣嬪翊福昭穆夫人（桐山張大帝子昭佑公婦）
三教三/120
搜神二/385上
廣記後/545

68019 唫
61 唫叮嚘 見太歲殷元帥
67 唫哪吒 見太歲殷元帥

7113_6 蠶

32 蠶叢氏　見青衣神

40 蠶女（九〔"九"一誤作"以"〕天仙嬪）　三教三/138　搜神六/432下　廣記後/558

7121_1 隴

40 隴右三〔"三"一作"西"〕川按察使　見按察使

7122_0 阿

12 阿氏多尊者　見十八尊阿羅漢

廁

35 廁神　見紫姑神

7132_7 馬

21 馬步　見馬神

35 馬神（馬步）　搜神五/426下

40 馬大仙（馬氏）　搜神六/434上

72 馬氏　見馬大仙

90 馬當　見上水府

7171_1 匡

24 匡續　見廬山匡阜先生

27 匡阜先生　見廬山匡阜先生

7173_2 長

31 長源廣（"廣"一作"侯"）濟王　見淮瀆（神）

35 長清　見混炁龐元帥

7210_0 劉

00 劉摩訶　見劉師

10 劉天君（劉後　玄化慈濟真君）　三教四/195

21 劉師（劉摩訶）　搜神二/391下

22 劉後　見劉天君

7224_0 阡

71 阡陌將軍　見開路神君

7226_1 后

40 后土皇地祇（土母、揚州蕃釐〔一誤作"玄妙"〕觀后土祠、承天效法厚德光大后土皇地祇）　三教一/31　搜神一/365上　廣記前/468

后土神（龍）　三教四/167　搜神一/372上

7412_7 助

43 助娘破廟張蕭劉連四大聖者（大奶夫人輔神）　三教四/184

7421_4 陸

10 陸贄　見陸大夫

40 陸大夫（陸贄）　搜神四/416上

7521_8 體

10 體元　見朱元帥

7529_6 陳

00 陳文王　見五盜神

10 陳二相公（大奶夫人兄）　三教四/184

陳平　見河瀆（神）

30 陳進姑　見大奶夫人

陳寶　搜神五/428下

34 陳褘　見玄奘禪師

60 陳四夫人　見大奶夫人

陳果仁　見常州武烈帝

12 陳氏　見順懿夫人

陳氏女　見昭福夫人

7721_0 颺

26 颺伯神（飛廉）

三教七/336

搜神一/373下

90 颺火院田元帥（田苟留、田洪義、田智彪，沖天颺火院田太尉昭烈侯、田二尉昭佑侯、田三尉昭寧侯）

三教五/242

7721_4 尾

46 尾覲難得迦大忿怒明王

見十大明王

7721_6 覺

27 覺名　見佛陀耶舍禪師

覺賢　見佛馱跋陀羅禪師

7722_0 周

00 周亮　見太素真人

03 周斌　見英容三真君

周斌（文剛，決靈侯，下元定志真君）

三教二/103

搜神一/379下

廣記後/530

7726_4 居

21 居仁盡鑑尊師（東嶽子）

三教一/47

搜神一/370上

廣記前/483

7727_2 屈

71 屈原　見江瀆〔神〕

7733_1 熙

00 熙　見北海之神

7744_1 開

67 開路神　見開路神君

開路神君（開路神、方相氏，險道神，阡陌將軍）

三教七/346

搜神六/442上

7772_0 印

50 印肅　見普庵禪師

7777_2 關

17 關羽　見義勇武安王

80 關公　見義勇武安王

7777_7 門

35 門神二將軍（秦叔寶、胡敬德）

三教七/348

搜神六/440上

閻

60 閻羅王韓　見十地閻君

7778_2 歐

76 歐陽祐　見忠應王

7828_6 險

38 險道神　見開路神君

7922_7 勝

80 勝金小娘（颺火院田元帥輔神）

三教五/243

勝善天人　見釋迦牟尼

8010_4 全

10 全靈　見田呂元帥

8010_9 金

金天順聖帝　見西嶽

金天太利順聖帝　見西

嶽
金吾二太使（五聖輔神）
三教二/67
搜神二/386上
廣記前/496
22 金山　見下水府
金山大王（霍光、顯忠）
搜神四/411上
44 金花小姐（風火院田元帥輔神）
三教五/243
51 金虹氏　見東嶽
60 金星之精　見金精
71 金馬碧雞（金馬神、碧雞神）
搜神五/427上
金馬神　見金馬碧雞
72 金剛密跡　見金剛
金剛神　見金剛
金剛（金剛密跡、金剛神）
搜神三/393下
金剛智禪師（跋日羅菩提）
三教六/296
77 金門羽客　見王侍宸
金闕玄元太上老君　見太上老君
金闕昊天檢校洞照通真先生九天開化主宰鑒應大天帝上僊元（"元"一誤作"無"）皇后　見上天聖號
金母　見西靈王母
95 金精（金星之精、張麗英）
搜神五/427下

8012$_7$ 翁
25 翁仲二神
搜神六/442上

8020$_7$ 今
50 今夫人（風火院田元帥三伯婆）
三教五/243

8030$_7$ 令
12 令狐寺丞（五聖輔神）
三教二/67
搜神二/387下
廣記前/496

8033$_1$ 無
21 無能勝大忿怒明王　見十大明王
60 無畏禪師
三教六/293

8033$_3$ 慈
00 慈應潛光諸祉衍靈侯（龍陽君、桐山張大帝父）
三教三/120
搜神二/384下
廣記後/544
50 慈惠嗣徽聖善夫人（張媪、桐山張大帝母）
三教三/120
搜神二/384下
廣記後/544

8055$_3$ 義
17 義勇武安王（關羽、關公、雲長、崇寧至道真君）
三教三/109
搜神四/409下
廣記後/534

80601 普

00 普庵寂感妙濟正覺昭貺禪師　見普庵禪師

普庵寂感妙濟正覺昭貺大德禪師　見普庵禪師

普庵禪師（印肅、余氏、普庵寂感妙濟正覺昭貺禪師、普庵寂感妙濟正覺昭貺大德禪師）
三教二/99
搜神三/397下
廣記後/526

80605 善

21 善行敷福瑞穆夫人（祠山張大帝子孚祐公婦）
三教三/121
搜神二/385上
廣記後/545

22 善坐〔"坐"一作"堂"〕　見四嶽

善利通貺靈助侯（祠山張大帝弟）
三教三/120
搜神二/384下
廣記後/544

善繼孚祐公（祠山張大帝子）
三教三/121
搜神二/385上
廣記後/545

24 善德昭惠嘉懿夫人（祠山張大帝弟昭助侯婦）
三教三/120
搜神二/384下
廣記後/544

55 善慧大〔"大"一作"八"〕士　見傅大士

74 善助顯懿夫人（梓潼帝君子婦）
三教一/40
搜神二/378下
廣記前/477

79 善勝仙官（妙莊王　婆伽、觀音菩薩父）
三教四/176

善勝太后瓊真上仙（玄天上帝母）
三教一/36
搜神二/376上
廣記前/473

80606 曾

72 曾氏兄弟　見協濟公

80904 余

72 余氏　見普庵禪師

82114 鍾

22 鍾山之神　見蔣侯

35 鍾神
搜神五/426下

48 鍾馗
三教三/153
搜神六/441上
廣記後/568

83150 鐵

10 鐵元帥（鐵頭、猛烈元帥）
三教五/233

11 鐵頭　見鐵元帥

85130 鉢

04 鉢訥鬟得迦大忿怒明王　見十大明王

86400 知

00 知玄禪師

三教七/312

8660_0 智

16 智璪禪師（張氏）

三教六/274

8712_0 銅

71 銅馬沙王（大奶夫人輔神）

三教四/184

8811_7 鑑

71 鑑原禪師

三教六/299

8822_0 竹

10 竹王（夜郎侯、靈惠夜郎王之神）

搜神五/430下

9000_0

01 小龍 見順濟王

9020_0 少

30 少室山（中嶽儲副）

三教一/59

搜神一/371上

廣記前/488

9022_7 常

32 常州武烈帝（忠佑武烈大帝、陳果仁、世威、忠烈公、福順武烈王、福順武烈帝、福順武烈顯靈昭德大帝）

三教三/128

搜神四/407上

廣記後/550

9033_1 黨

10 黨元帥（黨歸籍）

三教五/205

27 黨歸籍 見黨元帥

9050_0 半

02 半託迦尊者 見十八尊阿羅漢

9050_2 掌

80 掌善罰惡判官（五聖輔神）

三教二/66

搜神二/386上

廣記前/496

9060_6 當

21 當上天 見玄天上帝

9080_0 火

24 火德天君 見謝天君

60 火星廟 見火精

火星堂 見火精

95 火精（宋無忌、宋大夫、宋大憲、火星堂、火星廟）

搜神五/428上

9101_6 恒

22 恒山 見北嶽

9682_7 燭

01 燭龍 見燭陰

78 燭陰（鍾山之神、燭龍）

搜神一/372下

9705_6 惲

80 惲善 見中嶽

9787_7 焰

72 焰鬘得迦忿怒大明王 見十大明王

繪圖三教源流搜神大全（外二種）
引書及引書作者名索引

一、本索引收録《繪圖三教源流搜神大全》、《搜神記》、《新編連相搜神廣記》三書稱引的書名及其作者名。衹在行文中提及，不引用其内容的不收。

二、三書稱引某書時如同時提及其作者，則將作者名置于書名後的（）内，如

神異經（東方朔）

另出作者條則作

東方朔

　神異經

一作者如有多種著作被稱引，則將其集中于作者條下。作者名如係字號，則還原爲通用名，而立書中所見字號爲參見條，如"歐陽文忠公集古録"云云，出條作：

歐陽修（文忠公）

　集古録

三、各條下注三書簡稱、卷數、頁數，如：

普耀經

　三教一/10

　搜神一/360上

　廣記前/452

其中"三教"代《三教源流搜神大全》、"搜神"代《搜神記》、"廣記"代《新編連相搜神廣記》，"一"爲卷數，"前"爲集數（"廣記"分前、後集），"上"爲欄數（"搜神"版面有上下欄）。如某一著作在一頁上被引用兩次或兩次以上，則在其出處後括弧内標明，如：

宋真宗實録

　搜神一/364下(2)

四、本索引以四角號碼順序排列。

0021_4 塵

23 塵外記

三教一/25

搜神一/366上

廣記前/464

0023_1 應

14 應劭

〔飛廉〕 三教七/336

搜神一/373下

0026_7 唐

80〔唐人〕

〔陳寶〕詩 搜神五/428下

唐會要

三教一/46

搜神一/370上

廣記前/483

0040_0 文

50 文忠公 見歐陽修

0060_1 言

21 言行録

搜神五/423下

0091_4 雜

07 雜記傳

三教四/195

0292_1 新

60〔新羅山神〕詩

搜神三/405上

0365_0 誠

00 誠意伯 見劉基

48〔誠意夫人祠〕詩（蘇軾）

搜神六/436下

0460_0 謝

40 謝枋得

〔蠶〕詩 三教七/316

搜神六/433上

0662_7 謁

44 謁夢録

搜神四/410下

0864_0 許

50 許表

〔西楚霸王〕詩 搜神四/409下

1000_0 一

20 一統志

搜神三/399下

1010_1 三

65 三昧經

搜神三/393下

1010_7 五

16〔五聖跋〕（張大猷）

三教二/67

廣記前/496

23 五代史

三教七/340

搜神三/401上

1010_8 靈

36 靈遇記

三教一/21

搜神一/364下

廣記前/462

〔靈澤夫人廟〕詩（明太祖）

搜神六/435下

80〔靈義侯祠〕碑

搜神五/421上

1021_1 元

37 元洞玉曆記

三教一/35

搜神二/376上

廣記二/472

1043_0 天

47 天妃娘娘碑記（黄鼂系）
三教四/187

10600 石

35〔石神〕詩
搜神五/426上

西

38 西遊記小詞
三教七/348
搜神六/440下

44〔西楚霸王〕詩（許表）
搜神四/409下

酉

76 酉陽雜俎
三教四/159
廣記後/572

11232 張

22〔張將軍祠〕記（歐陽言）
搜神五/423上

40 張維屏
〔金馬碧雞〕詩　搜神五/427下
張大猷
〔五聖跋〕　三教二/67
廣記前/496

67〔張路斯祠顯靈事〕（陶穀）
三教三/106
搜神五/424下
廣記後/532

〔張路斯事〕（趙耕）
三教三/106
搜神五/424下
廣記後/532

12413 飛

00〔飛廉〕（應劭）
三教七/336
搜神一/373下

12493 孫

22〔孫將軍廟〕詩（李綱）
搜神五/422上

15400 建

00 建康實録
三教二/79
搜神三/396下
廣記前/506

16104 聖

27 聖紀
三教一/18
搜神一/363下
廣記前/460

17107 孟

34 孟浩然
〔蘇嶺山神〕詩　搜神三/404下

20904 集

40 集古録（歐陽修）
三教三/106
搜神五/424下
廣記後/532

21086 順

30〔順濟王祠〕記（蘇軾）
搜神五/423上

21217 盧

38 盧肇
〔温媼廟〕記　搜神六/435上

22270 仙

21 仙經
三教一/27
搜神一/367上
廣記前/466

22770 山

38 山海經
搜神一/372下
三/402下

幽
97 幽怪錄
三教三/123
廣記後/546

2290_4 巢
37〔巢湖太姥〕詩（羅隱）
搜神三/403上

2320_0 外
40 外七史
廣記後/554

2498_6 續
43 續博物志（李石）
三教一/15
搜神一/363上
廣記前/458

2522_7 佛
21〔佛〕經
三教一/10
搜神一/360下
廣記前/452

2694_1 釋
72 釋氏源流
三教七/350
搜神三/392下

2829_4 徐
80 徐鉉
蔣莊武帝碑　三教三/136
搜神四/407上
廣記後/558

3026_1 宿
30 宿〔宮亭〕湖邊惜竹軒夢湖神贈詩（秦觀）
搜神三/403上

3073_2 寰
30 寰宇記
搜神二/391下
三/404下
五/429下

3090_4 宋
21 宋仁宗
〔老子〕讚　三教一/16
30 宋濂
〔江東靈籤〕記　搜神五/420下
40 宋真宗
戒蛟石刻　搜神五/423上
宋真宗實錄
三教一/19
21
搜神一/364下(2)
廣記前/461
462
47 宋朝會要 見國朝會要

寨
22〔寨將夫人廟〕記（林子升）
搜神六/436上

3111_0 江
50〔江東靈籤〕記（宋濂）
搜神五/420下

3390_4 梁
50 梁書王琳列傳〔"傳"一作"錄"〕
三教三/132
廣記後/554

3413_4 漢
50 漢書
搜神一/372下

3520_6 神

60 神異經（東方朔）
三教一/46
53
55
57
59
搜神一/369下
370下(2)
371上
下
廣記前/482
486(2)
488(2)

3522_7 清
31 清河内傳
三教一/38
39
搜神二/376下
廣記前/475
476

3610_0 湘
17 [湘君]詩（李白）
搜神三/402下
[湘君]詩（劉禹錫）
搜神三/402下
[湘君]碑（韓愈）
三教三/402下

3611_1 混
37 混洞赤文
三教一/33
搜神二/374上
廣記前/470

3611_7 溫
44 [溫孝通]祠記（揭斯）
搜神六/434下
46 [溫媪廟]記（盧肇）
搜神六/435上

3712_0 洞
00 洞玄靈寶元始上帝真["真"一作"貞"]教元["元"一作"九"]符經[真教元符經]
三教一/14
26
搜神一/361下
367上
廣記前/456
466

3721_0 祖
22 [祖將軍廟]詩
搜神四/417下
77 祖殿靈應集
三教二/65
搜神二/385下
廣記前/494

3730_2 通
55 通典（杜佑）
三教三/135
廣記後/557

3830_6 道
24 道德經序（葛玄）
三教一/15 (2)
搜神一/362下(2)
廣記前/457 (2)
32 [道州五龍神]詩
搜神五/424上

4001_7 九
26 [九鯉湖仙]詩（黄孟良）
三教七/318
搜神三/403下

4003_0 太

00 太玄真人内傳

三教二/83

廣記後/512

4022_7 南

50 南史

三教三/132

4040_7 李

10 李石

續博物志 三教一/15

搜神一/363上

廣記前/458

26 李白

[湘君]詩 搜神三/402下

27 李紳

[孫將軍廟]詩 搜神五/422下

76 李陽冰

[馱仙祠]碑記 搜神六/434上

4060_0 古

22 古樂府詞

搜神六/435上

4080_1 真

48 真敎元符經 見洞玄靈寶元始上帝真敎元符經

4090_0 木

77 [木居士祠]詩(韓愈)

搜神五/429上

4421_4 花

77 [花卿]歌(杜甫)

搜神四/417下

4424_2 蔣

44 [蔣莊武帝廟]記(劉三吾)

搜神四/407上

蔣莊武帝碑(徐鉉)

三教三/136

搜神四/407上

廣記後/558

4439_4 蘇

22 [蘇嶺山神]詩(孟浩然)

搜神三/404下

53 蘇軾

[黃陵神]詩 搜神五/419下

[順濟王祠]記 搜神五/423上

[誠敬夫人祠]詩 搜神六/436下

4445_6 韓

80 韓愈

[湘君]碑 搜神三/402下

[木居士祠]詩 搜神五/429上

4450_4 華

22 [華山之神]詩

搜神四/418上

76 華陽國志

搜神五/430下

4460_1 耆

44 耆舊傳

搜神四/411上

4471_1 老

17 老子

三教一/15

搜神一/362上

廣記前/457

[老子]讚(宋仁宗)

三教一/16

老子傳記

三教一/15

搜神一/362下

廣記前/457

老君聖紀經

三教一/14

搜神一/362上

廣記前/456

4471$_7$ 世
67 世略
三教一/31
四/163
搜神一/365下〔注〕
廣記前/469
後/574

4472$_7$ 葛
00 葛玄
道德經序 三教一/15 (2)
搜神一/362下(2)
廣記前/457 (2)

4477$_7$ 舊
07 舊記〔五雷神〕
三教七/334
搜神一/373上

4480$_1$ 楚
40〔楚雄神石〕詩
搜神五/426上

4480$_6$ 黃
00〔黃魔神〕廟記
搜神五/429下
17 黃孟良
〔九鯉湖仙〕詩 三教七/318
搜神三/403下
22 黃仙師詩
三教七/326
搜神五/420上
74〔黃陵神〕詩（蘇軾）
搜神五/419下

4491$_0$ 杜
24 杜佑
通典 三教三/135
廣記後/557
53 杜甫
〔注〕"略"誤作"界"

〔花卿〕歌 搜神四/417下

4490$_1$ 蔡
22 蔡邕
題〔曹娥碑〕 搜神六/437上

4499$_0$ 林
17 林子升
〔寨將夫人廟〕記 搜神六/436上

4762$_0$ 胡
24 胡升
星源志 三教二/68
廣記前/497

4772$_7$ 邯
67 邯鄲子
〔曹娥碑〕 搜神六/437上

4791$_0$ 楓
31 楓涇雜錄
搜神六/435下

4842$_7$ 翰
44 翰苑名談
三教三/126
廣記後/548

4980$_2$ 趙
55 趙耕
〔張路斯事〕 三教三/106
搜神五/424下
廣記後/532

5000$_6$ 史
07 史記
三教一/6
搜神五/428

5003$_2$ 夷
77 夷堅志
搜神四/416上

5022_7 青

19 青瑣高議
搜神三/402下

53 〔青蛇神廟〕志
搜神五/427上

5090_4 秦

46 秦觀
宿〔宮亭〕湖邊楷
竹軒夢湖神贈詩 搜神三/403上

5090_6 東

00 東方朔
神異經 三教一/46
53
55
57
59
搜神一/369下
370下(2)
371上
下
廣記前/482
486(2)
488(2)

44 東華帝君紀〔"紀"一誤作"純"，一誤作"絶"〕
三教一/25
搜神一/365下
廣記前/464

5340_0 戒

50 戒蛟石刻（宋真宗）
搜神五/423上

5560_6 曹

43 〔曹娥碑〕(邯鄲子)
搜神六/437上

5580_6 費

60 費蓋孫

〔天妃娘娘〕碑記 三教四/187

5602_7 揭

42 揭斯
〔溫孝通〕祠記 搜神六/434下

6010_4 星

31 星源志（胡升）
三教二/68
廣記前/497

6015_3 國

47 國朝會要
三教一/16
23
三/136
搜神一/363上
365上
四/407上
廣記前/458
462
後/558

50 國史補
三教七/334
搜神一/373上

6022_7 易

易
三教一/26
搜神一/367上
廣記前/466

6040_4 晏

15 晏殊
類要 搜神五/423下

6091_4 羅

72 羅隱

［巢湖太姥］詩　搜神三/403上

61808 題

55 題［曹娥碑］（蔡邕）

搜神六/437上

67020 明

40 明太祖

［靈澤夫人廟］詩　搜神六/435下

67122 野

50 野史傳

三教四/197

87 野錄

三教五/207

71136 蠶

04 蠶詩（謝枋得）

三教七/316

搜神六/433上

71327 馬

35 ［馬神］詩

搜神五/427上

40 馬大仙廟記（劉基）

搜神六/434上

［馬大仙祠］碑記（李陽冰）

搜神六/434上

72100 劉

10 劉三吾

［蔣莊武帝廟］記　搜神四/407上

20 劉禹錫

［湘君］詩　搜神三/402下

44 劉基（誠意伯）

重修馬大仙廟記　搜神六/434上

75296 陳

30 ［陳寶］詩（［唐人］）

搜神五/428下

77220 周

35 周禮

搜神五/426下

陶

47 陶穀

［張路斯祠顯靈事］　三教三/106

搜神五/424下

廣記後/532

77782 歐

76 歐陽玄

［張將軍祠］記　搜神五/423上

歐陽修（文忠公）

集古錄　三教三/106

搜神五/424下

廣記後/532

歐陽詹

歐陽詹集　搜神四/417上

歐陽詹集（歐陽詹）

搜神四/417上

77801 興

24 興化郡詩

三教四/186

80109 金

71 ［金馬碧雞］詩（張雄飛）

搜神五/427下

77 金闕玄元太上老君聖紀

三教一/14

搜神一/361下

廣記前/456

80601 普

20 普集經

三教一/10

搜神一/360下

廣記前/453

97 普耀經

三敎一/10

搜神一/360上

廣記前/452

91486 類

10 類要(晏殊)

搜神五/423下